APRIL

Yayın No: 69

4. Baskı: Nisan, 2017

ISBN: 978-975-6006-70-2

Yayın Yönetmeni
K. Egemen İPEK

Türkçesi
Murat KAYI

Editör
Asiye Koray BENDON

Son Okuma
Aslı TOHUMCU

Kapak Tasarım
Mineral Tasarım

Kapak Uyarlama
Eralp GÜVEN
motto

Sayfa Tasarım
Adem ŞENEL

Baskı
Ayrıntı Basımevi
Sertifika No: 13987

Yayın
A.P.R.I.L Yayıncılık
Tarık Zafer Tunaya Sokak
21/3 Gümüşsuyu-Beyoğlu-İSTANBUL
Tel: (00 90) 212 252 94 38
Faks: (00 90) 212 252 94 39
www.aprilyayincilik.com
bilgi@aprilyayincilik.com

Hoodwinked © John Perkins

This translation published by arrangement with Broadway Business, an imprint of The Crown Publishing Group, a division of Random House, Inc.

Bu kitabın yayın hakları Onk Telif Hakları Ajansı aracılığı ile alınmıştır.

Her türlü yayım hakkı A.P.R.I.L Yayıncılık'a aittir. Bu kitabın baskısından 5846 ve 2936 sayılı Fikir ve Sanat Eserleri Yasası Hükümleri gereğince alıntı yapılamaz, fotokopi yöntemiyle çoğaltılamaz, resim, şekil, şema, grafik vb yayınevinin izni olmadan kopya edilemez.

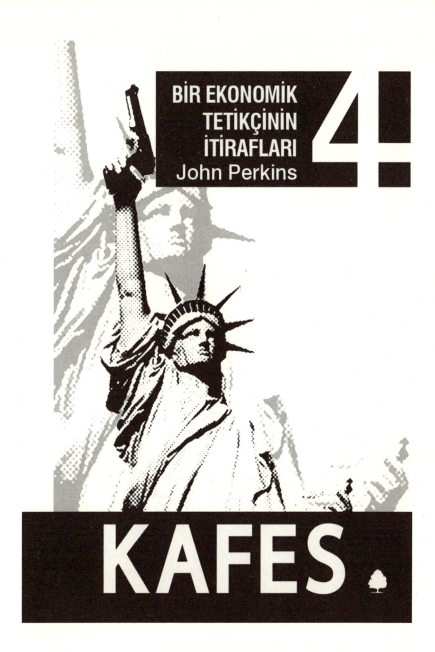

Türkçesi: Murat KAYI

Yazar Hakkında

John Perkins 1970'lerde büyük bir uluslararası danışmanlık firmasında Şef Ekonomist idi. Dünya Bankası, Birleşmiş Milletler, Uluslararası Para Fonu ile ABD Maliye Bakanlığı ve Fortune 500 şirketleri ile Afrika, Asya, Latin Amerika ve Ortadoğu'daki ülkelere danışmanlık yaptı.

Bir ekonomik tetikçi olarak *Kafes* ve *Bir Ekonomik Tetikçinin İtirafları I: Yeni Teknikler, Yeni Tehditler, Yeni Dünya Düzeni*'nde (*New York Times* çoksatanlar listesinde 65 haftadan fazla kalmış bir kitap) anlatılanlar türünden projeler geliştirmek için doğrudan devlet başkanları ve büyük şirketlerin CEO'ları ile birlikte çalıştı. Otuzdan fazla dilde yayınlanan kitapları ve yazıları ABD ve diğer birçok ülkedeki üniversitelerde ve işletme okullarında mecburi okuma parçalarıdır.

1980'li yıllarda, çevreye zarar vermeyen elektrik santralleri geliştirmede öncü bir alternatif enerji şirketinin CEO'suydu. Perkins, 1990'lar ve 2000'lerde zamanının çoğunu sadece yazmaya ve ders vermeye değil, aynı zamanda kendilerini sürdürülebilir, adil ve barışçıl bir dünya yaratmaya adayan *Dream Change*, *The Pachamama Alliance* ve kâr amacı gütmeyen diğer organizasyonlar kurmaya ve desteklemeye ayırdı.

Ekonomi ve jeopolitik hakkındaki kitaplarına ek olarak – *Kafes*, *Ekonomik Bir Tetikçinin İtirafları I: Yeni Dünya Düzeni* ve *Bir Ekonomik Tetikçinin İtirafları II: Şirketokrasi ve Ondan Kurtulmanın Yolları*, *Bir Ekonomik Tetikçinin İtirafları III: Küresel Kriz ve Büyük Resim* – yerel kültürler ile kişisel ve küresel değişim hakkında da şu kitapları kaleme aldı: *Şekil Değiştirme*, *Psiko Yolculuk*, *The World Is as You Dream It*, *Spirit of the Shuar* ve *The Stress-Free Habit*.

Daha fazla bilgi ya da John Perkins ile iletişim kurmak için, internet sayfasını ziyaret edebilirsiniz: www.johnperkins.org ve www.dreamchange.org.

Torunum Grant Ethan Miller ve
onun dünyadaki tüm kardeşleri için;
sizler sürdürülebilir, adil ve
barışsever bir dünya yaratmamız için
bizlerin ilham kaynağısınız.

Yazarın Notu

Bu kitapta betimlenen kişiler ve olaylar gerçektir. Anonimliği sağlamak açısından, birkaç olayda isimleri ve küçük ayrıntıları değiştirdim, metinde akıcılığı sağlamak için bazı olayları ve konuşmaları da birleştirdim.

İÇİNDEKİLER

YAZAR HAKKINDA 6
YAZARIN NOTU 9
TEŞEKKÜR 13
GİRİŞ 15

1. KISIM
SORUN

1. BÖLÜM: BİR RASTLANTI DEĞİL 29
2. BÖLÜM: DEVLERİN SAVAŞI 41
3. BÖLÜM: İLK EKONOMİK TETİKÇİ 51
4. BÖLÜM: İRAN VE YAKLAŞAN FIRTINA BULUTLARI 59
5. BÖLÜM: PARALI ASKERLER 69
6. BÖLÜM: BORÇLA KÖLELEŞTİRİLENLER 76
7. BÖLÜM: MODERN 'HIRSIZ BARON'LAR 87
8. BÖLÜM: KURALSIZLAŞTIRMA 102
9. BÖLÜM: DÜZENLEME DÜMENİ 110
10. BÖLÜM: YANILTICI MUHASEBE 119
11. BÖLÜM: ÇİFTE STANDART 126
12. BÖLÜM: ASKERÎLEŞTİRİLMİŞ, KAĞIT ÜSTÜNDE EKONOMİ 131

2. KISIM
ÇÖZÜM

13. BÖLÜM: KAPİTALİZMİN HEDEFİNİ DEĞİŞTİRMEK 143
14. BÖLÜM: ÇİN 150
15. BÖLÜM: DAVUT İLE CALUD 159
16. BÖLÜM: ERİYEN BUZULLARIN SORUMLULUĞU 164
17. BÖLÜM: TERÖR VE DİĞER 'İZM'LER 168
18. BÖLÜM: DALAİ LAMA 175

19. BÖLÜM: TÜKETİCİ OLARAK SORUMLULUKLARIMIZI
              KABULLENMEK 180
20. BÖLÜM: YENİ BİR EKONOMİ YARATMAK 189
21. BÖLÜM: ÇEVRECİ PİYASALAR 195
22. BÖLÜM: İYİ LİDERLİK, YENİ İKONLAR 200
23. BÖLÜM: İŞ DÜNYASI VE DEVLET İÇİN YENİ KURALLAR 206
24. BÖLÜM: TUTKULARIMIZI ONURLANDIRMAK 214

SONUÇ 223
NOTLAR 237
DİZİN 247

Teşekkür

Aklıma bu kitap fikrini sokan, onu biçimlendirmemde yardım eden, ayrıca kalıcı dostluğu ve yıllar boyunca bana verdiği bilgece tavsiyeler için temsilcim Paul Fedorko'ya,

İlk taslaktaki tüm o düğümleri çözdüğü, göz alıcı sözcük cambazlığı ve kitabı zamanında çıkartabilmem için tatillerinden feragat edip, defalarca düzeltmeler yaptığı için Random House/Broadway Books'daki editörüm Roger Scholl'a,

Röportajlarımı ve diğer etkinlikleri bu kitabın sıkışık programını aksatmayacak şekilde ayarlamak da dahil tüm bu yıllar boyunca verdiği destek için reklamcım Peg Booth'a,

Taslak metnin büyük kısmını okuyan, daha iyi olması için sayısız önerilerde bulunan, harika bir eş, Jessica'nın annesi ve Grant'ın büyükannesi olduğu için eşim Winifred'e,

İnternet denen labirentin içinde yolumu bulabilmeme yardım ettiği, web sayfamı geliştirdiği, Gutenberg matbaasının çağdaş karşılığı olarak sosyal ağların önemini vurguladığı için damadım Daniel Miller'e,

Bana ilk kez Omar Torrijos'un söylediği 'kafeslenmek' sözcüğünün gücünü anlamamda yardımcı olan ve bunu kitabın adı olarak öneren Kathleen McMullen Coady'e,

Ve Çin, Ekvador, İzlanda, Nikaragua ve Panama ile çeşitli üniversiteler, konferanslar ve seminerlere gitmemde yardımcı olan, fikirleri bugün karşı karşıya olduğumuz sorunun sinsi doğasını anlamam ve kitapta sunulan çözümleri oluşturmamda son derece önemli rol oynayan, bu sayfalarda adları geçen tüm kişilere ve şirketlere, en derin teşekkürlerimi sunarım.

Giriş

Ben, bir ekonomik tetikçiydim; zamanımızda büyük şirketlerin ve Amerika Birleşik Devletleri'nde belli kesimlerin çıkarlarına hizmet etmek için oluşturulmuş seçkin bir kiralık asker ordusunun parçası olan bir ekonomik tetikçi.

Gösterişli bir unvanım –Baş Ekonomist– ve yetenekli ekonomistlerden, yönetim danışmanlarından ve yasal görünen etkileyici raporlar hazırlayan finans uzmanlarından oluşan bir kadrom vardı ama asıl işim Üçüncü Dünya'yı kandırıp yağmalamaktı.

Biz ekonomik tetikçiler her ne kadar farklı biçimlerde çalışsak da, en olağan işimiz, şirketlerimizin arzuladıkları kaynaklara sahip ülkeleri belirlemektir. Sonra da bu ülkelerin liderlerini kendi vatandaşlarını sömürmeleri için ayartır, rüşvet verir ve zorlarız. Onlar da ülkelerini asla geri ödeyemeyecekleri borçların altına sokar, milli varlıklarını özelleştirir, hassas çevrenin mahvolmasını yasallaştırır ve en sonunda da arzulanan bu kaynakları bizim şirketlerimize yok pahasına satarlar. Eğer aralarında direnen bir lider çıkarsa, CIA-destekli çakallar tarafından ya devrilir ya da öldürülür.

Üçüncü Dünya'da o kadar başarılı olduk ki, patronlarımız bizi benzer stratejileri ABD'de ve dünyanın geri kalanında da uygulamaya yönlendirdi. Sonuç: Bugünkü ekonomik krizin arkasındaki itici güç olan sürdürülemez bir kapitalizm biçimi. Geçici toparlanmalara karşın, bu kriz aslında küresel bir tsunaminin habercisi.

Bu cümleleri İzlanda Havayolları'na ait bir Boeing 757'de, 5 Mart 2009 tarihinde sabahın erken saatlerinde, Florida'dan tüm gece süren yorucu bir uçuş sonrası Reykjavik Havaalanı'na inerken not etmiştim. Pencereden dışarıdaki karanlığa bakarken, birden 1800'lü yılların sonunda, bir posta arabasının içinde bir Vahşi Batı kasabasına –belki Arizona'da Tombstone ya da Güney Dakota'da Deadwood– geliyormuşum duygusuna kapıldım. Ve kasabanın çöküşünün tsunaminin güç kazandığının bir göstergesi olduğu duygusuna.

Yakın zamanlara kadar Avrupa'nın fakir ve az gelişmiş uzak bir akrabası olarak kabul edilen İzlanda'nın ekonomisi ani bir patlama yaşamış ve bu ülke Dünya Bankası'nın 2007 sıralamasında, kişi başına düşen gelir bakımından dünyanın üçüncü en zengin ülkesi olmuştu. Reykjavik, insanların bir gecede servet yaptıkları bir 'mantar kent'e dönüşmüştü. Ünlü kişiler, kumarbazlar, dolandırıcılar ve ekonomik tetikçiler kente sürü hâlinde akın ediyordu. Morgan Stanley, Goldman Sachs ve Wall Street'in büyük şirketlerinin çoğu, kravatlı ordularını buraya gönderiyordu. Benim eskiden yaptığım işi yapan insanlar, petrol ve diğer değerli doğal kaynaklarından dolayı kendilerini birden materyalizmin içinde bulan Endonezya, Nijerya, Kolombiya ve benzerlerini sömürmek için hayata geçirdiklerine benzer bir model uygulayarak, kişileri ve devleti boğazlarına kadar borç altına girmeye ikna ettiler. İnsanlar tam bir Hollywoodvâri satın alma çılgınlığına kapıldılar. Miami'de malikâneler, Beverly Hills'de apartman daireleri, İngiltere'de büyük mağazalar, Danimarka'da havayolları, Bentley ve Rolls Royce otomobiller, Norveç'te elektrik santralleri, hatta bir İngiliz futbol takımı bile satın aldılar. 2007 yılında ülkenin vatandaşları, 2002 yılında sahip olduklarının yaklaşık 50 katı yabancı varlığa sahiptiler. İzlanda borsası, 2003 yılından 2007 yılına kadar 9 kat yükseldi. (Aynı süreçte ABD borsaları sadece 2 kat yükselebilmişti.) Reykjavik'teki taşınmaz mal fiyatları üçe katlanırken, ortalama bir ailenin serveti de, 3 yıl içinde 3 katı arttı.[1]

İzlanda'daki bu patlamanın ardındaki kaynak, bir başka söylemle ülkenin ihya olmasının arkasındaki altın madeni, hidroelektrik ve jeotermal güçtü. Buzullar, nehirler, yanardağlar ve yeraltı sıcak su kaynakları sınırsız miktarda enerji sunuyor gibiydi. Bu kaynak, kutuya ya da fıçıya doldurulamayacağından, bulunduğu yerde kullanılmak zorundaydı. İşte böylece 1960'lı yılların sonlarına doğru yüksek miktarda enerji kullanan şirketlerin en büyükleri olan alüminyum üreticileri İzlanda'ya gelmişti. Takip eden 40 yıl içinde alüminyuma karşı küresel talep hızla yükselince, İzlanda'nın yöneticileri, sadece yabancıların sahip oldukları bu izabe tesislerine güç sağlamak üzere elektrik santralleri kurulması konusunda ikna edildiler. Alcoa şirketi, İzlanda'nın harita üzerindeki yerini herkese öğretecek bir teklifte bulundu. Bu, ülkenin kuzeyinde devasa bir 'sudan-alüminyuma' tesisi yapma anlaşmasıydı. İzlanda'nın yapması gereken tek şey, kilovat-saat satışından elde edilmesi beklenen gelir ile teminat altına alınacak büyük miktarda bir borcun altına girmek ve tek bir izabe fırınını çalıştırmak için gerekli 600 megavatın üzerindeki enerjiyi (tüm İzlanda halkının kullandığı 300 megavat ile karşılaştırın) üretecek baraj ve elektrik santralini inşa etmek üzere yabancı şirketlerle anlaşmaktı.

Bu, tabii ki o kadar basit değildi. Bilim adamları, barajın yapılacağı yerin bir fay hattının tam üzerinde olduğunu ve sular altında kalacak arazinin de -Manhattan kadar bir alanın (Kentucky eyaletinden biraz küçük bir ülkede)- ender bulunan bazı ekosistemleri barındırdığını keşfettiler. Seçtikleri hükümet, çevre kanunlarını rafa kaldırıp, 'özel durum' inşaat izinleri verirken, insanlar görmezden, duymazdan geldiler. Alcoa şirketi 2007 yılının Haziran ayında, ABD'nin en büyük mühendislik şirketlerinden Bechtel Grup tarafından inşa edilen alüminyum tesislerinin açılışını yaptı. Bu yeni tesisin yılda 346 bin metrik ton alüminyum üretmesi planlanmıştı, ki bu miktar ülkenin ilk alüminyum tesisinin kapasitesinin 10 katına denk geliyordu.

İnsanlar bu olayı kutladılar! Ta ki, Alcoa'nın izabe fırınlarını devreye soktuğu her saat, ülkenin yeni tesislerinin onbinlerce dolar kaybettiğini öğrenene kadar.

6 Ekim 2008 tarihinde, o güne kadar duyulmamış bir şey oldu. Ülke ekonomisinin birkaç katı kadar büyüme gösteren İzlanda bankaları bir anda çöktü. 100 milyar doları bulan kayıplar her geçen

gün artıyordu. Ülkenin borcu, gayrısafi yurtiçi hasılanın (GSYİH) %850'sini buldu ve İzlanda iflas etti.[2]

Uçağım pistte ilerlerken Reykjavik kentinin de yakında, altın madeni tükendikten sonraki Tombstone ya da Deadwood gibi olup olmayacağını; bir saat sonra bir hayalet şehrin, sadece hırsızlar, dilenciler, tükenmiş silahşorlar ve belki birkaç sarhoş ekonomik tetikçinin takıldığı bomboş sokaklarında yürüyor olup olmayacağımı düşündüm.

İzlanda'nın bir haberci olduğundan en ufak bir şüphem yoktu. Bu yolculuğa kalkışmış olmamın nedenlerinden biri de, gelişmiş bir ülkede gerçekleşen bu 'vurgun'u çevreleyen ayrıntıları anlamak istememdi. Eğer geri kalanlarımız bu ülkenin trajedisinden bir ders almazsak, benzer sonuçlarla karşı karşıya kalabilirdik.

ABD ve birçok ülkeyle birlikte İzlanda da kapitalizmin belli bir türünden muzdarip olmuştu; işletme fakültesindeki profesörlerimin 1960'ların sonlarına doğru öngördükleri ve şiddetle karşı çıktıkları bir sapma. Bu sapmanın yandaşları, Wall Street'den Şangay'a kadar iş dünyasının ve devletin ileri gelenlerine, benim 'Ekonomik Tetikçi' saflarına katıldığım 1970'lerin ilk yıllarından itibaren, bizleri Üçüncü Dünya ülkeleri ve şimdi de İzlanda'da yaşananlar gibi çöküşlere götürecek bir dizi değer yargısı aşılamışlardı. Kapitalizmin bu türünün önde gelen felsefesi, kaynakların özelleştirilmesine, şirket yöneticilerine sınırsız yetkiler tanınmasına ve modern köleliğe (kişiler için olduğu kadar, ülkeler için de) yol açacak kadar aşırı borçlanmayı teşvik etmeyi içeren kesin ve uzlaşmaz inançtır. En güçlü şirketlerimizi yöneten CEO'ların, normal insanların aksine, kurallarla sınırlanmalarına gerek duyulmayan, özel ve ayrıcalıklı bir sınıf oluşturdukları varsayımına dayanan bu anlayış, jeopolitik tanımları kökten değiştirmiştir. Artık, şehir-devletlerin yerlerini ülkelere bıraktığı çağlardan çok farklı olmayan bir döneme girmiş bulunuyoruz. Fark şu ki, bugünkü ülkeler dev şirketler tarafından gasp edilmişlerdir.

Sorun, işletme profesörlerimin de anladıkları gibi, kapitalizm değildi. Sorun, kapitalizmin kötüye kullanılması ve bu mutasyona uğramış virüsün birçok insana bulaşmış olmasıydı.

Uçak sarsılarak dururken, bir salgın hâline gelmeden önce bu virüsü kontrol altına alabilme şansımızı düşündüm.

Uçaktan indim, gümrükten geçtim ve kendini şoförüm olarak tanıtan, bir güreşçi kadar yapılı genç bir adam tarafından karşılandım. Beni dışarı çıkarttı. Yeni bir günün solgun ışıkları ve her an kara dönüşebilecek gibi duran buz gibi bir çisenti ile loş bir hava vardı. Kendimi, şoförün kocaman cipine binmek için yukarı çekerken, Deadwood'a giden bir posta arabasına biniyormuşum hissine kapıldım.

"Keşke daha küçük bir araba alsaydım," dedi adamcağız özür dilercesine. Belli ki bir anlık tereddüdümü bir ayıplama göstergesi olarak yorumlamıştı. "Ama bu neredeyse bir yıl önceydi. Böyle olacağını kim öngörebilirdi ki?"

Havaalanından ayrılmamızın üzerinden fazla geçmeden, sisler arasında karanlıkta kalan bir sıra binaya işaret etti ve Pentagon 2006 yılında boşaltana kadar o binaların, 1.200'den fazla personel barındıran bir ABD askerî üssü olduğunu söyledi.

"Burası artık hayalet bir şehir mi?" diye sordum.

"Pek sayılmaz," diye yanıtladı. "Binaları üniversitelerimizden biri devraldı, askerlerin yerini de öğrenciler aldı."

Diliyle bir cıklama sesi çıkarttı. "Devletiniz, boşaltmadan önce bu tesislere bir servet gömdü."

"Neden?"

Onu hayal kırıklığına uğratan öğrencisine bakan bir hoca gibi baktı bana. "Müteahhitlerin bu işten hayli para kaldırdıklarını duydum."

Yağmur damlaları ön cama vururken, ben de dışarıdaki çorak araziye baktım. Sanki kızgın bir tanrı avucunu açıp, içindekileri gelişigüzel savurmuş gibi taş ve çakıllarla kaplıydı.

"Volkanik lavlar," dedi şoförüm. Sonra, bulutlarla birleşiyor gibi görünen karla kaplı bir alanı işaret ederek, ekledi. "Tüm bunlara neden olan dağ da işte şu."

NASA'nın, onları aya göndermeden önce, Apollo astronotlarını burada eğittiğini okuduğumu söyledim.

"Evet, bu doğru," diye onayladı. "Ama sonunda troller onları yerlerinden etti."

"Trol?"

"Kuzeyli mitolojik yaratıklar, bir tür cin ve dev karışımı. Çetin yaratıklar." Durdu ve sırıtarak bana baktı. "Alcoa şirketi, yeni izabe fırınını yapmaya başlamadan önce, hiçbir trolün yerinden edilmeyeceğini doğrulatmak adına bir büyücü tuttu. Söylentiye bakılırsa, adam bir şarlatan çıkmış ve İzlanda'nın ekonomik sorunları da trollerin intikamıymış." Başıyla yan camdan dışarıyı işaret etti. "Şunları görüyor musunuz?"

Dışarı bakınca, volkanik kayalardan yapılma bir sürü höyük gibi taş yığınını gördüm. "Şu garip heykeller mi?"

"Evet. Güneş ışığı trolleri taşa çevirir. Bazen, güneş bulutların arkasından çıkınca açık arazide yakalanırlar." Kıkırdadı. "Ama çok sık olmaz. Buralarda çok sık güneş görmeyiz."

"Trol ekonomisi," dedim düşünmeden.

Soran bakışlarla bana baktı.

"Sadece bir düşünce." Omuzlarımı silktim. "Ne diyebilirim ki, ben bir ekonomistim."

"Ooo..."

Yüzündeki ifadeden hiçbir şey çıkaramasam da, 'bir ekonomist bu ülkeden daha başka ne alınabileceğini sanıyor ki' diye merak ettiğini düşündüm. Ama o iki sözcük, 'trol ekonomisi' aklıma takıldı. Reykjavik'e doğru giderken, beynimin içinde sürekli bu iki sözcüğü duymaya devam ettim. Eğer bu klasik 'vurgun'da trollerin de bir rolü olduysa, insan kılığına girip bir şekilde Alcoa'da, devlette ve bankalarda işe girmiş olmalıydılar. Gözlerimin önüne muzip gülüşlü, kocaman gözlüklü, kel kafalı bir adam görüntüsü geldi. Chicago Ekonomi Fakültesi'nden Nobel ödüllü Milton Friedman'ın geçenlerde gördüğüm bir fotoğrafıydı bu. İzlanda'yı ve neredeyse diğer tüm ülkeleri Büyük Depresyon'dan kurtaran politikaları bir kenara bırakmaya ikna etmekte diğer herkesten fazla rol oynamış, İzlanda'ya diz çöktüren kapitalizmin o yağmacı türünü desteklemek için elinden geleni yapmıştı.

"İşte orada!" dedi şoförüm heyecanla, yağmur nedeniyle güçlükle seçilebilen bir dizi binayı işaret ederek. "Tüm sorunlarımızın nedeni; şimdiki sahibi Rio Tinto Altan olan ilk alüminyum tesisimiz."

Gözlerimi kısıp sileceklerin arasından baktım. Silindir biçiminde bir çift kocaman kule sislerin arasından seçilebiliyordu. Okyanusa doğru uzanan bir iskelenin yanında yer alan kuleler, bana Ortaçağ savaşlarını konu alan eski filmlerdeki kale kulelerini çağrıştırdı. Onların hemen yanında da, arazi üzerinde sanki sonsuza kadar uzanıyormuş gibi duran daha alçak bir bina vardı.

"Bu bina 1.600 kilometre uzunluğunda," dedi şoförüm, dünyanın en uzun yük trenini içine alabilecek gibi duran binayı göstererek. "Bunlardan üç tane var. Diğer ikisi de, bu gördüğünüzün arkasında saklı."

Alüminyum tesisine yaklaşıp, sonra da yanından geçip giderken ikimiz de konuşmadık. Ortalıkta tek bir insan bile yoktu. Hiçbir şey hareket etmiyordu. Binalar terk edilmiş de olabilirdi ama şoförüm öyle olmadığını söyledi. "Gece gündüz çalışıyor," dedi duygusuz bir ses tonuyla.

Ziyaret ettiğim diğer sanayi tesisleri gibi -kömür madenleri, kâğıt fabrikaları, petrol rafinerileri ve nükleer santraller- bunun da büyüklüğü beni etkilemişti. Bütün bunları herhangi bir bağlama oturtmaya imkan yoktu. Ama yine de bu tesisin üretim kapasitesinin, yapımından sonra gerçekleştirilen artışlara rağmen, yeni Alcoa fırınınınkinin çok altında kaldığını biliyordum. Oturduğum yerde arkama dönüp, yağmurda gözden kayboluşunu izledim.

"İşte sizin hayalet kasabanız," dedi şoförüm dikkatimi dağıtarak. Sağımızda sıra sıra şirin banliyö tipi evler vardı. "Hepsi boş." Başını üzgün bir şekilde salladı ve yine o garip cıklama sesini çıkarttı. "İzlanda'da bir ev arıyorsanız, almanın tam zamanı diyorlar."

Yanlarından geçerken evleri inceledim. Beklentilerimi karşılamıyorlardı: Toz içinde sokaklar, sokaklarda yuvarlanan çalı demetleri, kepenkleri çivilenmiş dans salonları ya da rüzgârda çarpan kapılar yoktu.

Havaalanından ayrıldıktan yaklaşık kırk beş dakika sonra Reykjavik'e geldik. "Sizi biraz farklı bir yerden götüreceğim," diye açıklama yaptı şoförüm. "Kırık Hayaller Caddesi." Birbiri ardına şahane modern ofis binalarının dizili olduğu bir sokağa döndü. "Bunların çoğu banka ya da bir tür finans kuruluşuydu," dedi. "Şimdiyse hepsi boş."

İlk başta şaka yaptığını sandım. Çağdaş mimarinin bu göz alıcı örneklerinin tümünün boş olması imkânsız gibi görünüyordu. Yüzümü cama dayayıp yukarı baktığımda, pencerelerin çoğunun köşelerinde hâlâ yapışık duran küçük not kâğıtlarını gördüm. Ürkütücüydü. Biraz daha yavaşlayınca, binaların içinin boş olduğunu görebildim. Ne bir masa, ne bir sandalye. Perde bile yoktu. Sadece kocaman bir boşluk.

"Bir hayalet kasaba daha," dedi.

"İnanılmaz."

"Sadece ziyaretçi olduğunuza şükredin." Bana bir bakış attı. "Ben burada yaşıyorum."

"Korkarım hepimiz burada yaşıyoruz."

Bu kitap, o 'burası' hakkında: Şu anda nerede olduğumuz, bu ümitsiz yere nasıl geldiğimiz ve nereye gittiğimiz hakkında...

Wall Street -şimdilik- Reykjavik'in Kırık Hayaller Caddesi'ne benzemiyor olabilir. Aynı o caddenin, terk edilmiş Tombstone kasabasının çalı demetleri yuvarlanan sokaklarına benzemediği gibi.

Yine de, ABD'de yaşayan bizler, son birkaç yıldır bunun işaretlerini görüyoruz.

Şok edici ve en aşırı görüntülerle karşı karşıya kaldık; artan işsizlik oranlarını ve dibe vuran Dow Jones endeksini gösteren grafikler; Sacramento'nun ve Portland'ın hemen dışında çadır şehirlerde yaşayan evsiz insanlar; özel jetleriyle Washington'a uçarak şirketlerini kurtarmak için Meclis'e yalvarıp, büyük miktarda para talep eden otomobil üreticisi şirketlerin yönetim kurulu başkanları; çökmesine neden olan yöneticilerine 450 milyon dolar ikramiye ödeyeceğini duyuran gözden düşmüş bir AIG*; yatırımcıları milyarlarca dolar dolandırdığını kabul eden Nasdaq eski Yönetim Kurulu Başkanı Bernard Madoff...

Böylesi görüntüler morallerimizi de bozuyor. Bunlar çoğu insan için sürpriz olmuş olabilir ama gerçek şu ki bunların gerçekleşeceğini öngörmemiz gerekiyordu. Benim hocalarım bunu 1960'ların sonlarında görmüştü. Öğrencilerinin birçoğu da görmüştü.

"Bir sürü uyarı vardı," demişti bana Stanford Üniversitesi birinci sınıf öğrencisi Martha. "ABD'nin bir trilyon doların üzerindeki bütçe açığı, ipotek balonu; yeterli ödeme gücü olmayan insanlara dağıtılan büyük miktarda borçlar. Son derece pahalı bir savaş, şirketlerin taşeron firmalardan eleman alması, bankaları denetleyen kanunların iptal edilmesi... Tüm bunları nasıl oldu da görmedik?"

Ama hâlâ daha kendimizi kandırmayı sürdürüyoruz. Borsaların düzelir gibi olması ya da benzin fiyatlarının düşmesi gibi ara sıra gerçekleşen 'iyi haber' dönemleri, bizleri en kötüsünün bittiğine inandırıyor. Pavlov'un köpeklerine benziyoruz; zil çalıyor ve ağzımız sulanıyor. Bu, bizi daha derindeki sorunlarla uğraşmaktan alıkoyan son derece tehlikeli bir yanılsama.

---

* American International Group: Amerikan sigorta şirketi. 2008 Eylül ayında girdiği nakit krizi nedeniyle ABD Merkez Bankası FED ve Hazine tarafından toplamda 182.5 milyar dolarlık bir kurtarma paketi ile desteklendi.

"İşin gerçeği, bir yalanı yaşamakta olduğumuzdur. Yüzeyin altındaki ölümcül kanseri gizleyen bir cila yaptık," diye daha önce de yazmıştım.*

Ne yazık ki, insanların büyük çoğunluğu bu yaldızlı cilanın altını görmek istemedi. Siyasi liderler ve iş dünyası yöneticileri, bizleri 'cilayı korumamız' konusunda teşvik etti. Sık sık eski klişelere sığındık. Bu kanseri, kapitalizmin bu yağmacı mutant türünü, norm kabul ettik. Dünya kaynaklarından payımıza düşenden fazlasını, dengesiz bir biçimde tüketebileceğimiz ve bunu yüksek faiz oranlarıyla ya da vahim sonuçlarla karşı karşıya kalmadan kredi kartlarına yüklemeye devam edebileceğimiz konusunda kendimizi ikna ettik.

"Sistemin kendini imha etmek üzere olduğundan şüpheleniyor olsanız bile çizginin dışına çıkıp, sizin ve komşularınızın her zaman neredeyse Tanrı kelâmı kabul ettiği kavramları sorgulama cesaretini nasıl bulursunuz?" diye de sormuştum kitabımda.**

Bu cesareti bulamadık. Devletimizin Irak'ta teröristlerin gölgesini kovalamasına, patlayıcı diş macunu tüpleri bulmak için havaalanlarında çanta ve bavullarımızı karıştırmasına, savunma hakkı tanımadan insanları tutuklayarak en kutsal haklarımıza tecavüz etmesine ve başkanımızı eleştirmenin vatana ihanet anlamına geleceği konusunda bizleri ikna etmesine izin verdik. Bir yandan bizleri açgözlü yatırımcılardan koruyan yasaları çöpe atarken, diğer yandan gayrısafi yurtiçi hasılaları AIG'nin zararının yarısı kadar bile olmayan ülkelerin bir 'Şer Ekseni'nin üyeleri olduğu fikrini kabul ettik. Kolombiya ormanlarında terörist aramak için düzenlenen operasyonları destekledik ama ekonomimizi çökertecek güce sahip şirketlerin defterlerini incelemeyi ihmal ettik.

Obama'nın başkan olarak seçilmesi sembolikti. Bir gecede muhafazakâr Cumhuriyetçi'den liberal Demokrat'a geçiş yapmak, ABD seçmeninin tutumunda köklü bir değişime işaret ediyordu. Tüm dünyaya, artık değişmek istediğimiz mesajını gönderdi. Obama

---

*   Bir Ekonomik Tetikçinin İtirafları
** Bir Ekonomik Tetikçinin İtirafları.

yönetiminin kredi kartı endüstrisini kontrol altına almak, daha sıkı egzoz emisyonu ve yakıt tüketim standartları getirmek, bir finansal denetleme komisyonu kurmak ve başka diğer girişimleri uygulamaya koymak gibi planları bizi yeniden doğru yola sokabilir, yani Kongre'den bir gün geçmeyi başarabilirlerse.

Ancak, talihsiz ve söylenmeyen gerçek de şu ki, bu yol bizi gerçek değişime götürecek bir yol değil. Bu, içinde bulunduğumuz bataktan çıkış yolu değil. Bu, bizi sadece biraz daha dolaylı bir şekilde felakete götürecek bir yol ve görünen o ki, kendimize yeni bir yol açmalıyız.

Kızım Jessica ve damadım Dan, 25 Eylül 2007'de bana bir erkek torun verdiler. Birkaç ay sonra, Şükran Günü'nde, birkaç yıl önce yaşamımın geri kalanını sürdürülebilir, adil ve barış içinde bir dünya yaratmaya yardımcı olmaya adama konusunda verdiğim bir sözü yineledim. Torunum Grant, bana elimi çabuk tutmam gerektiğini anımsattı.

Grant'ın bilmediği bir şeyi biliyorum; onun yaşamının, benim dönemimde yaratılan krizler nedeniyle tehdit altında olduğunu. Buradaki soru, nasıl önlem alınacağı değil. Normale (çoğunluğun küçük bir azınlık tarafından sömürüldüğü bir dünya) nasıl dönülebileceği de değil. Bugün, kendimizi ve ekonomimizi bir dönüşümden geçirme zorunluluğu ile karşı karşıyayız.

Bir 'Ekonomik Tetikçi' olarak, bizi 'normal' diye nitelendirdiğimiz bu tehlikeli duruma sürükleyen olayların birçoğunda yer aldım. Bir yazar ve konuşmacı olarak da son 5 yılımı ABD ve diğer ülkeleri dolaşıp, siyaset ve iş dünyasının liderleri, öğrenciler, öğretmenler, işçiler ve her türlü insanla konuşarak geçirdim.

Bugün geldiğim noktada, bizi esenliğe çıkaracak ve Grant'ın dünyasını da kurtaracak bu dönüşüme hazır olduğumuz konusunda ümitliyim.

Bu kitabın birinci bölümü sorunlarımızın temel nedenlerine genel bir bakış sunuyor. Bunları anlayarak, önümüzdeki seçenekleri değerlendirebiliriz. İkinci kısım ise, bu seçenekleri incelemeye adanmış; torunumun ve onun tüm dünyadaki kardeşlerinin bizlerden miras almak isteyecekleri bir sistem kurmak için hem kişisel, hem de toplum olarak uygulayabileceğimiz bir eylem planı öneriyor.

Başkan Obama'nın ekonomik planının artıları ve eksileri, Wall Street'i toparlama planları ve diğer kısa vadeli politikalar hakkında yazılmış birçok kitap var. Bu kitaplar öncelik sıralaması ile ilgilidir; kanamayı durdurmak için acilen yapılması önerilen işlerle.

Ama bu kitap öncelik sıralamasının ötesine geçiyor. Bize bulaşan virüsü teşhis ediyor ve uzun vadeli bir tedavi öneriyor.

1. KISIM
SORUN

1. Bölüm

BİR RASTLANTI DEĞİL
Gerçekler

Bir ekonomik tetikçiyken (ET), birçok Üçüncü Dünya ülkesinin istatistiklerini incelemiştim. Hiçbirinin rakamlarının, bu son bir-iki yılda kendi ülkemde, yani ABD'de olduğu kadar hızla düştüğünü görmedim. Hepimiz gerçekleri parça parça gördük. Ama aşağıda verilen örnekler, hayati konularda işlerin bize söylendiğinden çok daha kötü olduğunu benim şahsi gözlemlerimle birlikte örnekliyor. (Eğer bu gerçeklerle gereğinden fazla yüklendiğinizi düşünüyorsanız, bu bölümü atlayıp 'Ne Yapmalı?' başlıklı kısma geçebilirsiniz.)

Mevcut kriz ABD ekonomisi ile başladı. İlk işaretler 2005'te fiyatların tarihin en yüksek düzeyine çıktığı ve sonra da 2006'da tepetaklak olduğu konut piyasasında ortaya çıktı. Diğer sektörlerde arka arkaya kaydedilen gerilemeler konut krizini daha da şiddetlendirdi. Bear Stearns, Merrill Lynch, Lehman Brothers, AIG ve genel olarak finans sektörünün, düşük ve orta gelir grubuna hitap eden 'geri ödeme riski yüksek mortgage' piyasası üzerine oynadığı büyük çaplı bahislerin sonucu olarak, sistem çöktü.

2008 yılında Lehman Brothers iflas etti; Bear Stearns'i ise J.P. Morgan Chase, hisse başına 2 dolar ödeyerek satın aldı ve son anda kurtardı. AIG, Bank of America ve Citigroup da devletin geniş kapsamlı mali destek paketi sayesinde batmaktan kurtuldu. Sonunda, ABD'nin belli başlı finans kuruluşları ve onların kontrol ettiği piyasalar yaklaşık 14 trilyon dolar kayba uğradılar ki bu, kabaca ABD'nin gayrısafi yurtiçi hasılası kadardı.[3]

Ticari bir banka olan Allen & Company'nin halen idare müdürlüğünü yapan eski senatör Bill Bradley, tüm bu olup biteni 30 Nisan 2009 tarihinde yapılan bir sempozyumda şöyle özetleyecekti:

"Hükümet, bugün itibariyle finans piyasalarına yaklaşık 12.7 trilyon dolar değerinde garanti ve taahhütte bulunmuştur ve biz de bu kriz sırasında 4 trilyon doların biraz üzerinde harcamada bulunduk./ ... / Vergi ödeyen ABD vatandaşları şu anda yaklaşık 400 milyar dolarla Citicorp'a ortak."

2008 Nobel Ekonomi ödülü sahibi Paul Krugman da şu bilgiyi ekliyordu: "Amerika'da hane halkının toplam servet büyüklüğünün aniden 13 trilyon dolar birden düştüğüne şahit oldular; üstelik dünyanın her yerinde buna benzer çöküşler yaşanıyor." [4]

Küresel finansal çöküş ekonominin her alanına yayıldı. 30 Aralık 2008 tarihinde, S&P/Case-Shiller Ev Fiyat Endeksi tarihinin en düşük düzeyine inmişti. Konut inşaatları %38 azaldı. 2009 yılının ilk aylarında GSYİH yıllık ortalama %6'dan fazla bir oranda düştü. Sanayi üretimi %13 geriledi. ABD İş İstatistikleri Bürosu, "Nisan ayında (2009), belli başlı neredeyse tüm özel sektör üreticilerinde büyük miktarda iş kaybı oluştu. Genelde, özel sektördeki istihdam 611 bin civarında azaldı," diye açıklama yaptı ve işsiz sayısı 13 milyon 700 bine tırmandı. Bu rakam iş gücünün yaklaşık %9'una denk geliyordu.

Mayıs 2009'da resmî olarak 16. ayına giren ekonomik durgunluk, Büyük Bunalım'dan* bu yana yaşanan en uzun durgunluk dönemi oldu.

Ne zaman yeni bir istatistik yayınlanacak olsa, eski rekorları kırıyor gibiydi; hastalığın seyri giderek daha bunaltıcı olmaya başladı. Şirketlerin envanterleri 104 milyar dolar düştü. Bu gerileme, istatistiklerin tutulmaya başladığı 1947 yılından beri görülen en

---

* ABD'de 1929'da borsanın çökmesiyle başlayan, 1930'lu yıllar boyunca devam eden ve dünyanın her tarafında ekonomik krize yol açan 21. yüzyılın en büyük ekonomik bunalımı. (e.n)

büyük düşüştü. İhracat %30 azaldı, bu da son 40 yıldaki en yüksek gerilemeydi. İş yatırımları neredeyse %40 azaldı; yeni bir rekor. İnşaat sektöründeki daralma %38'i buldu. Şirketler toplam harcamalarını, o güne kadar görülmemiş bir şekilde, yıllık %38 oranında azalttılar. Bir diğer tarihi ilk de, Amerikalılar'ın %12'sinin ev kredisi ödemelerini geciktirmesi ya da icralık olmasıyla kayıtlara geçti.

Durumu, ülkedeki ekonomik dirliğin bir göstergesi olarak kabul edilen General Motors, önce ülkedeki fabrikalarından 13'ünü geçici olarak kapatacağını ve üretimi 190 bin araç düşüreceğini açıkladı; hemen sonra 1 Haziran 2009 tarihinde de iflasını ilan etti. Şirket yeniden yapılanmanınsa 21 bin ilave iş kaybı, en azından 12 fabrikanın ve 2 bin 600 satış acentesinin kapanması anlamına geldiğini duyurdu.[5] En sonunda, en büyük rezilliği yaşadı: Fiili olarak, ABD hükümetince millileştirildi.

Ve ekonomik durgunluk tüm dünyayı sardı.

Birleşmiş Milletler'in Dünya Ekonomik Durumu ve Beklentiler 2009 raporu, küresel ekonomide o yıl için %2.6'lık bir gerileme öngörüyordu, ki bu 2009 yılına ilişkin daha önceki en-kötü-senaryo öngörüsünden bile %0.5 daha kötüydü. Ocak ayında yayınlanan ve 'küresel kredi krizinin tüm dünyadaki reel ekonomiyi zorlamaya devam ettiği,' kaydedilen raporda, önümüzdeki 2 yıl içinde işsiz sayısının 50 milyona (durum kötüleşmeye devam ederse, kolaylıkla ikiye katlanabilecek bir sayı olduğu da vurgulanarak) ulaşacağı tahmini de yapılmıştı. Birleşmiş Milletler'in, 2009 yılı için ayrıca dünya ticaret hacminin %11 oranında azalacağı tahmini de Büyük Bunalım'dan bu yana görülen en büyük yıllık düşüşe tekabül ediyordu.[6]

Bu öngörüler, ne kadar ürkütücü olsa da, gerçeklerle ilgisi olamayacak kadar iyimser bir tablo çiziyordu; istatistikler açıkça bizlerin devletlerimiz ve dünya finans kuruluşları tarafından yönlendirildiğimizi ve göz göre göre kandırıldığımızı gösteriyordu.

Bu insanlar, bana bir Ekonomik Tetikçi olarak öğretilen oyunu oynuyorlardı: "Geleceği, olabileceğinden çok daha pembe gösterin.

İnsanları sakin tutmak için ne gerekiyorsa yapın. Statükoyu koruyun."

Okuduğum istatistiklerde en-kötü-durum senaryoları son derece hafife alınmıştı. Örneğin, Çin'den gelen haberler orada en az 26 milyon insanın bugün işsiz olduğunu gösteriyordu.[7] Ek olarak ABD'de de 13.7 milyon işsiz varsa, o zaman dünya rakamları şu anda bile Birleşmiş Milletler'in 50 milyonluk öngörüsünü aşmış olmalıydı, hem de ciddi bir şekilde.

2009 yılının ilk çeyreğinin sonunda uzmanların ekonominin düzelmekte olduğuna ilişkin bizleri ikna etme yolundaki aşırı çabaları da bu stratejiyi teyit ediyordu.

Ancak, ABD Merkez Bankası'nın Mayıs ayında yayınladığı rapor 2009 yılı için %2 ekonomik küçülme öngörüyordu, ki bu rakam bir önceki küçülme tahmini olan %1.3'e göre ciddi bir düzeltme yapıldığını gösteriyordu. Merkez Bankası %8.8 olan önceki işsizlik tahminini de %9.6 olarak güncellemişti.[8] Değiştirilmiş bu tahminlerin de iyimser olduğunu ve gerçek rakamların çok daha kötü olacağını varsaymak bence akıllıca olacaktı.

Soros Fon Yönetimi ile Açık Toplum Enstitüsü'nün yönetim kurulu başkanı ve *2008 Krizi* (*The Crash of 2008*) ile *Ne Anlama Geliyor* (*What it Means*) kitaplarının yazarı George Soros, yukarıda sözü edilen 3 Nisan 2008 tarihindeki sempozyum sırasında, yedi ay sonra başkan seçilecek Barack Obama'ya da verdiği tavsiyeyi bizimle şöyle paylaşmıştı:

> "Finansal sistemi yeni baştan oluşturmak zorunda, çünkü bu sistem artık eski hâline getirilemez."[9]

NE YAPMALI?

Bugün yaşamakta olduğumuz çöküş ne bir rastlantı, ne de kısa vadeli. Bundan 40 yıl önce, ben daha bir 'Ekonomik Tetikçi' olmadan uygulanmaya başlanan politikaların ve yaklaşımların bir sonucu.

İkinci Dünya Savaşı'ndan bu yana, tarihin ilk gerçek küresel imparatorluğunu şekillendirme süreci içindeyiz. Kamuflaj giysileri içinde gladyatörler yerine, evrak çantaları ve bilgisayar modellemeleri ile birlikte artistler gönderdik. Onlar da, Üçüncü Dünya'dan elde edilen değerli madenleri şekillendirmek üzere ekonominin lazer bıçağı kadar keskin araçlarını kullandılar.

Şirketlerimiz elde etmek istedikleri bir şeylere (hayati önem taşıyan doğal kaynaklar veya stratejik öneme sahip taşınmazlara) sahip bir ülkeyi belirledikten sonra, her zaman olduğu gibi ekonomik tetikçiler bu ülkelerin liderlerini 'Dünya Bankası ya da kardeş kuruluşlarından yüklüce bir miktar borç almaları gerektiği konusunda' ikna etmek üzere ziyarete gittiler. Ancak, bu liderlere paranın doğrudan ülkelerine ödenmeyeceği, onun yerine elektrik santralleri, limanlar ve endüstriyel parklar gibi altyapı projeleri gerçekleştirmek için ABD şirketlerine ödeneceği söylendi. Liderlere, "Bu sizin yararınıza olacak," dendi. "Ve dostlarınızın da." Dostlarınız dedikleri, enerji sektöründe, ihracat ve sanayi mallarına dayalı işleri olan birkaç varlıklı yerel aileydi. Ama tabi ki liderlere, bu işlerden asıl yararlanacak olanın, söz konusu projeleri uygulayacak kendi şirketlerimiz olacağını söylemeyi her zaman ihmal ettik.

Birkaç yıl sonra, o ülkeye geri dönen ekonomik tetikçiler, "Hımmm," derler, bir modeli inceleyen artistler gibi çenelerini sıvazlayarak. "Almış olduğunuz bu borçları ödemekte zorlanacaksınız gibi görünüyor." Model korku içinde titremeye başlayınca da, hafifçe sırıtırlar. "Merak etmeyin, her şeyi düzeltebiliriz. Yapmanız gereken tek şey petrolünüzü (ya da başka bir kaynağı) şirketlerimize ucuz fiyattan satmanız; bizi zora sokan çevre ve iş kanunlarını iptal etmeniz; ABD mallarına hiçbir zaman kota uygulamayacağınızı taahhüt etmeniz; sizin ürünleriniz etrafında oluşturmak istediğimiz ticari engelleri kabul etmeniz; kamu hizmetlerini, okulları ve diğer kamu kuruluşlarını özelleştirip bizim şirketlerimize satmanız; askerlerinizi, bizimkileri desteklemek için, Irak gibi yerlere göndermeniz..."

Bu, (toplu olarak, şirketokrasi*) büyük şirketler ve ABD arasında serbestçe gidip gelen insanların ekonomik kurnazlıkları ve çevirdikleri dolaplarla ortaya çıkmış bir sistemdir.

Öncüleri de Ford Motor şirketinin yönetim kurulu başkanı olarak görev yapan, ABD başkanları John F. Kennedy ve Lyndon Johnson'un kabinelerinde Savunma Bakanı olarak görev alan ve son olarak da Dünya Bankası Başkanlığı'nı üstlenen Robert McNamara; ekonomi profesörü ve Chicago Üniversitesi İşletme Fakültesi dekanı, Çalışma Bakanı, Yönetim ve Bütçe Ofisi direktörü, Richard Nixon'un Maliye Bakanı, Ronald Reagan'ın Dışişleri Bakanı, Bechtel Grubu şirketlerinin yönetim kurulu başkanı, George W. Bush'un danışmanı ve J.P. Morgan Chase bankasının da Uluslararası Danışma Konseyi Yönetim kurulu başkanı George Shultz ve Gerald Ford'un Beyaz Saray İdari Amiri, 1989 yılında Temsilciler Meclisi'nde azınlık parti denetçisi, George H. W. Bush'un Savunma Bakanı, ABD'nin enerji sektöründeki devlerinden Halliburton şirketinin yönetim kurulu başkanı ve CEO'su ve son olarak George W. Bush'un başkan yardımcısı olan Dick Cheney gibi insanlardır.

Bir süre önce Ekvador'daki bir sanat sergisini gezerken, Dick Cheney olduğu son derece bariz, çok güzel yapılmış karakalem bir resme rastladım. Bir ayağı Beyaz Saray'da, diğer ayağı ise Halliburton'un Dubai'deki yeni genel merkez binasındaydı. Bir elinde bir tomar kontrat, diğerinde bir AK-47 (kalaşnikof) vardı ve Afrika ile Ortadoğu'nun üzerine çömelmiş, pantolonunu da dizlerinin altına kadar indirmiş doğal işini görüyordu. Resmin altında da, "Dünyadan işte böyle görünüyor," yazıyordu.

En üst düzeylerde, en büyük şirketlerimizi yönetenlerle devleti yönetenler arasında hiçbir ayrım yoktur. Ama ön saflarda benim gibi ekonomik tetikçiler vardır ve bizler her zaman gerçek 'tetikçilerin', yani çakalların, şartlarımızı kabul etmeyi reddeden liderleri devirmeye ya da öldürmeye hazır bir şekilde, hemen arkamızda olduğunu biliriz. Irak ve Afganistan'da olduğu gibi, gizli

---

* Corporatocracy

çabaların başarısızlığa uğradığı ender durumlardaysa, askerlerimiz harekete geçer, işi becerirler!

Bu model denizaşırı ülkelerde o kadar başarıyla uygulandı ki, bunu ABD'ye de ithal ettik. Biz ekonomik tetikçilerin Filipinler, Zaire/Kongo ve Ekvador'un liderlerinden talep ettiğimiz politika ve tekniklerin çoğu, New York, Kaliforniya ve Michigan'da da aynen uygulandı. ABD'de hayli yaygın olanlar arasında neler yoktu ki; şirketleri çevresel, sosyal, reklamda doğruculuk gibi bir zamanlar toplumun haklarını koruyan sert standartlara uymaya zorlayan yasalardan vazgeçilmesi; büyük miktarlarda kişisel, tüzel ve kamusal borcun altına girilmesi; kamu hizmetlerinin, hapishanelerin ve diğer 'kamu' kuruluşlarının özelleştirilmesi; 'yurt içi güvenlik' bahanesi ile artırılmış polis denetimi ve kamuya ait arazilerin tüzel çıkarlar için kullanılması.

Başarıyla uygulandı diyorum ama bu sadece şirketokrasinin, yani senatörler, milletvekilleri ve başkanlarla dirsek temasında bulunan iş ve finans dünyasının güç simsarı o CEO'lar kulübünün bir üyesi iseniz doğrudur. Diğer herkes içinse, rezil bir başarısızlık olmuştur. Medicare'den* devlet okullarına kadar, haklarımızın birer birer elimizden alındığına, komşularımız tarafından işletilen mahalle bakkallarının büyük market zincirlerine yenik düştüğüne, medyanın bir avuç dev holding tarafından gasp edilişine şahit olan bizler, şimdi de kendimizi 'bir daha asla yaşanmayacağı' söylenen bir ekonomik durgunluğun sonuçlarına katlanır buluyoruz.

Neredeyse 7 yıl bir ekonomik tetikçi olmama rağmen, ayakta kalmasına çalıştığım bu sistemin derin sonuçlarını 1978 yılına kadar anlamamıştım. O zamanki işim Panama Devlet Başkanı Omar Torrijos'u Dünya Bankası'ndan yüklüce bir kredi çekmeye ikna etmekti. Ülkesinin iflası, (daha yeni imzalanan ve kanalı Panama'ya iade eden anlaşmaya rağmen) ABD'nin kanal üzerindeki kontrolünü garantiye alacak ve kârlı inşaat kontratlarının şirketlerimize

---

* ABD'de, 65 yaş üstü ve ayrıca özel koşulları sağlayan vatandaşlar için devletin sağladığı sağlık sigortası.(ç.n.)

verilmesini sağlayacaktı. Bir ülkenin liderini yozlaştırıp, onu zenginleştirmek, ülkesini de acımasızca sömürebileceğimiz bir konuma getirmek klasik bir ekonomik tetikçi dümeniydi.

Ama Omar bu işe hiç yanaşmıyordu. "Senin kahrolası parana ihtiyacım yok, Juanito," demişti bana bir öğleden sonra. O ve ben, Amerikalı politikacı ve büyük şirket yöneticilerinin, uluslararası medyanın ve eşlerinin meraklı gözlerinden uzak, güvenli bir şekilde seks ve uyuşturucu alemlerine dalabildiği Contadora Adası'nda demirlemiş lüks bir yatın güvertesindeydik. Cilalı maun küpeşteye yaslanan Omar, bana en canayakın bakışıyla baktı. "Güzel bir evim, bol miktarda kaliteli yiyeceğim, hızlı arabalarım, yatını bana ödünç veren bir arkadaşım var."

Doğruldu ve kollarını, yakın danışmanlarının yarım düzine kadar bikinili genç kadınla birlikte rom kokteyli içtikleri alt güverteyi de içine alacak şekilde iki yana açtı. "Bir erkeğin isteyebileceği neredeyse her şey."

Sonra kaşlarını çattı. "Bir şey dışında."

Bana, amacının ülkesinin insanlarını 'Yanki boyunduruğundan' kurtarmak, kanalın ülkesinin kontrolünde olmasını garanti altına almak ve Latin Amerika'nın kendini tam da benim temsil ettiğim ve onun 'yağmacı kapitalizm' diye nitelediği şeyden kurtarmasına yardım etmek olduğunu söyledi.

"Biliyor musun," diye ekledi. "Benim önerdiğim şey, sonunda senin çocuklarının da işine yarayacak."

Panama lideri, benim desteklediğim ve azınlığın çoğunluğu sömürdüğü düzenin başarısızlığa mahkûm olduğunu söyledi. "Tıpkı eski İspanyol İmparatorluğu'nda olduğu gibi çökecek," dedi.

Küba purosundan derin bir nefes çekti ve dumanını, sevdiğine öpücük yollayan bir adam gibi, yavaşça bıraktı. "Sen, ben ve tüm dostlarımız bu yağmacı kapitalistlerle savaşmadığımız sürece," diye uyardı, "küresel ekonomi şoka girecek."

Denizin üzerinden, Contadora'nın kum plajlarına ve palmiye ağaçlarına baktı, sonra bakışlarını bana çevirdi. *"No permitas que te engañen,"* (Seni kafeslemelerine izin verme) dedi.

Emin olduğum bir şey var ki, Omar'ın sistemi değiştirme çabaları hayatına maloldu. 1981 yılının Haziran ayında, uluslararası medyada hemen herkesin bir CIA komplosu diye nitelendirdiği bir olayda, özel jetinin düşmesi sonucu öldü. Bu trajik haberi aldığımda sarsılsam da, çok şaşırmadım. Zaten birkaç aydır, ekonomik tetikçilerin onu yozlaştırma girişimlerine boyun eğmediği takdirde, sonunda çakalların onun da icabına bakacaklarından korkuyordum; aynı, İran'da Muhammed Musaddık'ın, Guatemala'da Jacobo Arbenz'in, Endonezya'da Ahmet Sukarno'nun, Kongo'da Patrice Lumumba'nın, Şili'de Salvador Allende'nin, Ekvador'da Jaime Roldós'un ve daha nicelerinin icabına baktıkları gibi.

ABD'de kimse Omar'ın davasına destek çıkmak istemedi. Hele başkanlarımız, asla. ABD Temsilciler Meclisi'ndekiler gibi, kuyruklarını bacaklarının arasına sıkıştırıp efendilerinin, yani seçim kampanyalarını finanse eden ve daha da fazla nüfuz ve güç isteyen şirket sahiplerinin dizlerinin dibine sokuldular. Bizler, yani seçmenler ve tüketiciler, bunun yağmur ormanlarına, dağ tepelerine, mercan resiflerine ve işçilere kesilecek faturasından habersiz, daha ucuz mal için yaygara kopardık.

Kısacası, 1960'ların sonuna doğru, bir haber muhabiri olan Walter Cronkite'nin, Vietnam'dan döndüğünde, aslında savaşın hükümetin iddia ettiğinin aksine hiç de iyi gitmediğini haber verdiği zaman olduğu gibi. Sanki, içinde olduğumuz rehavetten kurtuluyoruz gibi görünmüştü. Onun sözleri, insanların sokaklara çıkıp, savaşa artık bir son verilmesi talebinde bulunmalarına esin kaynağı olmuştu ve en sonunda savaş o kadar itici olmaya başladı ki, Başkan Nixon bir çıkış yolu bulmaya mecbur kalmıştı. Ama Saygon düştükten sonra, yeniden uykuya döndük ve bu çatışmanın temelindeki nedenleri incelemeyi ihmal ettik. Bu savaşın milyonerleri milyarderlere dönüştürdüğünü ve ileride başımıza bela olacak daha sinsi bir hastalığın sadece bir işareti olduğu olgusunu gözardı ettik. Cronkite'nin emekli oluşunu seyrettik ve çalıştığı televizyon şirketi, diğerleriyle birlikte şirketokrasi tarafından satın alınıp, habercilik anlayışı yerini sansasyonel eğlence programlarına bırakırken öylece durup baktık.

Clinton'un 'Afrika Rönesansı' programını, ülkesinin kapılarını Amerikan şirketlerinin talanına ve kârlarına açması şartıyla, birbiri ardına acımasız diktatörleri desteklerken, protesto etmedik. Bir-iki istisna dışında, 11 Eylül sonrası askerlerimizi Irak'a göndermenin mantığını sorgulamadık. Devletimizin, diğer ülkelerle imzaladığı ve onlar için son derece insafsız ve adil olmayan şartlar içeren ticari anlaşmaları, dünyanın her tarafında birikmekte olan muazzam miktarda borcu ve Washington'un birbirinin peşi sıra denetimleri kaldırıp, ölçüsüz güçler bağışladığı Büyük Şirketleri görmezden geldik.

Şirketlerimizi yöneten insanlara, o ana kadar görülmemiş paralar ödeyerek, bir CEO'lar çığırı başlattık; ta ki, ortalama bir CEO'nun geliri, tarihte daha önce hiç görülmedik bir şekilde, ayrıca Avrupa, Japonya ve diğer ülkelerdekinin de çok üstünde bir düzeye, ortalama bir işçinin gelirinin 400 katının da üzerine çıkana kadar. İş dergilerinin kapaklarını, kısmen başkalarının kârlarından pay alarak, yeni ve daha riskli finansal araçlar yaratarak milyarlarca dolar kazanan Wall Street savaşçılarının fotoğraflarıyla donattık. Bu, azınlığın çoğunluğun sırtından para kazandığı çok eski bir formüldü. Ama bu durumda, 'çoğunluğun' aslında bizler olduğunu anlamaktan bile acizdik. Durgunluk kötü vurdu ve biz daha hâlâ hiçbir şey yapmıyorduk; bankaları, sigorta şirketlerini, araba üreticilerini ve tasarruflarımızı alıp götüren yöneticileri kurtarmaktan başka. Zahmet edip de kendi cüzdanlarımızın ötesine, burnumuzun dibinde kendi varoşlarımızda Nike tenis ayakkabıları yüzünden birbirlerini öldürenlerin ya da dünyanın her tarafında bir deri bir kemik kalmış ve açlıktan ölenlerin gözlerinin içine bakmıyorduk. O çok sevgili mallarımızın üretildiği Çin'deki şehirleri boğan zehirli dumanları koklamayı başaramadık.

Bir insan hakları kuruluşu olan Uluslararası Af Örgütü'nün hazırladığı ve dünya çapındaki ekonomik gerilemenin tüm dünyada daha fazla baskıya yol açmakta olduğuna dikkat çeken Mayıs 2009 tarihli raporu, 'eşitsizlik, haksızlık ve güvensizlikten ibaret bir barut fıçısının üzerinde oturduğumuz ve bunun patlamak üzere olduğu,' uyarısını yapıyordu.[10] Küresel İnsani Yardım Forumu (Global Humanitarian Forum) ise küresel ısınmanın her yıl 300 binden fazla insanın ölümüne yol açtığını belirtti.[11] Tüm bunları ve daha sayısız işareti görmezden geldik.

Çevre koruma programlarına; kendilerini fakirler, gençler, yaşlılar ve aciz durumdakilerin sosyal ve yaşamsal şartlarını iyileştirmeye adamış kâr amacı gütmeyen kuruluşlara ve sivil toplum kuruluşlarına (STK) ve yaşamı bildiğimiz şekli ile olası kılmak için gezegenimizin koşullarını izleyen ve koruyanlara ayrılan fonların birer birer kurumasını seyrettik. Çocuklarımıza ve onların çocuklarına yarayacak değişimlerden sakındık. Onun yerine, artan benzin fiyatlarından ve vergilerden şikâyet ettik, Hummerlar ve iPodlar satın aldık, siyasi kampanyaları destekleyen ve CEO'ların ceplerini dolduran politikaları destekledik.

Dünyanın yarısı açlık sınırında ya da altında yaşam savaşı verirken, toplam nüfusun %5'inden azının yaşadığı ABD'nin, kaynakların %25'inden fazlasını tükettiği bu sistemin etkin olduğuna inanarak kendimizi kandırdık. Neredeyse 200 milyon çocuğun insanlık dışı şartlarda işçi, hatta köle olarak çalıştırıldığı bir sistem. Fakir ülkelerin, aldıkları her 1 dolarlık dış yardım için, dış borçlarını ödemeye 1 dolar 30 cent harcadıkları bir sistem.[12] Ve bir kıtanın –Afrika– borç ödemelerine, sağlık harcamalarının 4 katı para harcadığı bir sistem.[13]

Bunlar gibi istatistikleri okuduk, birbirimize baktık, omuzlarımızı silktik ve kendimizi, 'sistemimizin belki de mükemmel olmadığı ama var olanlar içindeki en iyisi olduğu,' konusunda ikna etmeye çalıştık.

Ay'a insan gönderebilen, çiçek hastalığına aşı bulan, koyunları klonlayabilen ve tüm bir kitabı internet üzerinden anında bir yerden başka bir yere gönderebilen bir toplumda yaşayan bizler, noktaları birleştirmemizi sağlayacak soruları sormayı mütemadiyen ihmal etik:

Eğer dünya nüfusunun %5'i, kaynakların %25'ini tüketiyorsa, aynı ekonomik modelin Çin, Hindistan, Afrika ve Latin Amerika'ya transferi için ne gerekiyor olabilir?

Eğer sistemimiz milyonlarca çocuğu ekonomik kölelere dönüştürmeye bağlıysa, o zaman gelecek çocuklarımız için ne getirecek?

Eğer sanayileşmiş dünya, ucuz petrole duyduğu açlığı ancak diğer ülkeleri avuçlarının içine alıp, onları asla geri ödeyemeyecekleri borçlar altına sokarak beslemek niyetindeyse, acaba gelecekteki refah ve yaşam tarzımız nasıl bir şekil alacak?

Bu soruları yanıtlamaktan kaçındık çünkü bizi kaçınılmaz bir sonuca götürüyorlar: Mevcut sistemimiz tam bir fiyasko. Dünya nüfusunun kalan %95'ine de bizlerin kullandığı kaynakların aynısını sağlamanın, dünyamız gibi -ama insansız olarak- en az beş gezegen daha gerektireceğini duymak istemedik. Ya da, diğer ülkelerin çocuklarını sömürmeye devam etmemizin, çocuklarımız için giderek artan bir oranda şiddet içeren bir dünya yaratacağını. Ya da, başkalarını ödeyemeyecekleri borçlar altına sokmanın, sonunda onlarınki kadar kendi ekonomimizi de yerle bir edeceğini.

'Normal'e dönmenin artık bir seçenek olamayacağını duymak istemedik.

2. Bölüm

DEVLERİN SAVAŞI
Keynes'e Karşı Friedman

Bir ekonomik tetikçi olarak, Üçüncü Dünya ülkelerinde büyük altyapı projelerine önayak olmayı içeren görevim, özelleşme ve kâr etmeye ilişkin neredeyse kutsal diyebileceğimiz bir inanca dayanıyordu. Şu anda karşı karşıya bulunduğumuz krizlerin; küresel ısınma, insan hakları ihlalleri, tüm dünyada 'sahip olanlar' ve 'olmayanlar' arasında giderek büyüyen uçurum, azalan kaynaklar, petrol, yiyecek ve diğer ürünlerin giderek artan fiyatları gibi ekonomik çöküş ve daha birçok diğer hastalığın nedeni işte bu inançtır. Bunun altındaki politikaların bir devler savaşının doğrudan sonucu olduğunu pek azımız kavrayabilir.

Bu, tarihin akışını değiştiren bir mücadeledir.

İlk defa 1936 yılında yayımlanan ve artık klasikleşen *İstihdam, Faiz ve Paranın Genel Teorisi (The General Theory of Employment, Interest and Money)* adlı kitabın yazarı İngiliz ekonomist John Maynard Keynes, başarılı bir kapitalizmin anahtarı olarak sokaktaki adamın hakları için kahramanca savaşmıştı. Keynes'in fikirleri, İkinci Dünya Savaşı'nın hem öncesinde, hem de sonrasında akademisyenler ve siyaset yapıcılar arasında popüler oldu. Sınırlandırılmamış piyasaların –işçilerin maaşlarında indirim yapılmasını kabul ettiklerini varsayarak– tam istihdam sağlayabileceği fikri de dahil olmak üzere 'serbest piyasaların' geçerliliği hakkında o zamana kadar revaçta olan birçok kuramı alaşağı etti. Bu özellikle önemli bir kavramdı, çünkü 'serbest piyasa' kavramı o zamana kadar, sendikalarla mücadeleyi ve mevcut birçok işyeri ile fabrikadaki sefil çalışma şartlarını haklı göstermek için sanayiciler tarafından kullanılıyordu. Keynes, ekonomik bunalımlarla birlikte gelen kitlesel işsizliğe, işçi kesiminin özveride bulunması yerine, vergilendirmeyle desteklenen geniş çaplı devlet harcamalarının çare olacağını savundu.

1950'lerde, Cumhuriyetçi başkan Dwight (Ike) Eisenhower, ulusal otoyol ağı gibi Keynesyen ilkelere dayalı bir dizi kamu yatırımı programı başlattı. Kendi partisi tarafından bir 'ilerici' ya da Roosevelt'in 'Yeni Anlaşma'sı* adı verilen paketinin destekleyicisi olarak yaftalanmayı önlemek isteyen Eisenhower, bu programları Sovyetler Birliği'nin giderek güçlenen 'Kızıl tehdidine' karşı gerekli bir savunma olarak lanse etti.

1961 yılında, yeni seçilmiş Demokrat Başkan John F. Kennedy'nin, ekonomik büyümeyi Washington'dan gelen paranın kamçıladığı hakkında güçlü bir kanısı vardı. Bireyleri ufuklarını genişletmeye heveslendiren, şirketleri de yaratıcılık konusunda yüreklendiren programlara yatırım yaptı. Kennedy'nin 'Yeni Ufuklar' projesi eğitim için federal bütçeden pay ayrılmasını, yaşlılar için sağlık hizmetleri sağlanmasını, ekonomik durgunlukla mücadele için devletin girişimlerde bulunmasını öngörüyor ve ırk ayrımcılığına son verileceği sözünü veriyordu. Onun Barış Gönüllüleri – ki ben de 1968 yılında onlara katılmıştım– Amerikalılar'ı, diğer ülkelerdeki insanlara yardımcı olmaya özendirmişti. Uzay programı –ve Ay'a insan indirme konusundaki kararlılığı– kamu fonlarını özel sektörün hem yararına olacak hem de onları disipline sokacak alanlara kaydırmayı amaçlıyordu.

Kennedy'nin 1963 yılında bir suikast sonucu öldürülmesinin ardından başkanlık görevini üstlenen Lyndon Johnson, Keynes'in fikirlerini daha da ileri safhalara taşıdı. Onun 'Büyük Toplum' projesi kapsamında eğitim ve sağlık hizmetleri ile kentsel canlandırma ve ulaşım konularında geniş bir harcama programını başlattı.

---

* *New Deal*: Franklin Roosevelt'in, 1933'te başkan seçildikten sonra istihdam yaratmak ve ekonomik gelişmeyi tetiklemek için yarattığı bir dizi ekonomik programa verilen ad. (ç.n.)

Birçok kıdemli Cumhuriyetçi de Keynesçi ekonomik görüşlere katıldı. Richard Nixon 1968 yılında başkan seçildiğinde, federal hükümetin sosyal güvenlik, sağlık sigortası, yiyecek yardımı ve kamusal yardım konularında bireylere yaptığı doğrudan ödemeleri artırdı. Yönetimi sırasında, bu tür ödemeler gayrısafi milli hasılanın (GSMH) yaklaşık %6'sından, neredeyse %9'una yükseldi. Nixon ayrıca, büyük şirketlerde ücret ve fiyat kontrolleri uyguladı ve "Hepimiz Keynesçiyiz," diyecek kadar da ileri gitti.

Ancak, Keynes'e karşı koyan güçler de vardı. Fikirleri, muhafazakâr iş adamları ile kendilerine dayatılan bu uygulamaların getirdiği sınırlamalara ve düzenlemelere içerleyen politikacılar tarafından yerden yere vuruldu. Bu kişiler sendikaların fazlasıyla güçlenmesinin, iş gücünün pahalı hale gelmesinin ve fazla denetimin, başka ülkelere haksız avantaj sağladığı gerekçesiyle şikayetçi oldular.

"Olacak iş değil," dedi Jake Dauber, 1970'lerin başında Asya'ya yaptığımız bir gezi sırasında ağzındaki Endonezya usulü pişmiş eti çiğnerken.

Dauber, benim de çalıştığım Boston merkezli danışmanlık şirketi Chas. T. Main'in (MAIN) genel müdürüydü. Beni ve daha birçok MAIN yöneticisini Cakarta'daki Intercontinental Oteli'nin terasındaki lüks lokantaya davet etmişti. "Japonlar'ın her ABD üreticisini bu şekilde baltalayabilmesi kesinlikle kabul edilebilir değil. Fikirlerimizi çalıp, sonra da bizim keşiflerimizi yarı fiyatına üretiyorlar ve bunların hepsi o kahrolası sendikalar yüzünden oluyor."

Jake ve onun gibi diğer üst düzey yöneticiler kendilerini destekleyecek politikacılar aradılar. Sonunda, politikaya atılmış eski bir sinema oyuncusu ile Chicago Üniversitesi'nden (ki George Schultz da aynı üniversitenin İşletme Fakültesi dekanıydı) yakında süperstar olacak bir ekonomistin hiç beklenmeyen işbirliği ile ödüllendirildiler. Ronald Reagan ve yüzü İzlanda'da gözlerimin önüne gelen Profesör Milton Friedman. İkisi, Keynes'in fikirlerine şiddetle saldıran bir takım oluşturdular. (Friedman'ın fikirleri sonradan bir Nobel ile ödüllendirilecekti.)

Ufak tefek, kocaman gözlüklü bu akademisyen ilk başlarda pek de öyle savaşçı biri gibi görünmemişti. Aslında, bir Keynesçi ekonomist olarak düşman kampında yetişmişti. Sonra, İzlanda güneşinden kaçan troller gibi, öbür tarafa sıvışmıştı. Eski üstadına karşı çıkmış ve *parasalcılık** adını verdiği temelden farklı bir politika önermişti. Friedman, devletin ekonomiyi idare edemeyeceğini, çünkü insanların bunu bozmak için davranışlarını değiştireceklerini öne sürdü. Özel şirketlerin CEO'larının, kamu çıkarları için devlet memurlarından çok daha iyi hizmet vereceğine inandı. Keynesçi politikaların 'stagflasyon'a (yüksek enflasyon ve düşük ekonomik büyüme) yol açtığını iddia etti, ki bu ABD ekonomisini 1970'ler boyunca boğan ekonomik nedenlerin ta kendisiydi. Çözüm önerisi şuydu: Vergileri daha da düşürmek ve ABD'yi Büyük Bunalım'dan çıkartmak için Yeni Anlaşma sırasında uygulamaya konulan tüm düzenlemeleri iptal etmek.

Keynesçiler ise Friedman'ın 'serbest piyasaların' birçok kusurunu gözardı ettiğini ileri sürdüler. Bunlar arasında en önemlisi de, insanların her zaman etik davranmadıkları konusundaki savlarıydı. Yöneticiler, başkalarının erişemeyecekleri bilgileri kullanabilirdi; örneğin, yeni bir ürününün piyasaya sürülmesi sonucunda hisse değerlerinde oluşacak değişimden kazanç elde edebilirdi; finans uzmanları 'teminat altına alınmış borç' ve 'türev ürünler' gibi göz boyayan deyimlerle kamuyu bilinçli olarak yanıltabilirdi; temelde aynı olan, fakat farklı piyasalarda —örneğin Botswana ve Bolivya'da— farklı fiyatlara satılan mallar hakkında bilgiye erişimi olan borsa simsarları bu bilgiyi kâr amaçlı kullanabilirlerdi.

Keynesçiler, gerekli düzenlemeler olmadan, piyasanın yozlaşma için çok uygun bir ortam oluşturacağını ileri sürdüler.

Ancak, Ronald Reagan atıyla beyaz perdeden çıkıp, önce Kaliforniya'da Vali Konağı'na, oradan da Beyaz Saray'a yerleşince, ekonomi devleri savaşını kazanan Friedman oldu. Reagan, 'şirketlerin

---

* Monetarizm

kamusal sorumluluğu kârlarını artırmaktır' ve 'daha az devlet, daha iyi devlettir,' gibi söylemlerden çok hoşlanan bir politikacıydı. Reagan'ın siyasi zaferleri, kaynakların kamudan özel mülkiyete aktarılmasıyla ve tüketicilerle yatırımcıları ahlaksız iş adamlarından koruyan yasaların feshedilmesiyle öne çıkacak bir dönemin de başlangıcıydı.

Geri dönüp bakınca açgözlülük, saplantı derecesinde maddiyatçılık, aşırı derecede borç (kurumsal, kamusal ve kişisel), devasa holdinglerin oluşumu ve sonuçta Enron, Bernard Madoff ve Wall Street fiyaskosu ile sembolize edilen türde bir yozlaşma ile nitelenen bir dönemdi.

Reagan'ın seçilmesini takip eden neredeyse 30 yıl içinde çokuluslu kuruluşlar giderek zenginleşirken, yollar, köprüler, su ve kanalizasyon şebekeleri, hastaneler ile okullara yapılan kamu yatırımları neredeyse durma noktasına geldi. İller, ilçeler ve eyaletler giderek bir zamanlar kamu alanı olarak addedilen sektörleri, özel şirketlere satmaya zorlandılar. Bugün, Yeni Anlaşma sırasında ve sonrasında inşa edilmiş olan ve sonra da Friedman ekonomisinin bir sonucu olarak ihmal edilen altyapının onarımı için 2 trilyon dolardan daha fazlasına ihtiyaç duyulduğu tahmin edilmektedir.[14]

'Serbest piyasanın' eninde sonunda gelişmekte olan ülkelerin de ekonomilerini canlandıracağı fikri yıllar boyu Washington'un politikalarını yönlendirmeye devam etti.

Başkanlık dönemi sırasında iki Friedman taraftarından (eski Maliye Bakanı ve Goldman Sachs eski CEO'su Robert Rubin ile ABD Merkez Bankası FED'in başkanı Alan Greenspan) etkilenen Bill Clinton, siyasi kampanyalarına büyük miktarlarda bağışta bulunan çokuluslu şirketlerin çıkarlarına hizmet eden 'serbest ticaret' anlaşmalarını [Dünya Ticaret Örgütü'nün (WTO), Gümrük Tarifeleri ve Ticaret Genel Anlaşması'nı da (GATT) içeren anlaşmaları ve Kuzey Amerika Serbest Ticaret Anlaşması (NAFTA) gibi] büyük bir hevesle destekledi.

2000 yılında başkan seçilen George W. Bush, başta 11 Eylül sonrası Amerikan halkına yaptığı ünlü 'alışveriş yapın' öğüdü olmak üzere, Latin Amerika'da yaptıkları ticaret anlaşmaları ve hatta Irak Savaşı'ndaki muazzam yatırımlar için Friedman'ın desteğini istedi. Oğul Bush da, babası, İngiltere'de Margaret Thatcher, Kanada'da Brian Mulroney, İzlanda'da Davíd Oddsson ve Şili'de Augusto Pinochet gibi Chicagolu profesörün sadık bir taraftarıydı.

Orta ve alt sınıfların yararına projelerdeki devlet katkılarına en çok karşı çıkanların, sonuçta orduyu ve ona hizmet götüren kuruluşları desteklemek için kendi bütçelerinde büyük açıklar vermiş olmaları çok manidardır. 1980'lerde, Başkan Reagan'ın Stratejik Savunma İnisiyatifi 'Yıldız Savaşları' askerî yüklenicilere milyarlarca dolar akıttı.

George W. Bush'un 11 Eylül sonrası teröre karşı yurt içinde ve yurt dışında yürüttüğü kampanyalar ABD tarihindeki en büyük bütçe açığına yol açtı. Aynı zamanda sayısız yeni milyarder de yaratan Bush, en zengin Amerikalılar'ın servetlerini büyük ölçüde artırırken, ülkenin geri kalanında insanların net gelir ve maaşlarının düşmesine yol açıp ABD ekonomisine diz çöktürdü.

Azınlık İçin Demokrasi (Democracy for the Few) ve *Süper Yurtseverlik (Superpatriotism)* de dahil, birçok kitabın yazarı olan siyaset uzmanı Michael Parenti, ulusal borcun o yıllardaki gelişimini şöyle özetlemişti:

> Ronald Reagan göreve başladığı zaman, ulusal borç 800 milyar dolardı, görev süresi sona erdiğinde ise 2.5 trilyon dolar.
>
> Reagan aynı zamanda o güne kadar görülen en kapsamlı vergi programını başlattı. Ama bu regresif bir vergiydi.* On milyonlarca insana uygulanan bir Sosyal Güvenlik vergisiydi.
>
> George Bush iktidara gelince ulusal borç 2.5 trilyondan 5 trilyona çıktı. Clinton -ki onu bir tek bu noktada takdir ediyorum- ödemeler dengesini sağlamaya çalıştı.

---

* Regresif vergi: Vergi oranının geriye doğru büyümesi. Düşük gelir grubunda vergi oranı daha yüksek. (e.n.)

Ama sıra George W. Bush'a gelince, 8 yıl içinde borç 5 trilyondan 10 trilyona fırladı.[15]

George W. Bush başkan seçildiği zaman, ABD'nin en zengin 400 vatandaşının toplam varlığı yaklaşık 1 trilyon dolardı. 6 yıl sonra, 2007 yılında, bu rakam %60'lık bir artışla, 1.6 trilyon dolara yükselmişti. Aynı dönemde ortalama bir çalışanın net yıllık maaşı ise 2 bin dolardan daha fazla düştü.[16]

Friedman'ın serbest piyasa felsefesinin sonuçları, Bush yönetiminin son yıllarında tüm dünyadaki finansal piyasaların çökmesi, şirketlere verilen borçların durması, çalışanların işlerine son verilmesi ve ekonominin serbest düşüşe geçmesiyle doruğa ulaştı. Ama yine de, bu kadar dehşet verici kayıplar karşısında bile, şirketokrasinin ayrıcalıklı azınlığı, sanki haklarıymış gibi, yüklü maaşlar ve ikramiyeler almaya devam ettiler. İşte bu politikalar bizi sarsan, 2008 ve 2009'da herkesin midesini bulandıran şu manşetlere neden oldu:

- AIG'den 450 Milyon Dolar İkramiye[17]
- CEO'lar Mortgage ve Kapanan Bankalar Üzerinden Kâr Sağlamak İçin Yeni Bir Şirket Kurdu[18]
- Merrill Lynch Üst Düzey Yöneticilere 10 Milyon Dolar İkramiye Ödedi[19]
- Hukukçulardan Bankaları Kurtarma Planına İtiraz[20]
- Teksas'da Bir Şirket 8 Milyar Dolarlık Yolsuzlukla Suçlanıyor[21]
- Suçluluk Duyan Oto Üreticileri, Hatalarını Telafi Etmeye Çalışıyor[22]
- 100 Eski Memur Bankaları Kurtarmak İçin Lobi Yapıyor[23]
- Goldman Sachs'ın İlk 3 Aylık Kârı 1.6 Milyar Dolar[24]
- ExxonMobil'de CEO'nun Maaşına %10 Zam[25]
- Araştırma: ABD'de CEO'ların Maaşlarına İndirim Değil Zam Yapıldı[26]

- Neden Bankacılara Hâlâ Asilzadeler Gibi Davranılıyor?[27]
- AIG İkramiyeleri, Açıklanandan Daha Yüksek[28]

Bunlar, insanın 21. yüzyılda (gazete ve web sitelerinde) değil, 1929 yılında borsanın çöküşüne ve sonra da Büyük Bunalım'a yol açan olayları anlatan, ancak tarih kitaplarında okumayı bekleyebileceği türden manşet ve makale başlıkları.

Bu manşetler hiç eğlenceli değil ama okuyunca, cennetin kapısında Aziz Peter'in karşısına çıkan Keynes ve Friedman'la ilgili bir fıkrayı hatırlattı bana. İkisine de hesap sorulur. Keynes, Büyük Bunalım sırasında milyonlarca fakir insanı açlıktan ölmesinler diye kurtarmaya çalıştığını iddia eder. Friedman ise insanlığı günahlarından arındırmaya adanmış bir hayat sürdürmüş olduğunun gayet açık olduğunu savunur.

"Nasıl yani?" diye sorar Aziz Peter, Friedman'a.

"Kurallara karşı gelmek günahtır," der gözlüklü profesör. "Ben de kuralları ortadan kaldırmaya çalıştım."

"Bir daha asla bir Büyük Bunalım daha olmayacak!"

Bu, 1960'ların sonlarında, ben henüz bir işletme fakültesi öğrencisiyken sık sık duyduğum bir nakarattı. Hocalarım, bu tür faciaları önlemek için çıkartılan yasaların bizi koruyacağından emindi. Haklıydılar da.

Geride bıraktığımız 30 yıl içinde, ABD, 4 kez ekonomik durgunluk yaşadı: 1980'de başlayan ve neredeyse 2 yıl süren birincisi; 1990'da başlayıp, bir yıldan kısa süren ve arkasından tarihteki en uzun süreli ekonomik büyümenin gerçekleştiği ikincisi; Mart 2001'de başlayan ve Kasım'da biten üçüncüsü ve 2006'daki olaylara bağlanabilecek, gerçek anlamda 2007 yazında başlayan sonuncusu.

İlk üç durgunluğu atlattık çünkü daha bir işletme öğrencisiyken öğrendiğim uygulamalarla korunuyorduk. Ne yazık ki, son 20 yıldır bu yasalar sürekli erozyona uğradı, iptal edildi ya da tam tersi uygulamalar içeren yeni yasalarla değiştirildiler. Sonra, bir ulus olarak, şirketlerimizin şımarık ve asi birer genç gibi davrandıkları bir aşamaya geldik.

Genç insanlar çağdaşlarından daha başarılı olmaları gerektiğine inanarak büyürler; derslerinde, sporda, sanatta, dansta ya da karşı cinsle ilişkilerde. Sadece bir uğraşıda iyi olmak için başarılı olmak, rakiplerini alt etmenin ardından ikinci sırada gelir. Yetişkinlik öncesi, yani ergenlik döneminin belirleyici niteliklerinden biri de, 'bunlar benim rekabet yeteneğimi, kendim olmamı, gerçekten başarılı olmamı engelliyor,' gibi bir bahanenin ardına sığınıp, kurallara uymayı reddetmektir.

Kapitalizm de benzer bir süreçten geçmiştir. Bir tekstil firması ya da bir oto üreticisi başarılı olmak için, müşterilerini rakiplerinden uzaklaştırıp, kendine çekmesi gerektiğine inanırken, daha büyük ölçekte bu dürtü, piyasaya hâkim olma ve onu sömürme çabasına yol açmıştır. İnsanlar yüzyıllar boyu, toplumların (ve ülkelerin) ilerlemek için komşularından faydalanmaları gerektiği gibi bir inanca sahip olmuştur. Bu inanç, kadim Çin ve Yunan'dan İngiliz İmparatorluğu'na kadar eski askerî imparatorlukların ve İkinci Dünya Savaşı sonrasında bugünkü neo-sömürgeciliğin temeli olmuştur. Ve şimdi, gerçek ya da hayalî potansiyel tüm rakipleri safdışı bırakmak yolundaki doymak bilmez arayış, gezegenimizin en değerli kaynaklarını hızla tüketmektedir.

Acımasız bir rekabet henüz olgunlaşmamış bir yetişkinliğin, işbirliği ise daha oturmuş bir olgunluğun göstergesidir. İşbirliğiyle sonuçlanan örgütsel yetenekleri, gelişmiş sosyal düzenlerin bir belirtisi olarak görürüz. Kurtlar, aslanlar, yunuslar ve şempanzeler gibi işbirliği amacıyla gruplaşan hayvanlardan etkilenir ve onları dikkatle inceleriz. İnsan toplulukları da daha karmaşık hâle geldikçe, işbirliğinde yarar görüp, ittifaklar oluşturur. Böylece, şehir-devletler uluslara dönüşür ve uluslar da birbirlerini desteklemek ve korumak üzere NATO ve Avrupa Birliği gibi anlaşmalara imza atar.

İkinci Dünya Savaşı sonrasında ve küresel işbirliğini geliştirmek amacıyla oluşturulmuş Birleşmiş Milletler, Dünya Bankası ve benzer diğer kurumlar varken, Birleşik Devletler'in ve büyük şirket yöneticilerinin neden rekabet ve sömürüyü öne çıkaran bir modeli desteklemeyi sürdürdükleri bir merak konusudur. 1980 sonrası Washington tarafından imzalanan serbest ticaret anlaşmaları gibi anlaşmalar neden ekonomi dünyasının geri kalanını birleştirmeye yönelik değil de, bölüp yönetmeye yönelik girişimler olmuştur?

Cevap şu; ekonomi devlerinin savaşında kazanan Keynes değil, Friedman oldu. Kazananlarsa, milyonlarca insanın açlıkla, çevresel bozulmayla ve doğal kaynaklarının tükenmesi gibi bir durumla karşı karşıya olduğu, bilinen yaşam biçimlerinin tehdit altında bulunduğu bir dünyayı destekleyen radikal bir sistem uyguladılar.

Politik olarak, Ronald Reagan'ın başkan seçildiği 1980 yılını eşik yılı diye nitelendirebiliriz. Ama kendi kendimizi yok etme yolundaki bu düşüncesizce çabalar, neredeyse 30 yıl önce, Keynesçi ekonomi hüküm sürerken ve Friedman kuramlarını hâlâ geliştirmekteyken başladı. İlk atış, Amerikan Devrimi'ni başlatan Concord Köprüsü üzerindeki o tek el silah gibiydi. Dünyayı değiştirdi. Ama bu defaki, gezegenin öteki yanında gerçekleşen gizli bir olaydı. Ve genç Ronald Reagan'ı Demokratlıktan Cumhuriyetçiliğe, Keynes'den Friedman'a ve Sinema Aktörleri Derneği'nin başkanlığından sendika dağıtıcılığına geçmeye ikna etti.

Ben, bu olayı ilk kez, bir ekonomik tetikçi olarak çalışmaya başladığımda, ilk aylar bana yol göstericilik yapan o inanılmaz çekici, baştan çıkartıcı ve dalavereci kadından, Claudine Martin'den duydum.

3. Bölüm

İLK EKONOMİK TETİKÇİ

Claudine ile ilişkim, hayatım boyunca yaşadığım en karanlık iç çelişkilere yol açmıştır. Beni, bir erkeğin baştan çıkartılabileceği neredeyse her şekil ve biçimde baştan çıkarttı. Ama kabul etmek gerek ki, ben de hevesli bir suç ortağıydım. Bana, arzuladığım şeyleri sundu; ebeveynimin tutucu ahlâki değerlerinden kurtuluş, macera ve romantizm, akıl hocalığı ve düşlerimin ötesinde bir cinsellik. Aynı zamanda, ruhumu ekonomik tetikçilik dünyasına satmakta olduğumu da hissedebiliyordum. Hem karıma, hem de tüm yaşamım boyunca benimsediğim ilkelerin çoğuna ihanet ettim.

1971 yılıydı. Hükümetlere ve büyük şirketlere danışmanlık yapan yaklaşık 2 bin profesyoneli bünyesinde barındıran MAIN şirketinde yeni işe başlamıştım. Patronum, şirketin ağzı sıkılığa ne kadar önem verdiğini özellikle vurgulamıştı. Müşterilerimiz, tıpkı avukatları ve psikoterapistlerinden olduğu gibi, bizden de mahremiyetlerine kayıtsız şartsız saygı göstermemizi bekliyordu. Basınla konuşmak kabul edilemez bir şeydi. Dolayısıyla, hizmet ettiklerimizin dışında neredeyse kimsenin bizden haberi yoktu. Değişik şartlar altında Claudine ile bu şekilde tanışmak şüphelenmeme yol açabilirdi ama şirketin alışılagelmişin dışındaki yöntemlerine artık pek de yabancı değildim.

MAIN'in Prudential Center'a yakın genel merkez binasından hemen bir sokak ilerideki Boston Halk Kütüphanesi'nde bir masada otururken, koyu yeşil bir elbise giymiş, esmer, nefis bir kadın dikkatimi çekti. Salınarak salona girip, kitap raflarının arasından geçip karşıma oturduğunda, fark etmemiş gibi yaptım.

Onun beni incelediğini bilmek, beni hem heyecanlandırmış, hem de şaşırtmıştı. New Hampshire'da yatılı bir erkek okulunda yetişen bir öğretmen çocuğu olduğumdan, güzel kadınların yanında her zaman kendimi rahatsız hissetmiş ve bu histen de bir türlü kurtulamamıştım. Ona doğrudan bakmamaya çalışsam da, biçimli bacaklarının son derece farkındaydım. Ben dikkatimi önümde açık duran Dünya Bankası'nın Kuveyt'e ilişkin istatistiklerine vermeye çalışırken, o da birçok kez bacak bacak üstüne attı, bacağını indirdi, sonra yeniden bacak bacak üstüne attı.

Sonra gerindi ve tek kelime etmeden oturduğu sandalyeden kalktı. Uzun denebilecek bir süre orada öylece durup bana baktı.

Tüm dikkatimi önümdeki kitaba verip, sayfaları çevirmeye devam ettim. Öylesine tedirgindim ki, neredeyse kitabı yere düşürüyordum.

Güldü; hafif, mırlar gibi bir gülüş.

Başımı kaldırıp ona bakmaktan başka çarem kalmamıştı. Gina Lollobrigida'ya benzediğini düşündüm.

Bir parmağını dudaklarına götürüp sus işareti yaptı. Sonra tatlı tatlı gülümsedi, masanın etrafından dolaşıp yanıma geldi ve bana bir kitap uzattı. Açık olan sayfada Endonezya hakkında bilgi içeren bir tablo ve sayfaların arasına sıkıştırılmış, üzerinde şu bilgiler yazan bir kartvizit vardı:

Claudine Martin
Özel Danışman
C.T. MAIN, Inc.

Üzerindeki elbise ile aynı renkteki zümrüt yeşili gözlerine baktım. Tanışmak üzere elini uzattı ve yanımdaki sandalyeye oturdu. Fısıldayarak –ki bu, o sessiz kütüphane ortamında son derece doğal geldi– eğitimimde yardımcı olmak üzere görevlendirildiğini söyledi ve beni ilk görevime hazırlayacağını ekledi.

"Cakarta'ya gidiyorsun," dedi, en gözüpek Odesa'yı bile ayartıp Sirenler'e yem yapacak bir sesle.

Sonra da üzerimden uzanıp, incelemekte olduğum kitabı kapattı. "Artık Kuveyt yok."

Elimi tuttu ve beni yavaşça koridora götürüp, bir kartvizit daha uzattı. Bunun arkasında elle yazılmış bir adres vardı. "Ev adresim," dedi. "Yarın öğlen bekliyorum."

Şaşkınlıktan resmen donakalmıştım.

Eliyle kolumu okşadı. "Bunun çok garip göründüğünü biliyorum," dedi. "Bir rüya gibi ama böyle şeyler de oluyor."

Gitmek için arkasını döndüğü sırada bir kez daha, "Yarın!" dedi.

Her nasılsa, başımı sallamayı becerebildim.

"Ah, evet. Bir şey daha. Lütfen bundan kimseye söz etme. Eşine bile."

Ertesi gün, daha ilk seans sona ermeden sevgili olmuştuk. Ondan sonra, Claudine'in Beacon Sokağı'ndaki evinde düzenli olarak buluştuk. Aramızda geçenleri gizli tutmamız gerektiğini vurgulayarak, MAIN hakkındaki düşüncelerimi pekiştirdi.

Birçok defa, benim evli bir adam olduğumu hatırlattı. "Asla evliliğini zedeleyecek bir şey yapmam," diye beni temin etti.

"Ama en samimi erkek arkadaşlarına bile söz etme. Bu bizim sırrımız olarak kalmalı. Kütüphanedeki karşılaşmamız, sana gizliliğin önemi hakkında bir fikir vermiş olmalı."

Sonra da beni ekonomik tetikçiler hakkında eğitmeye başladı.

Mesleğimizin, 1950'li yılların başlarında anahtar bir olayla başladığını söyledi. "O zamanlar kimsenin bunu fark ettiğini sanmıyorum ama Eisenhower'ın kararı o andan itibaren uluslararası politikayı sonsuza kadar değiştirdi."

Masanın üzerine bir harita yayıp, Soğuk Savaş döneminde, İran'ın satranç tahtasında neden çok kritik bir parça olduğunu anlatmaya başladı. "Ülke petrol dolu, ama..." Haritaya işaret etti. "Daha da önemlisi, komşularına bak: Sovyetler Birliği, Türkiye, Irak, Suudi Arabistan, Afganistan ve Pakistan. Ayrıca, İran'ı kontrol eden taraf Basra Körfezi'ne de hükmeder ve kolaylıkla İsrail, Lübnan, Ürdün ve Suriye'ye roket saldırısında bulunabilir."

Sözlerine devamla, 1951 yılında, İran halkının, başbakanlık için yapılan demokratik seçimlerde, petrol şirketlerini elde ettikleri kârdan halka daha fazla pay vermeye zorlayacağına, buna yanaşmayanları da kamulaştıracağına söz veren Muhammed Musaddık'ı (*Time* dergisinin 1951'deki 'Yılın Adamı') seçtiğini söyledi. "Adam seçim kampanyasında verdiği sözü tuttu."

Haritayı katladı. "Piç kurusu, İran'ın petrol kaynaklarını millileştirdi."

Sonra da gülümsedi. "Ve de... İngiliz ve Amerikan istihbaratının hışmına uğradı. Büyük hata..."

Claudine günün geri kalanını Ortadoğu'daki Soğuk Savaş politikalarını özetleyerek geçirdi. İngiltere ve ABD'nin İkinci Dünya Savaşı sonrası güçlü bir bağ kurduklarını, petrol rezervlerini Sovyet Rusya'ya kaptırmamak konusunda da ortak bir hassasiyetleri olduğunu söyledi.

"Musaddık'ın petrolü millileştirmesinden sonra, CIA direktörü Allen Dulles bu konuda bir şeyler yapılmasını talep etmişti. Ancak, İran'ın Rusya'ya coğrafi yakınlığından dolayı, Başkan Eisenhower nükleer bir savaşa yol açabileceği endişesiyle bir kara harekâtına izin vermemişti. Bunun yerine, Kermit Roosevelt (ABD eski başkanı Ted Roosevelt'in torunu) adında bir CIA ajanı, birkaç milyon dolarla birlikte İran'a gönderildi.

Roosevelt, ülkeyi karıştırmak için yeterli sayıda serseri kiraladı. Bunu, Musaddık'ın hem pek sevilmeyen hem de beceriksiz biri olduğu izlenimini yaratmaya yönelik ayaklanmalar ve kanlı gösteriler izledi. Musaddık, 1953 yılında devrildi, bir süre hapsedildi ve yaşamının geri kalan kısmını ev hapsinde geçirdi.

Onun yerine CIA'in seçimi olarak, petrol şirketleri ve Washington yanlısı Muhammet Rıza Pehlevi getirildi ve 'Şahların Şahı' olarak taç giydi."

"Yani şimdi bana, CIA'in demokratik olarak seçilmiş bir devlet başkanını devirdiğini mi söylüyorsun?" diye sordum sözü bitince.

Kestane rengi saçlarını geriye savurarak bir kahkaha attı. "Tabii ki. Herhalde bunu ilk defa duymuyorsun, değil mi?"

CIA operasyonu olduğundan şüphelenilen darbeler sonucu devrilen Musaddık ve diğerleri –Guatemala, Şili ve birçok Afrika ülkesinin liderleri– hakkında bir şeyler okuduğumu kabul ettim.

"Ama bunlara hiç inanmadım," diye itiraz ettim. "Yani, dikkatimi çektiyse bile, sanırım hep bu insanların bizim için gerçek birer tehdit olduklarını düşünmüşümdür."

"Eh, bu noktada haklısın. Bu adamlar gerçekten de birer tehditti. Her zaman uyanık olmalıyız. Komünizm hiçbir engel tanımaz. Hem, Şah da sözünü tuttu. Petrol şirketlerimizi bağrına bastı ve ABD şirketlerini binlerce bol kazançlı kontratla ödüllendirdi."

Bu olayın daha geniş çıkarımlarını da konuştuk. Şöyle ki, Kermit Roosevelt'in oynadığı kumar, Ortadoğu'nun tarihini yeniden şekillendirmiş, aynı zamanda imparatorluk oluşumuyla ilgili tüm eski stratejileri de geçersiz kılmıştı. Washington, bu sayede birkaç milyon dolarla silahlandırılmış tek bir kişinin, daha önce ordulara bırakılan ve milyarlarca dolara malolan işleri başarabileceğini öğrenmişti.

Roosevelt, İran'ı bir ABD kuklasına çevirmiş ve bunu Rusya'yla bir savaş riski yaratmadan, hatta ABD vatandaşları da dahil, dünyanın büyük bir kısmı (bir demokrasiyi nasıl dize getirdiğimizi) farkına bile varmadan başarmıştı.

"Ama burada iki sorun vardı," dedi Claudine. "Birincisi, Kermit üzerinde kimlik taşıyan bir CIA ajanıydı. Yakalansaydı hükümetimiz, en hafif deyimiyle, son derece güç bir duruma düşecekti. İkincisi de, bu kadar fazla sayıda eğitilmemiş insan ile (o para verdiği serseriler) çalışmak zorunda kaldığından, sonunda birileri bu olayı sızdırdı ve bu da ciddi kırgınlıklara neden oldu."

Utangaç bir şekilde gülümsedi. "İşte senin rolün de tam burada başlıyor."

Washington, o sıralarda giderek artan özelleştirme eğilimiyle de tutarlı, dâhice bir çözüm buldu. Kirli işlerini yaptırtmak için devlet memurları yerine, MAIN gibi yükleniciler tutacaktı.

"Ve," diye ekledi, "sadece bir ayaklanmayı kışkırtmaya bel bağlamak istemedik. Daha millileştirme, kamulaştırma tehditlerinde bulunamadan yetkilileri yozlaştırmak daha iyi bir seçenekti."

Claudine ile buluşmalarımız genellikle sevişerek başlıyordu. "Libidon tatmin olunca, daha iyi bir öğrenci oluyorsun," demişti bir keresinde.

Ama bir öğleden sonra, o gün işlerin daha farklı olacağını söyledi. Üzerinde vücut hatlarını ortaya çıkartan o elbiselerinden biri değil, bir blucin ve bol bir süveter vardı. "Bugün sadece iş," dedi. "Bu ders önemli."

Elimden tuttu ve beni büyük bir deri sandalyeye götürdü. "Ama dersini iyi bir öğrenci gibi öğrenirsen..."

Beni sandalyede bıraktı ve karşımdaki koltuğa oturdu. "Senin hakkında konuşma zamanımız geldi," dedi.

Ve bana, görevimin Kermit Roosevelt'inki ile aynı olduğunu söyledi: Petrol, bir kanal ya da ucuz iş gücü gibi şirketlerimizin göz diktiği kaynaklara sahip ülkeleri saflarımıza çekmek.

Kermit'in karşılaşmış olduğu gibi, bir liderin bize kafa tuttuğu ya da direndiği bir duruma karşı bir önlem olarak, işe hedef ülkenin büyük miktarlarda borçlanmasını haklı gösteren ekonomik çalışmalar yaparak başlayacaktım. Altyapı projelerini gerçekleştirmek için de Bechtel, Halliburton ve diğer ABD şirketleriyle anlaşma yapılacaktı. "Ülke borcunu ödeyemeyecek duruma geldiği zaman da, diyetini istersin."

"Endonezya'da benden beklenen bu mu olacak?"

"Aynen. İyi bir maaş almanın, birinci sınıf uçmanın, en iyi otellerde kalmanın nedeni de bu. Endonezya kritik bir ülke, tıpkı İran gibi. Asıl ada olan Cava, gezegendeki en yoğun nüfusa sahip toprak parçasıdır. Endonezya, dünyada en fazla Müslüman halka sahip ülke ve bir petrol denizi üzerinde bulunuyor. Komünizmin durdurulması gereken bir yer... Vietnam'dan sonraki domino. Endonezya'da oyunu kazanmalıyız."

Bana, gazeteden kestiği bir karikatürü gösterdi. Bir geyik sürüsünün ortasına dalan bir kurt, ortalığı birbirine katmıştı. Biri yavru biri yetişkin iki kurt da kenarda sessizce oturmuş, seyrediyorlardı.

"Baban onları iyice yorup, korkuttuktan sonra," diye açılıyordu büyük olanı. "Biz ortaya çıkıp, onları kurtaracağız. Sonra da akşam yemeğine hangisini istersek seçebiliriz."

"İşte bu, yaptığımız işi kabaca özetliyor," dedi Claudine.

Bana iki kitap uzattı.

Tüketim İşlevinin Kuramı ile *Kapitalizm ve Özgürlük*. "Bu haftaki okuma ödevin. Pek James Bond sayılmaz."

Her iki kitabın da kapağına bir göz attım. İkisi de Milton Friedman'ındı.

"Ama bunları anlarsan," diye devam etti. "James Bond'unki gibi bir yaşama sahip olacaksın... Tabii ki füzeye dönüşen dolmakalemler dışında."

Bu kitaplar beni sonraki 10 yıl boyunca birçok Üçüncü Dünya ülkesinde uygulayacağım kuramlarla tanıştırdı.

Claudine ve Milton sayesinde işimde hayli yetenekli bir hâle geldim. Yaşamım, en azından oteller, içki ve kadınlar açısından bakılınca, gerçekten de Bond'unkini andırmaya başladı. Baş ekonomist oldum. Son derece yetenekli ekonomistlerden, finans uzmanlarından, yönetim danışmanlarından, bölge planlamacılarından ve hatta bir sosyologdan oluşan bir kadrom vardı ve MAIN'in 100 yılı aşkın tarihindeki en genç ortağı oldum.

Geriye dönüp bakınca, Panama Devlet Başkanı Omar Torrijos'un da söylediği gibi, kandırıldığımı görebiliyorum. Aşırı derecede kapitalize edilmiş altyapı projelerine yatırılan büyük miktarda borç paranın, özelleştirme ile birleştirilince yoksulluğu azaltacağı kandırmacasını ben de yuttum. Ama bu borçlar ve projeler, onları alan ülkelerin ekonomik olarak büyüdüklerini gösterip, işleri kâğıt üzerinde iyi gösterirken, sözü edilmeyen kısım, bunların faizini ödemek için sağlık hizmetleri, eğitim ve diğer sosyal hizmetlere ayrılması gereken fonların kullanılıyor olduğuydu.

Ağır borçlar giderek daha fazla insanı yoksulluğa itti ve zenginle fakir arasındaki uçurumu daha da derinleştirdi. Yapılan tüm çalışmalar, Üçüncü Dünya'da yoksulların çoğunun istatistikî olarak ölçülen ekonominin dışında yaşıyor olduğu gerçeğini belirtmeyi ihmal etti. Bu insanların elektrik ya da araba alacak paraları olmadığı gibi, liman ya da havaalanlarını kullanmıyorlar. Modern endüstri parklarında çalışan birkaçı da genellikle çok kötü çalışma şartlarından, düşük ücretlerden ve sık sık işten çıkartılmalardan muzdaripti.

Sonradan keşfedeceğim gibi, benim işim dünyayı kandırmaktı.

Üçüncü Dünya'da hem geyikleri korkutan kurt, hem de onları öldürmek için saldıran kurt olduğumun farkına vardım.

O zamanlar ABD'nin Üçüncü Dünya ülkeleriyle ortak bir yanı olduğu ya da kendi ülkemde geyiklerden biri olduğum hakkında en ufak bir fikrim yoktu. Geri kalan neredeyse herkesle birlikte.

Ve bu kurtların kurbanları gibi, biz de felakete sürükleniyorduk.

4. Bölüm

İRAN VE YAKLAŞAN FIRTINA BULUTLARI

Endonezya'dan döndüğümde, ben yokken Claudine'in Boston'dan ayrıldığını öğrenince çok üzüldüm.

Ama hemen sonra Panama'ya kısa bir geziye, sonra da çok daha uzun bir süre için İran'a gönderildim.[29] Her iki ülkenin de üzerimde kişisel açıdan çok büyük etkileri olacaktı. Ama ilk başlarda beni özellikle İran etkiledi. Lisede Mevlana'yı okuduğumdan beri rüyalarıma giren bir yerdi. Claudine'in Musaddık ve Şah Pehlevi'nin etrafında dönen dolaplar hakkında anlattıkları bu ülkeye ilgimi daha da artırmıştı.

1970'lerde, Şah'a destek olmak, ülkenin petrol gelirlerini bizim şirketlerimizin tasarladığı, gerçekleştirdiği ve yönettiği projelere yatırmaya ikna etmekle görevlendirilmiş yabancı bir danışmanlar ekibinin parçası olarak oraya birçok kez gittim. Hazineleri petro-dolarlarla dolup taşan yetkililer karşısında inandırıcı olmak, Endonezya gibi ülkelerin devlet başkanlarını gelişmemiş petrol kaynaklarını, alacakları borçlara karşılık teminat olarak göstermeye zorlamaktan farklıydı ama sonuç üç aşağı beş yukarı aynıydı.

Onları yedirip içirin, kancaya takın ve sonra da çekip kafese alın.

Şah'ın adamlarını, ülkelerini Amerikanlaştırmaya, General Electric, Boeing, IBM ve Citibank gibi en büyüklerinden, Berkeley ve Cambridge gibi üniversitelerden çıkan ve yeni yüksek teknoloji alanlarına odaklanmış en küçüklerine kadar, bizim şirketlerimize iş vermeye ikna etmekte yardımcı oldum. Ama başkaları gibi, biz MAIN'dekiler de ülkede giderek artan huzursuzluğu ve Şah'ın acımasız diktatörlüğünün eski taraftarlarını, hem onun, hem de bizim aleyhimize döndürmeye başladığının işaretlerini umursamadık.

Ufukta beliren bu patlamanın işaretlerini görmeyi neredeyse 10 yıl boyunca reddettim. Sonra, birdenbire her şey değişti.

1978 yılıydı. Bir akşam Tahran'daki InterContinental Oteli'nin lüks barında otururken, üniversite günlerimden beri görmediğim İranlı bir arkadaşım benimle temasa geçti. Beni, İran'dan ayrılmaya ikna etmek için tutulmuştu. Hem de derhal. Neticede, ertesi gün ikimiz de Roma'ya giden ilk uçaktaydık.[30]

İki gün sonra da, bombalama ve ayaklanma haberleri geldi. Ayetullah Humeyni ve mollalar saldırıya geçmişlerdi. Takip eden birkaç ay içinde Şah ülkesinden kaçtı, kanser teşhisi kondu, Mısır ve Panama'ya sığındı, sonra da öldü.

Kermit Roosevelt'e 'Şeytan'ın elçisi' diyen ve Washington'u 'İran halkına ve insanlığa karşı suç işlemekle' itham eden mollalar, ABD emperyalizmine karşı ayaklandılar. Taraftarları, Tahran'daki ABD elçiliğini basıp, 52 Amerikalıyı 444 gün boyunca rehin tuttular. Birçok Amerikan şirketi 30 yıl boyunca İran'a giremedi.

Eski CIA ajanı Bob (Robert) Baer bana, "1979 İslam Devrimi'nin köklerinin 1953 darbesinde yattığına dair en ufak bir kuşku yok," demişti. CIA'in Kariyer İstihbarat Madalyası ile ödüllendirilen başarılı bir ajan olan Bob, 2005'te Akademi Ödülü kazanan ve kendi yazdığı *Görmedim, Duymadım, Bilmiyorum; Bir CIA Ajanı'nın Anıları (See No Evil)* ve *Şeytanla Yatağa Girmek (Sleeping with the Devil)* kitaplarına dayanan *Syriana* filminde onu canlandıran aktör George Clooney'e pek benzemiyordu. Evet, yakışıklıydı ama Clooney'in o dikkat çekici yakışıklılığına da sahip değildi.

Bob'la birlikte, 2007 yılında bir pazar günü öğleden sonra Güney Florida'da bir barda bira içiyorduk. *Bildiğimiz Şeytan: Yeni Süpergüç İran İle Başetmek (The Devil We Know: Dealing with the*

New Iranian Superpower) adlı kitabını bitirme aşamasındaydı ve aklında sürekli İran vardı. "Kermit tüm bölgeyi ve dünyayı etkiledi," dedi. "Sanırım ondan, Şah ve İslam Devrimi'ne ve El Kaide'ye uzanan doğrudan bir bağlantı olduğunu söylemek yanlış olmaz."

O öğleden sonra, Musaddık'ı devirmek yerine desteklemiş olsaydık Ortadoğu'nun bugün ne kadar farklı bir görünüme sahip olacağını ve demokratik yollarla seçilmiş başbakanı petrol paralarını halkını yaşadığı sefaletten kurtarmak için kullanması yolunda teşvik etmiş olsaydık, Şah'ın önerdiğinden çok daha iyi bir modelin ortaya çıkacağı hakkında konuştuk. Demokrasi sürecine saygı göstermiş ve bölgenin hatırı sayılır kaynaklarının yoksulluk ve sefaletle mücadele için kullanılmasına izin vermiş olsaydık, Sünniler ile Şiiler, Araplar ile İsrailliler arasındaki anlaşmazlıklar çok daha önceden çözümlenmiş olabilirdi.

"1953 olaylarının, gelecek seçimlerde başbakanlığa aday olacak herhangi bir ilerici aday için ayak bağı olmaya devam etmesinden korkuyorum," diye ekledi Bob.

İran'da 2009 Haziran ayında yapılan seçimler, Obama yönetimi, ABD parlamentosu ve birçok büyük şirket yöneticisi tarafından bir rejim değişikliği için ümit verici olarak değerlendirildi. Ama bunun yerine Bob'un korkuları gerçekleşti ve dünya İran'ın kendini parçalamasına şahit oldu.

Ne zaman ayaklanmalar ya da polis zulmü hakkında bir makale okusam aklıma Kermit Roosevelt geliyordu. Daha Batı-yanlısı olan Mir Hüseyin Musavi yerine, mollaların favorisi Mahmut Ahmedinejat'ın cumhurbaşkanı seçilmesinin yasal olduğunu savunan İran'daki liderler, ABD'den gelen baskılara karşı ya da Washington ile işbirliği yapmamalarına gerekçe olarak Musaddık'a karşı yapılan o CIA darbesini hatırlatıyorlar.

Öyle görünüyor ki, İran ABD için bir uyarı. Ve bunun nükleer silahlarla da hiçbir ilgisi yok. İran bize, bizi çevreleyen huzursuzluk ortamının farkına varmamız gerektiğini söylüyor. Eğer bugün de, Musaddık ile Şah'ın yönetimi sırasında yaptığımız hataları yineler ve ABD olarak işaretleri doğru değerlendirmeyi başaramazsak, kendimizi en az İran'ın yaşadığı kadar çalkantılı bir dönemle karşı karşıya bulmamız işten bile değil.

Evet, mollalar tarafından yönetilmeyeceğiz ama bunun toplumumuz üzerindeki etkisi yaşamakta olduğumuz ekonomik krizin çok daha ötesine geçecektir.

İran'da 2009 seçimleri sonrası yaşanan olaylar, 1978 yılında orada olduğum o son geceden bu yana dünyanın radikal anlamda değiştiği gerçeğini vurgulamaktadır. O zamanlar, Soğuk Savaş tüm şiddetiyle devam ediyordu. İki süper güç vardı. Ama bu da hızla değişmekteydi. Kapitalizmin, Claudine'in bana verdiği kitaplarda sözü edilen o sapkın türü Sovyetler Birliği'ni süper güç listesinden silmişti.

Bir süre için tek bir ülke dünyaya egemen oldu: Amerika Birleşik Devletleri. Ama bu artık sona eriyor. Gezegenimizin jeopolitiği artık değişti. Şehir-devletlerin birleşip milletler oluşturduğu döneme benzer bir yeniden yapılanma dönemine girmiş bulunuyoruz. Ama bu sefer bu yapılanma küresel; milletler giderek daha önemsizleşiyor ve yeni yöneticiler de devlet başkanları, diktatörler, devlet görevlileri ya da politikacılar değil.

Yöneticiler, şirketokrasinin üyeleri olan büyük şirket CEO'ları. Dünya'nın etrafında dönen devasa bulutlar gibi, başlarında oldukları holdingler her kıtaya, ülkeye ve kasabaya ulaşıyor. Bu holdingler, milli sınır ya da herhangi bir kural tanımıyor. Her ne kadar birçoğunun merkezi ABD'de olsa ve çıkarlarını koruması için ABD ordusuna güveniyor olsalar da, hiçbir ülkeye bağlılık duyguları yok. Çin veya Tayvan, İsrail veya Arap ülkeleri, Brezilya, Avustralya, Rusya, Endonezya, Kongo... Onlar, istedikleri kaynaklara sahip olan herkesle ortaklık kurarlar. Sonra da, Halliburton olayında da gördüğümüz gibi, merkezlerini Dubai gibi daha az vergi ödeyecekleri yerlere taşımak konusunda hiç tereddüt etmezler.

İşte, Claudine beni böyle bir dünya yaratmak için eğitmişti; Milton Friedman'ın, Ronald Reagan'ın, İran Şahı'nın ve ekonomik tetikçilerin dünyası.

Gerçekte, konu asla Amerika Birleşik Devletleri hakkında değildi. Özelleştirme ve deregülasyon* hakkındaydı. 'Az devlet, iyi devlettir' mottosu tüm bunları özetliyordu. İdeal olan, sadece çokuluslu şirketleri gözetmeyi içeren kısıtlamaların olduğu ve devletin sadece petrol kuyuları, barajlar, madenler ve diğer şirket varlıklarını korumak için asker sağlamak üzere var olduğu bir tür 'serbest ticaret'ti. Bu mutant virus, SSCB'yi süper güç listesinden sildi, sonra da aynısını ABD'ye yaptı.

Yönetimdeki seçkinler -ki bunlar şirketokrasinin üyeleriydi- ile bizim palazlandırdığımız İran Şahı ve diğer diktatörler arasında rahatsız edici bir benzerlik var.

Seçilmiş devlet başkanları ve başbakanların aksine, bunlar halk tarafından seçilmezler, belirli bir hizmet süreleri yoktur ve kimseye hesap vermezler. (Sözüm ona yönetim kurullarına rapor verdiklerini iddia ederler ama hepsi de zaten birbirlerinin yönetim kurullarında görev yaptıklarından birbirlerini destekler.)

Gerek yerel, gerekse ulusal yönetimler nezdinde muazzam etkilidirler. Onlardan ya da onların hissedarlarından gelen para olmadan, neredeyse hiçbir politikacı seçilemez. Doğrudan sahip olarak ya da reklam gelirleri vasıtasıyla medyayı kontrol ederler.

Herhangi bir komplo kuramını kabul etmediğimi üzerine basarak belirtmek istiyorum. Bu insanların komplo kurmaya gereksinimleri yok; kanunsuz işler yapmak zorunda da değiller. Pek çoğu, emsallerinin büyük bölümüyle hiç karşılaşmamıştır bile.

Ulusal seçim kampanyaları etrafındaki rakamlar, onların yöntemleri hakkında bize bir fikir vermektedir. 2008 yılında, ABD Temsilciler Meclisi için aday olan kişiler kampanyaları için 978

---

* **Liberasyon** piyasaların serbestleştirilmesi iken, **deregülasyon** liberasyona tabi tutulan piyasaların düzenlemelerden de arındırılmasını kapsar. Devletin geleneksel görev ve rolünün en düşük seviyeye indirilmesi, özel sektör için kuralların azaltılması ve denetim dışına çıkarılmasını içerir. (e.n.)

milyon dolar sağladı. Senato adayları 410 milyon dolar, başkan adayları ise 1.8 milyar dolar topladı.[31] Bu paranın çok büyük bir kısmı şirket bağışlarından, siyasi eylem kuruluşlarından (PAC)* ve hissedarı oldukları şirketlerin kâr oranını artırmayı ümit eden bireysel yatırımcıların bağışlarından geldi. Bunun komploluk bir tarafı yok; ancak yine de şirketlere oldukça büyük miktarda siyasi güç sağladığı da bir gerçek.

Aynı şey, şirketokrasinin elindeki en etkin siyasi silahlardan biri olan lobiciler için de söylenebilir. Bu kadınlar ve erkekler, politikacıların şirketlerin çıkarlarını koruyan yasalar çıkarmalarını garanti ederler, hatta bu yasalar kampanyada verilen sözlere tamamen ters düşüp kamuoyunu hiçe sayıyor olsa bile.

Washington DC'deki lobicilerin sayısı hakkındaki tahminler, meclisin gündemine bağlı olarak farklılık gösteriyor. Herhangi bir anda 11 bin ile 30 bin arasında olabilir. Amerikan Üniversitesi'nin Kongre ve Başkanlık Araştırmaları Merkezi 2006 yılında yayımladığı bir raporda, 2004 yılında lobicilik etkinlikleri için 2.13 milyar dolar harcandığı sonucuna vardı. Doktora öğrencilerinden birinin tahminine göre, her ne kadar çoğu yasalar nezdinde lobici olarak sınıflandırılmamakla beraber, neredeyse 150 bin kişi kamu politikalarını etkilemek için uğraş veriyordu.[32]

2009 yılının başlarında, insanlar küresel finansal krize neyin neden olduğunu bulmaya çalıştılar. 4 Mart 2009 tarihinde Temel Bilgiler** ile Tüketici Eğitim Vakfı*** tarafından yayımlanan 231 sayfalık raporda sunulan bulgular şu şekilde özetlendi:

> Finans sektörü, Washington'da siyasal etki satın almak için, son 10 yılda 5 milyar dolardan fazla para harcamıştır. Yaklaşık 3 bin lobici, doğrudan şu anda yaşamakta

---
*   Political Action Committees
** Essential Information: Merkezi Washington'da bulunan örgüt, şirketlerin aşırı güç sahibi olmalarının sınırlandırılması için tüketicilerin daha aktif rol oynamasıyla ilgili projeler üretiyor. (e.n.)
*** The Consumer Education Foundation: Merkezi Kaliforniya'da bulunan sağlıklı beslenme bilinci yaratmak üzere özellikle okullarda çalışan bir tüketici vakfı. (e.n.)

olduğumuz finansal krize yol açan deregülasyon ve diğer politik kararların alınmasını sağlamıştır.

1998-2008 yılları arasında Wall Street yatırım kuruluşları, ticaret bankaları, yüksek riskli yatırım fonları, gayrimenkul şirketleri ve büyük sigorta şirketleri siyasi bağışlar için 1.7 milyar dolar, lobiciler için de bir 3.4 milyar dolar daha para harcadılar, ki bu miktar federal yasaların altını oymaya yönelik ezici bir finansal güçtür. Sadece 2007 yılında resmî olarak kayıtlı neredeyse 3.000 federal lobici bu endüstri için çalıştı. Rapor, finansal krize yol açan bu bir düzine deregülasyon kararını belgeliyor. Bunların arasında sermaye piyasası türev araçlarının denetimine getirilen yasak, ticari bankalar ile yatırım bankaları arasındaki denetleyici bariyerlerin kaldırılması, büyük yatırım bankalarının kendilerini denetlemelerini sağlayan bir mekanizmanın iptali ve federal hükümetlerin yağmacı faizlerle verilen kredilere son vermek için bir girişimde bulunmayı reddetmeleri de var.[33]

Unutmayın ki, yukarıda sözü edilen lobiciler sadece finans sektörü adına çalışan lobicilerdir. Ama enerji, otomotiv, askerî donanım, kimyasal, ilaç, sigorta, toptancılar ve perakendeciler gibi daha başka birçok sanayi grubu için çalışan lobiciler de onlarla yakın işbirliği yaptılar.

İletişim şebekeleri lobiciler ile paralel çalışır. Şirketokrasinin ana medya üzerindeki egemenliği, Friedman kapitalizminin de yükselişine paralel olarak giderek artmıştır.

1983 yılında 50 şirket ABD'deki tüm medya kuruluşlarının büyük çoğunluğunu kontrol ediyordu. 1992'ye geldiğimizde bu sayı 30'un altına düşmüştü. 2004 yılında ise sadece 6 dev kuruluş (Time Warner, aynı zamanda ABC'nin de sahibi olan Disney, Murdoch'un News Corporation'u, Almanya'dan Bertelsmann, önceden CBS olan Viacom, NBC'nin sahibi General Electric) bu endüstrinin büyük çoğunluğunun sahibi olmuştu.[34]

Şirket birleşmelerini, konsolidasyonları ve büyüklüğü tercih eden bu dev kuruluşlar, aynı zamanda çokuluslu şirketleri denetim altına alma çabalarına da karşı çıkarlar. Gerek haber sunumlarında, gerekse köşe yazılarında 'serbest ticaret' anlaşmalarına, özelleştirmeye ve bugün içinde olduğumuz krize yol açan diğer politikalara destek çıkarlar.

Şirketokrasinin elindeki güç küresel olduğu kadar, zaman zaman son derece kişisel de olabilir. ABD'de büyük bir kamu kuruluşunda çalışan bir proje yöneticisi rahatsız edici bir öykü anlatıyor. Bu kişi bir gazeteye verdiği demeçte, sorumlusu olduğu elektrik santralinin planlandığı zamanda devreye giremediğini, çünkü General Electric (GE) firmasının türbini teslim etmekte geç kaldığını söylemişti. "GE'nin CEO'su Jack Welch, şirketimin yönetim kurulu başkanını aradı," dedi proje yöneticisi. "Ve ondan beni kovmasını istedi. O da kovdu." Bu olay sektörde hızla duyuldu ve GE'yi eleştirmeye kalkanların sonuçlarına da katlanacaklarına dair güçlü bir mesaj gönderdi.

Bu olay gerçekten şok edici olmakla birlikte, aslında hiç de az rastlanan bir durum değil. Bu tür manevralar Jack Welch gibi güç sahibi kişiler tarafından sık sık kullanılmaktadır. GE, NBC'yi satın aldıktan sonra Welch'i, GE'yi ya da şirketin büyük müşterilerinden birini eleştiren haberleri vermenin kariyer açısından intihar anlamına geleceği haberi şirket içinde yayıldı.[35] Benzer yöntemler ne yazık ki GE ile sınırlı değil.

Kurumsal sindirme politikaları, fiziksel şiddet de dahil olmak üzere çok daha karanlık bir biçim de alabilir. Kolombiya'da Coca-Cola, Endonezya'da Nike, Nijerya'da Shell için çalışan veya Tyson için tavuk boğazlayan ya da ABD'de Monsanto'nun genetiği değiştirilmiş tohumlarını reddeden ya da Kentucky'de kömür madenlerine inen veya Myanmar'da Chevron'un petrol kulelerine çıkan insanlarla konuşursanız ikna yöntemlerinin bazen ölümcül olabileceği sonucuna varabilirsiniz. Elleri sopalı sarı sendikacı holiganlar devri kapanmış değil. Bu tür faaliyetler sık sık 'güvenlik' şirketlerine verilir; onlar da dil bilmeyen kabadayılarla çalışan yerel şirketlerle anlaşırlar; bu da, olaylardan asıl şirketi sorumlu tutabilmeyi son derece zor bir hâle getirir.

İkisi de ABD vatandaşı olan ve Adalet İçin Eğitim (Educating for Justice) adındaki sivil toplum kuruluşunun ortak kurucusu olan iki tanıdığım, Jim Keady ve Leslie Kretzu, *Amerikan İmparatorluğunun Gizli Tarihi* (*The Secret History of the American Empire*) adlı kitaplarında, Nike tarafından kendilerine yapılan dehşet verici taciz olayını anlatıyorlar. ABD'de çeşitli lise ve üniversitelerde, Endonezya'da sefalet içindeki Nike işçileri ile birlikte yaşarken edindikleri deneyimleri anlattıklarında, şirket yöneticilerinin okul gazetelerine yazılar yazarak kişilikleri aleyhinde saldırıya maruz kalmışlardı. Bu, Endonezya'da fiziksel şiddete kadar vardı: Jim ve Leslie, Endonezyalı şoförleri, bir çevirmen ve bir kameraman, bir gece Cakarta dışında karanlık bir yolda motosikletli zorbalar tarafından takip edildiler.

"Arabamızın etrafını sardılar," dedi Jim.

"Şoförümüz arabayı kenara çekmek zorunda kaldı," dedi Leslie. "Silah zoruyla arabadan çıkartıldıktan sonra itilip kakıldık. Şoförümüz fena halde dövüldü."[36]

Sindirme manevraları, işletme fakültelerinde açıkça öğretilen bir şey değildir. "Ama," dedi bir Harvard master öğrencisi, bir gece Harvard Meydanı'nda biralarımızı içerken. "Bunun birçok şirkette standart bir uygulama olduğunu da biliyoruz."

Mahcup bir şekilde gülümsedi. "Bunun lafı bile heyecan verici. Kim böyle bir güç fikri karşısında etkilenmez ki? Üstelik de, yanınıza kâr kalacağını bile bile?"

Şirketokrasinin üyeleri bir komplonun parçası değillerdir ama hepsinin ortak yanı kazanmak konusundaki saplantılarıdır. İstediklerini elde etmek için büyük miktarlarda paralar harcarlar. Ayrıca ortak bir hedefleri de vardır; çevresel ve sosyal bedeli ne olursa olsun, kârlarını en üst düzeye çıkartmak. Ama bu hedefe ulaşma çabaları sırasında son derece dengesiz, adil olmayan ve tehlikeli de bir dünya yaratmışlardır.

Böyle insanlar nasıl oldu da bu kadar güç kazandılar? Geri kalanlarımız böyle bir şeye nasıl izin verdik? Toplum neden buna katlanmaya devam ediyor?

Bunlar sormaya hakkımız olan sorular.

5. Bölüm

PARALI ASKERLER

"İyi bir yönetici sadık bir asker gibidir," derdi Profesör Ashton, Boston Üniversitesi'nde İş İdaresi 101 dersindeki öğrencilerine. "Davaya sadıktır, işini sadece maaşını almak için yapmaz. Şirketin uzun vadede büyümesi için bir görev bilinci ile hareket eder."

Bol bol not tuttuğum o ders esnasında Prof. Ashton bizlere bir işadamının güvene dayalı bir sorumluluk taşıdığını kafamıza sokmaya çalışmıştı. "Müşterilerine olduğu kadar hissedarlarına karşı da sorumlulukları vardır," derdi sürekli. "Aslında, şirketinin kamu yararına ve en yüksek standartlar uyarınca işletildiğini garanti etmek için topluma karşı da bir sorumluluğu vardır."

Şirketler, bu ülke kurulduktan sonra bir yüzyılı aşkın bir süre boyunca Prof. Ashton'ın savunduğu türden standartlara uymaya yasal olarak mecbur edilmişti. Eyaletler, kamu yararına hizmet ettiklerini kanıtlayamayan şirketlere, berat vermeyi reddettikleri gibi, bu sorumluluklarını yerine getirme sözlerinden geri dönen şirketleri de kapatırlardı. Şirketlerin birbirlerini satın almalarına ya da başka yollarla tekel durumuna geçmelerine izin verilmezdi.

Tüm bunlar, sonradan 'Hırsız Baronların Altın Çağı' olarak bilinen süreç sırasında değişti. Yaklaşımlar ve yasalar, Yüksek Mahkeme'nin şirketlere de kişilere tanınan hakları vermesiyle – ama kişilerden beklenen yükümlülükler olmadan– 1886 tarihli bir kararından sonra kökten değişti. Artık şirketler de birbirlerini alıp satabilecek ve ifade özgürlüğünden (yanıltıcı reklam yapmak da dahil) yararlanabileceklerdi. Üstelik artık kamu yararına çalışmak zorunda da değillerdi.

Sonra işler yine eski haline döndü. Büyük Bunalım, Yeni Anlaşma ve İkinci Dünya Savaşı, devlet görevlileri ile şirket yetkililerini yeniden ulusal bir vefa ve hizmet duygusu yansıtan bir tavır benimsemeye ve buna uygun yasalar çıkartmaya itti. 1933–1980 arasındaki dönemde güvene dayalı bu sorumluluk fikri birçok yöneticinin, hükümet yetkilisinin ve Prof. Ashton gibi öğretmenlerin etik anlayışını şekillendirdi.

Ama Ronald Reagan'ın başkan seçilmesi ve ekonomide Friedman anlayışının yükselişe geçmesiyle birlikte tüm bunlar birden durma noktasına geldi. Tek yükümlülüklerinin kâr maksimizasyonu olduğu inancına sarılan şirketler, kısa dönem kârlılıklarını arttırmak için neredeyse her yolu denemekte bir sakınca görmediler.

Hızlı başarı üzerine bu odaklanma, rahatsız edici yeni bir eğilimi de tetikledi. CEO'lar süperstarlar gibi bir görüntü vermeyi benimsemeye başladılar. Eğer, diye düşündüler, tek amaç para kazanmaksa, o zaman neden biz de karşılaşmalardan ya da konserlerden giderek daha büyük paylar talep eden spor veya rock yıldızları gibi ödüllendirilmeyelim? Kendilerine Amerikan Ulusal Futbol Ligi'nin multi-milyon-dolarlık oyun kurucularını örnek alan CEO'lar, şirketlerinde çalışanların ücretlerinin yüzlerce katı maaşlar alarak büyük servetler yaptılar.

AFL-CIO, *BusinessWeek* ve Adil Bir Ekonomi İçin Birlik[*] hareketinin çalışmalarından derlediği verileri kullanan İrlanda merkezli Finfacts İrlanda,[**] *Finfacts Ireland Business News* dergisinin 7 Ağustos 2005 tarihli sayısında '**Ya Hep Ya Hiç**' Toplumunda Yönetici Maaşları ve Eşitsizlik" başlığı altında bir makale yayımladı:

---

[*] United for a Fair Economy: Merkezi Boston'da bulunan, dengesiz servet dağılımının toplumsal barışı bozacağı konusunda bilinç yaratmaya çalışan bir hareket. Gelir dağılımı bozukluğunun demokrasileri yozlaştırdığı, ırkçı ve benzeri toplumsal bölünmelere yol açtığını savunuyor. (e.n.)

[**] İrlanda'nın en uzun süreli finans ve işdünyası enformasyon portalı. (e.n.)

CEO'lar ile bir çalışanın ortalama maaşı arasındaki farka gelince, hiç kimse ABD'nin eline su dökemez. 2000 yılında, halka açık en büyük 365 Amerikan şirketinin CEO'larının ortalama maaşı 13.1 milyon dolar, yani tipik bir çalışanın eve götürdüğünün 531 katı idi. Bu fark 1980 yılında 42 kat, 1990 yılında ise 85 kat idi.

Bir kaynağa göre, '2000 yılında bir CEO bir iş gününde (bir yılda 260 iş günü var) ortalama bir çalışanın 52 haftada kazandığından daha fazlasını kazandı. Buna karşı 1965 yılında, bir CEO bir işçinin yıllık gelirini 2 haftada kazanıyordu.'

Bir lobi grubu olan UFE'ye göre, ABD'de CEO'ların maaşları 1990-2003 arasında %313 oranında arttı. Buna karşın, Standard&Poor's 500 Borsa Endeksi %242, şirketlerin kârlılığı ise %128 oranında arttı.[37]

İş dünyasında insanlar kendilerini şirketlerinin uzun vadeli büyümesi ya da tüketici anketlerinde aldığı puana göre değerlendirmekten vazgeçtiler; onun yerine değerleri, maaş ve ikramiyeler, diğer şirketlerle birleşmeler ve bağladıkları kısa vadeli anlaşmalarla ölçülmeye başlandı. İyi birer askerden, en yüksek ücret ödeyene kendini satan birer paralı askere dönüştüler.

Üniversitedeki hocalarım endüstriyel büyümeye yaptıkları tüm katkılara rağmen John Jacob Astor (gayrimenkul, kürk), Andrew Carnegie (demiryolları, çelik), Henry Flagler (demiryolları, petrol), Jay Gould (finans, demiryolları), Collis P. Huntington (demiryolları), J.P. Morgan (finans), Leland Stanford (demiryolları), John D. Rockefeller (petrol) ve Cornelius Vanderbilt (demiryolları) gibi insanların birer kahraman gibi karşılanmak yerine, yerilmeleri gerektiği konusunda ısrarcıydılar. Ama yine de, 2009 yılında sanki hayaletleri geri gelmiş gibiydi.

Ama bu modern 'hırsız' baronların önünde ciddi bir sorun vardı. Maaşları, ikramiyeleri, hisse senedi opsiyonları ve neredeyse hesapsız harcama yetkileri ile —özel jet filoları dahil— lambadan çıkan cin gibi ortaya çıkmamışlardı. Bir yerden, bir noktadan gelmeleri gerekiyordu ki bu da büyümeydi; daha doğrusu, çoğu durumda olduğu gibi, büyüme yanılgısı.

Yöneticiler şirketlerini hızla büyüttüler. Hisselerinin değerini –ve maaşları ile ikramiyelerini– artıran kısa vadeli anlaşmalar uğruna, uzun vadeli hedefleri ihmal ettiler. 2000'li yıllar birer birer geçerken, büyüme –ya da hatta bir büyüme yanılgısı bile– yaratmak için fırsatlar da birer birer tükendi. Pazarlar küçüldü. Hem de hızla.

Ekonominin klasik arz (*a*) ve talep (*t*) eğrileri modeli, bize üretim miktarı (arz) talebi aştığı zaman fiyatların talep artana kadar düştüğünü ve böylece *a* ve *t*'nin sonunda dengelendiğini öğretir. Çokuluslu şirketlerin başındaki yöneticiler bir de değişiklik yaptılar; giderek artan üretim (*a*) ikilemine sadece fiyatları indirerek –geleneksel yaklaşım– değil, pazarları genişleterek ve yeni pazarlar açarak da (*t*) karşılık verdiler. Mallarını ve hizmetlerini Hindistan ve Latin Amerika'ya pazarladılar. Talep bir anda patladı. Üretimlerini artırdılar, sonra yine yeni pazarlar açmak zorunda kaldılar; Afrika ve Çin'de.

Sattıkları mal ve hizmetlerin çoğu yokluk içindeki insanları giydirip doyurmak, kirletilmiş ortamları temizlemek ya da petrole dayalı olmayan enerji kaynakları keşfetmek gibi gerçek ihtiyaçlar yerine, sadece maddi arzuları karşılamaya yönelikti.

Prof. Ashton buna 'incik-boncuk kapitalizmi' diyordu. Ekonomimizin, büyük ölçüde aslında kimsenin gerçekten ihtiyaç duymadığı mal ve hizmetleri agresif bir şekilde pazarlamaya dayanan bir ekonomi haline dönüşmesi ve böyle bir ekonominin de sonunda çökmeye mahkûm olması nedeniyle büyük endişe duyuyordu. Bu, 1960'ların sonlarına doğruydu. Takip eden yıllar içinde durum daha da kötüleşti. Sonunda, tüm dünyadaki pazarlar doyum noktasına yaklaştı.

Süperstar yöneticilerin yanıtı Friedman'ın ilkeleri doğrultusunda oldu. Gerçek ihtiyaçlara cevap veren yeni ürünler geliştirmeye çalışmak yerine, daha fazla kâr etmek için en kısa yolu seçtiler. Ve yaratıcı bir çözüm buldular: Para arzını ve dolayısıyla tüketicinin satın alma gücünü artırmak. *T* eğrisini yükseltmek için, yeni kredi biçimleri icat ettiler.

Gerek bireyler, gerekse şirketler, daha önce onaylanması imkansız borçlar altına girmeleri konusunda yüreklendirildiler. Borçluları tefecilik sayılabilecek faiz oranlarına karşı koruyan yasalar iptal edildi; insanlar kredi kartı borçları için yıllık %35'lere varan faizler ödemeye başladılar. Önce binlercesinin, sonra da milyonlarcasının temerrüde düşmesi çok sürmedi. İş yerleri birbiri ardına iflas etmeye başladı.

Yöneticiler, yeni kredi türleri icat etmenin yanı sıra ayrıca halkı ve zaten zayıflatılmış denetim kuruluşlarını kandırmak için yaratıcı yollar da geliştirdiler. Bunlardan en çok reklamı yapılanlardan biri de Enron tarafından yaratılan 'özel-amaçlı girişim'di.

1980'lerde bir enerji şirketinin CEO'su iken ve ardından 1990'larda Stone&Webster Engineering Şirketi için danışmanlık yaparken, sık sık diğer enerji şirketlerinin yöneticileri ile bir araya geliyordum. Güne bir toplantı odasında keyifle kahvelerimizi yudumlayarak ve sektör dedikoduları ile başlardık. Konuşmalar genellikle Enron'a kayardı.

"Hindistan'da son imzaladıkları anlaşmaya inanabiliyor musunuz?" diye sorardı biri.

Ya da, "O Brezilya projesine ne dersiniz?"

Hepimiz Enron'un o 'inanılması zor güzellikteki' devasa anlaşmaları kotarma becerisini hayran hayran izliyorduk. Şirketin kendisi dışında hiç kimsenin aklı bu işlerin nasıl becerildiğine ermiyordu. Enron yöneticileri ve danışmanları bize küçümseyici bakışlar atar, biraz sıkıştırıldıklarında da 'yaratıcı finansman'dan, 'yenilikçi yönetim'den ve 'Bush ailesi ve diğer güç simsarlarıyla özel ilişkiler'den dem vururlardı.

"Biz çok özel bir şirketiz," dedi Yatırımcı İlişkileri Müdürü Paula Rieker, benim de katıldığım bir konferansta. "En iyi ve en zeki insanları buluruz ve olası en büyük ve en yaratıcı projeleri geliştirmeleri için onları özendiririz."

Buradaki anahtar sözcük 'yaratıcı'ydı. Enron battıktan sonra, aslında bir illüzyon yaratmış olduklarını keşfettik. Özel Amaçlı Girişim kârlı bir yatırım gibi görünüyordu, çünkü vergi vermeyen ve malları birbirlerine yasal herhangi bir piyasanın izin vereceğinden çok daha yüksek fiyatlarda satan off-shore (açık deniz) birimlerdi. Yatırımcılara kimliklerini saklı tutma olanağı verdikleri gibi, döviz hareketlerinde sağladıkları serbestlikle şirketlerin de bilanço dışı zararlarını gizlemelerine yardım ediyorlardı. Şirket sürekli para kaybederken, şirket yetkilileri milyarlarca dolar kâr edildiği izlenimini yaratmak için çeşitli finansal dalavereler çeviriyorlardı.

Enron 2 Aralık 2001 tarihinde iflas başvurusunu yaptı. CEO'ları Kenneth Lay, 25 Mayıs 2006 tarihinde 10 ayrı menkul değer dolandırıcılığı ve ilgili suçtan mahkûm oldu. Paula Rieker federal bir mahkemede, haksız kazanç sağlama suçlamasını kabul etti.

O zamanlar dünyanın en büyük ve en saygın ilk beş mali danışmanlık şirketinden biri olan Arthur Andersen, Enron'un bu dalavere üzerine kurulu düzeninin bir parçası oldu. Hatta onu benimsedi ve destekledi. Sonuç olarak da, Andersen 2002 yılında ABD'de mali müşavirlik yapabilme lisansını iade etmek zorunda kaldı.

Enron-Andersen skandalı dünya finans çevrelerine bir bomba gibi düştü. Yüzbinlerce çalışan işinden oldu ama yöneticiler tüm dünyayı, hissedarların çıkarlarının peşinde oldukları konusunda temin etmeye devam ettiler. Bush yönetimi ve Kongre'nin çoğu üyesi sadece başlarını çevirmekle kalmadı, bir zamanlar bizi böyle dolandırıcılıklardan koruyan yasaları devre dışı bırakan 'serbest piyasa' kavramlarını desteklemeye de devam etti.

***Kafes*lenmiştik.**

Bu insanlar çok büyük bir güç elde ettiler ve biz de paçayı kurtarmalarına izin verdik. Çünkü bizi kandırdılar. Biz işbirliği yapmıştık. Yaptıkları propagandalara fit olmuştuk. 'İncik-boncuk kapitalizmi'ni benimsemiştik. Onların denetlenmeleri gerekmediği fikrini kabul etmiştik. Özgürce çalışmalarına izin vermemizin bir şekilde hepimizin çıkarına olacağına bizi ikna etmelerine göz yummuştuk. Ama sonra, aklımız başımıza geldikten sonra bile onlara katlanmaya devam ettik, çünkü artık bizi ele geçirmişlerdi. Tıpkı Endonezya, Kolombiya ve Nijerya halklarını ele geçirdikleri gibi.

Bizi yakalayıp, bir borç kafesi içine hapsetmişlerdi. Onlara karşı gelmeye cesaretimiz yoktu.

Ralph Waldo Emerson* bunu mümkün olan en basit şekliyle *Varlık (Wealth)* adlı yazısında şöyle ifade etmişti:

"Borcu olan kişi bir köledir."[38]

---

* ABD'li düşünür (1802-1882). Amerikan transandantalizminin (deneyüstücülük) en önemli temsilcisi. Harvard'daki entelektüalizme (bütün varlıkların genel kavramlara indirgenerek açıklanması) karşı bir protesto olarak ortaya çıkmıştır. Kurumlaşmış dinlerin, doktrinlerden ziyade bireyin sezgisi yoluyla idrak edilebileceğini savunur. (e.n.)

6. Bölüm

BORÇLA KÖLELEŞTİRİLENLER

Ekvador Devlet Başkanı, 2008 yılında, tam da Noel arifesinde dünyayı şok etmişti. Rafael Correa, iki yıl önce demokratik bir seçimle iş başına gelmişti. Illinois Üniversitesi'nde ekonomi doktorası yapan ve Friedman'ın ilkelerine aşina bir ekonomist olarak yetiştirilen Rafael Correa, dünyaya, halkının Ekvador'un devlet borcunu ödemekle yükümlü olmadığını ilan etti. Bu borçların Dünya Bankası, IMF, CIA ve benim eski işimi yapan insanların zorlamasıyla, halkın seçmediği askerî diktatörler tarafından imzalandığını; dolayısıyla ülkesinin bunları kabul etmek zorunda olmadığını söyledi.

13 Aralık 2008 tarihinde BBC şu yayını yaptı:

> Başkan Rafael Correa, Ekvador'un 'gayrimeşru' gördüğü milyarlarca dolarlık dış borcunda resmen temerrüde düşeceğini söyledi.
>
> Uluslararası kredi kuruluşlarını 'canavarlar' olarak niteleyen Correa, pazartesi günü vadesi gelen bir borç faizi ödemesinin onaylanmaması emrini verdiğini de ekledi.
>
> Başkan, Ekvador'un 10 milyar dolarlık borcunun bir kısmının daha önceki bir yönetim tarafından kanunsuz bir şekilde alınmış olduğunu söyledi...
>
> Guayaquil şehrinde konuşan Bay Correa, "Başkan olarak, bariz bir şekilde ahlak dışı ve kanunsuz bir borcu ödemeye devam etmemize izin veremezdim..." dedi.[39]

The *Washington Post*'da çıkan haber de şöyleydi:

Petrol-zengini Ekvador, borçlarını ödemeyi maddi sıkıntıda olduğu için değil, ödememek konusunda siyasi bir karar aldığı için durduruyor.

Correa, 2006 yılındaki başkanlık kampanyasından beri temerrüt tehdidinde bulunuyor ve yabancı yatırımcıları 'şeytanlıkla' suçluyordu. Kısa bir süre önce, suç unsuru kanıtları bulan bir başkanlık komisyonu raporuna atıfta bulunmuştu...[40]

Correa'nın devlet başkanı seçilmesinden kısa bir süre sonra, Ekvador'un Enerji ve Maden Bakanı Alberto Acosta ile görüştüğümde, bana şöyle demişti: "Varlıklı azınlıkların yararına, yoksul çoğunluğun ise zararına olacak projeleri finanse edeceğini bilerek diktatörlere borç veren bankalar, Ekvador'da –ve daha birçok ülkede– yanlış olan şeylerin çoğunun da sorumluluğunu üstlenmek zorundadırlar. Gerçek anlamda demokratik bir seçimle işbaşına gelen yöneticiler de çoğunluğun haklarını korumalıdır."

Hükümet Konağı'ndaki ofisinde oturmayıp taşraya çıkan ve şehrin varoşlarındaki vatandaşlarının arasında dolaşmayı seven bir kişi olan Correa, benim *Bir Ekonomik Tetikçinin İtirafları** kitabımı okumuştu. ET'ler ona da yanaşmıştı. Devlet başkanlarına yapılabilecek baskıların o da farkındaydı. *Amerikan İmparatorluğunun Gizli Tarihi (The Secret History of the American Empire)* adlı kitabım hakkında yazdığı bir yazıda onu, 'birlikte yaşamaya yenilikçi yaklaşımlar aramak için yeni evrensel yola önemli bir katkı,' diye nitelemişti. Bu yaklaşımlar arasında borç köleliğinin prangalarının kırılması da vardı.

Bir akşamüstü Hükümet Konağı'ndan ayrılıp Independencia Meydanı'na doğru yürürken, Ekvator güneşi de And Dağları'nın tepesinde, 3 bin metre rakımlı Quito şehrinin üzerinde parlıyordu. 16. yüzyıldan kalma eski katedrale yöneldim. Birden bir hatıram canlandı. Dejavu ve rakımdan doğan baş dönmesi karışımı bir

---

* *Confessions of an Economic Hit Man*. Ekonomik Tetikçi I. April Yayınları.

duyguyla, yol kenarındaki bir banka oturdum. Bir Barış Gönüllüsü olarak 1968 yılında Ekvador'a ilk kez geldiğim günler gözümde canlandı.

Ülkenin Amazon Havzası'nda büyük petrol rezervleri bulunmuştu. Texaco petrol şirketi, hükümet yetkilileri ve özellikle de askerî yetkililerle birlikte, petrolün Ekvador'u karanlık çağlardan çıkartıp, zengin bir ülke yapacağı konusunda halkı ikna etmeye uğraşıyordu. Öğrencilerin, ellerinde üzerlerinde 'Petrol Halk İçindir,' 'Petrol Gelirleri Açları Doyurmak İçin Kullanılmalı' ve 'Amerikan Emperyalistlerinin Bizi Hapsetmelerine İzin Vermeyin' yazılı pankartlarla bu meydanda gösteri yaptıklarını anımsadım. Geri dönüp bakınca, sanki ülkelerinin başına gelecekleri önceden tahmin etmiş gibiydiler. Sonra anılarım bir yıl ilerisine atladı.

"Bu bizim petrolümüz, Tanrı'nın Ekvador halkına bir lütfu," diyordu yeni seçilmiş Devlet Başkanı Velasco Ibarra, Cuenca şehrinde belediye binasından yaptığı konuşmada. "Bu lütfu, Ekvador halkının yararına olacak şekilde kullanmayı garanti etmeliyiz."

Ibarra'nın dedikleri öğrencilerin söylediklerini yineliyordu ama bunlar Ekvador'un CIA-destekli ordusunun pek hoşuna gitmemişti. 1972 yılının Şubat ayında, seçilmiş devlet başkanı askerî bir darbe sonucu devrildi ve yerine askerî bir cunta geldi. Bundan sonra da başkent Quito'ya büyük miktarda borç para akmaya başladı; hükümet elektrik santralleri, enerji nakil hatları, otoyollar, limanlar, havaalanları ve endüstriyel parklar yapmak için yabancı şirketlerle anlaşmalar yaptı. Temel olarak, petrolle birlikte tüm Amazon ipotek altına alınmış oldu. İnsanlara, ormanlarının altına gömülü bulunan 'petrol okyanusunun' aldıkları borcu fazlasıyla karşılayacağı söylendi.

İlk başta öğrenciler başkaldırdı. Borcun nasıl bir bela, felaket olduğunun bilincindeydiler. Sokaklara döküldüler. Bir öğleden sonra Ekvador'un üçüncü büyük kenti Cuenca'da bir apartmanın terasında durmuş, aşağıdaki parkta taş atan öğrencilerle polis arasındaki çatışmayı seyrediyordum. Bir gaz bombasının bir öğrencinin suratında patlayışını dehşetle izledim. Ertesi gün gazetede, çocuğun öldüğünü okudum. Sonunda direniş kırıldı.

Ekonomik Tetikçiler, Ekvador'da tam bir bayram havası içindeydiler. Yeni diktatör General Guillermo Rodríguez Lara, hiç vakit kaybetmeden ülkesini, 30 yıl sonra Correa'nın başına bela olacak borçların altına sokma sürecini başlattı. General Lara, bir ekonomik tetikçinin rüyasıydı. ABD'nin, Panama Kanal Bölgesi'nde konuşlanan, sağ görüşlü diktatörler ve onların infazcıları için bir eğitim kampı niteliğindeki son derece kötü şöhretli Amerikalar Okulu'na* katılmıştı. Kendini CIA ve ABD petrol şirketlerinin çıkarlarına hizmet etmeye adamıştı. Takma adı 'Bombita' (Küçük Bomba) idi. Onun ve ardılı Amiral Alfredo Ernesto Poveda Burbano'nun yönetimleri 1979 yılına kadar neredeyse 10 yıl sürdü. Sürdürülen politikalar, Panama Devlet Başkanı Omar Torrijos'un son derece yerinde bir saptamayla 'yağmacı kapitalizm' diye nitelediği şeyin tipik bir örneğiydi.

Petrol fiyatları düşünce, Ekvador'un ekonomisi de çöktü. Tahmin edileceği gibi, şirketokrasi ülkeyi pençeleri arasına almıştı. Takip eden yıllar içinde Ekvador petrolünü yabancı şirketlere aşırı düşük fiyatlardan satmak, Ekvadorlu mevsimlik işçiler için bir yıkıma yol açan muz ve karides ticaret anlaşmalarına imza atmak, Birleşmiş Milletler'de Washington'un Küba-karşıtı politikalarını destekler biçimde oy kullanmak ve ABD'nin Latin Amerika'daki en büyük askerî üssünü Ekvador'un el değmemiş sahillerinde kurmasına izin vermek zorunda kaldı.

Tüm bu şartlar ne kadar ağır olursa olsun, bir şart daha vardı ki, hepsinden çok daha kötüydü. Ekvador 2000 yılında IMF tarafından resmî parasını *sucre*'den Amerikan dolarına dönüştürmeye

---

* School of the Americas: 1946'da Panama'da kurulan, 1984'de Panama Kanalı Anlaşması sonucu ülkeden çıkarılıp Fort Benning Georgia'ya taşınan, Latin Amerikalı asker ve polisler için muharebe eğitim merkezi. Burada, 60 yıl içinde 60 binden fazla asker, halk hareketlerini bastırma, keskin nişancılık, komando ve psikolojik savaş teknikleri, askerî istihbarat ve sorgu teknikleri eğitimi almıştır. Yüz binlerce Latin Amerikalı bu merkezde eğitilenler tarafından işkenceden geçirilmiş, tecavüze ve suikaste uğramış veya doğrudan katledilmiştir. (ç.n.)

mecbur edildi. Bunun, zaten az olan tasarruflarını ülkenin resmi parası *sucre* olarak tutan insanlar üzerinde yarattığı yıkımın boyutlarını tahmin etmek bile mümkün değil. 1998 yılında bir dolar 6 bin 500 *sucre* iken, 2000 yılında herkesin parasını dolara çevirmeye mecbur edildiği gün, bir dolar resmî kur olan 25 bin *sucre*'ye yükselmişti. Alt ve orta gelir gruplarındaki milyonlarca insan bir anda açlıkla karşı karşıya kaldı; bir dolar değerinde *sucre*'si olduğunu sanan biri, birden sadece 26 sent'i olduğunu anladı. Yelpazenin öbür ucundaysa, yabancı bankalarda dolar hesapları olan işadamları ve yabancı şirketler servetlerinin bir gecede neredeyse %400 arttığını gördüler. Yaklaşık 3 milyon kişi (Ekvador'un nüfusunun neredeyse üçte biri) ülkelerini terk edip, ABD'de ve Avrupa'daki yasadışı göçmen işçi pazarlarına hücum etti.

Uzun vadede ise Ekvador için bu para dönüşümünden tartışmasız daha kötü bir şey daha vardı: Muazzam bir yağmur ormanı bölgesinin tümüyle ve kesin olarak ortadan kaldırılması ve bunun binlerce yıldır o bölgede yaşayan yerli kültürler üzerindeki etkisi. Ekvador'a başında bir barış halesiyle gelen petrol şirketi Texaco gerçek niyetini ortaya koymuştu: Kuzey Amazon bölgesini tümüyle perişan etti.

En sonunda yasal adımlar atıldı. Bu kitabı yazdığım sıralarda, Exxon Valdez'in yağmur ormanı nehirlerine boşalttığından 18 kat daha fazla zararlı atık boşaltarak hassas Amazon ortamını yok ettiği ve yasadışı zehirli atıklarla yüzlerce insanın ölümüne yol açtığı iddiasıyla Texaco (sonradan Chevron tarafından satın alındı) aleyhine açılan 27 milyar dolarlık bir çevre davası, Ekvador'da karar aşamasındaydı. 30 bin Ekvadorlu adına açılan bu dava, dünya tarihindeki en büyük çevre davasıdır.[41]

Ekvador çok klasik bir örnek ama birçokları için de sadece bir tane. Takip eden yıllar içinde, seçilmemiş diktatörler çokuluslu şirketlerin, uluslararası bankaların ve CIA'in gizli çabaları sonucunda yönetime getirildiler. Birkaç örnek vermek gerekirse İran'da Şah Pehlevi, Endonezya'da Suharto, Şili'de Augusto Pinochet, Nikaragua'da Anastasio Somoza, Mısır'da Enver Sedat, Angola'da

Jonas Savimbi, Zaire/Kongo'da Mobutu Sese Seko, Suudi Arabistan'da Suud ailesi.

Bu ülkelerin vatandaşlarına gelince, onlar liderlerinin imzaladıkları ve ülkelerini borç batağına gömen bu anlaşmaları kabul etmek ya da reddetmek gibi bir süreçte hiç yer almadılar.

İnsanlar başlarına neyin geldiğini anladıklarındaysa, sorumlular çoktan servetlerinin sefasını sürmek için soluğu Miami veya Fransız Rivyerası ya da Fas gibi güvende olacakları bir ülkede almışlardır bile. Ve IMF ile ona bağlı kuruluşlar da bu insanlara, bu borçları geri ödemekle yükümlü olduklarını söylerler.

Bu darbe, *Dış Politikaya Bakış* (*Foreign Policy in Focus*) adlı dergide kısa bir süre önce yayınlanan bir makalede şöyle dile getiriliyordu:

> ABD'deki yüksek faizli mortgage mağdurlarının çoğu gibi, Ekvador halkı da yağmacı faizlerle verilen borçların hedefi oldu. 1970'lerde, vicdansız uluslararası borç verenler Ekvadorlu diktatörlerin 3 milyar dolar borç almalarını sağladılar. Onlar da bu paranın çoğunu askerî amaçlarla heba ettiler.
>
> Demokrasiye geçtikten sonra da, borcun sorumluluğu Ekvador halkının üzerinde kaldı.
>
> Yıllar içinde, Ekvador aldığı borcun anaparasının çok çok üzerinde borç ödemelerinde bulunduğu gibi, yüklü meblağlarda faiz ve ceza da ödedi. Ama çok sayıda yeniden yapılandırma, dönüşüm ve ilave borçlandırmadan sonra, Ekvador'un borcu bugün itibarı ile 10 milyar doları geçti.
>
> Bunun insanî faturası ise sersemletici boyutta. Uluslararası alacaklılara ödenen her dolar, yoksullukla savaşmaya harcanamayan bir dolar demektir. Ve 2007 yılında Ekvador hükümeti borçlarına karşılık 1.75 milyar dolar ödeme yaparken, bu miktar sağlık hizmetleri, sosyal

hizmetler, çevre, toplu konut ve kentsel gelişim için harcanan toplam paradan çok fazlaydı.[42]

Üniversitedeyken, bir film festivalinde izlediğim eski bir sessiz film, borcun trajik sonuçlarını çok çarpıcı bir şekilde betimliyordu:

Bir çiftçi, evinin önündeki yıkık dökük verandada eşi ve güzel kızıyla birlikte oturuyordu. Elinde bir kalem vardı, yazmaya hazır. Ailenin arkasında bir banker duruyordu, adam bir yandan da çapkın bir ifadeyle kızı süzüyordu.

Çiftçi, yüzünde sorgulayıcı bir ifade ile eşine döndüğünde, karısının da ona umutsuz bir teslimiyet içinde baktığını görürüz. O sırada, siyah fon üzerinde, 'Seçeneğimiz yok' sözcükleri belirir, çiftçi masanın üzerine doğru eğilir ve önündeki kâğıdı imzalar.

Banker kâğıdı kaparcasına alır, sonra eğilip, annesinin arkasına saklanmaya çalışan kıza selam verir. Giderken kameraya bakar ve sırıtır. Sonra da perdede, 'Kız artık benim. Bu parayı asla ödeyemezler' yazısı çıkar.

Ekran kararır. Sonra yeni bir yazı belirir: 'Üç ay sonra.'

Banker çiftliğe geri dönmüştür. Aile endişe içersinde kapının hemen dışında toplanmış bekliyordur. Çiftçi bir adım öne çıkar ve kollarını çaresizlik içinde iki yana doğru açar; kamera kavrulmuş, çorak tarlaları gösterir. Çiftçi dizlerinin üzerine çöker. Banker ellerini ovuşturur, sonra kızı kolundan tutar ve merdivenlerden inmeye zorlar. Ekran kararır.

Neredeyse bir yüzyıl önce çekilen bu film, bir uyarı niteliğindeydi. Buna rağmen, dünyanın her tarafında insanlar zorla ya da kandırılarak daha fazla borçlanmaya devam ediyorlar. Ve üzücü gerçek şu ki, bugün bile insanlar fiilen kızlarını satmaya zorlanıyorlar.

8 Ağustos 2008'de, İngiltere'de yayınlanan *Herald* gazetesinin bir haberinde şu bilgi vardı: 'Her yıl neredeyse 600 bin kişi yasadışı yollardan Avrupa Birliği'ne sokuluyor ve bunların çoğu da seks ticareti için.'⁴³

New York Times gazetesinin haberi işe şöyle tamamlıyordu konuyu:

> Hükümetin bu konudaki ilk kapsamlı değerlendirmesini oluşturan bir CIA raporuna göre, Asya, Latin Amerika ve Doğu Avrupa'dan her yıl 50 bine yakın kadın ve çocuk sahte beyanlarla ABD'ye getirilip fuhuşa ya da ucuz işçi veya hizmetçi olarak çalışmaya zorlanıyor.⁴⁴

Bu kadın ve çocukların çoğu, işte ekonomisi şirketokrasi politikaları ile çökertilen ülkelerdeki borçlu aileler tarafından satılıyor.

Şirketokrasinin de gayet iyi bildiği gibi, borç çok güçlü bir silahtır. Evlerimizden atılma ya da arabamızı veya emeklilik birikimimizi kaybetmek kadar, alnımızda o '*İ*' (iflas etmiş) damgasını taşıma korkusu da çoğumuzun kafasına erken yaşlardan itibaren işlenmiştir. 'Borcunu ödemezsen, hayatın bir fiyasko olur.'

Bireyler finansal birer risk olarak dışlanırlar. Ülkelere yaptırımlar uygulanır. Her iki durumda da, ileride kredi sağlamak son derece zor ve pahalı bir hale gelir.

Borcun gücü, 2009 yılının baharında New York'ta bir otelde çalışan Joe Stevenson ile konuşurken, neredeyse elle tutulabilecek gibiydi.

"Sendikadaki arkadaşlarım grev gözcülüğü yapmak üzere kamyona biniyorlardı," diye başladı anlatmaya. "Ben de ceketimi kapıp onlara katılmak için çıkmak üzereyken, bir adam önümü kesti. Yüzü yabancı değildi ama nerede gördüğümü tam olarak çıkartamadım. Nedenini tam bilmesem de, titremeye başladım. *Evinin üzerinde büyük bir ipotek var, değil mi?* dedi. *Evini kaybedersen, karının da seni bırakıp gitmeyeceğinden emin misin?* İtiraf etmek zorundayım ki geri döndüm; ceketimi astım ve işimin başına döndüm. Ben bir kahraman değilim. Bu riski göze alamazdım."

İşadamları, eskiden beri üzerlerinde borç yükü olan işçilerin işten ayrılmak ya da şikâyetçi olmak konusunda o kadar cesur davranamadıklarının elbette farkındalar. Ve borçlanmayı destekleyen politikalar, sonuçta sendikaları batırır.

ABD Başkanı Reagan bunu anlamıştı. Ve seçildikten sonra, konumunun ona verdiği tüm olanakları, seçim kampanyasını finanse etmiş sendika karşıtı sanayicileri desteklemek için kullandı. 1981 yazında, grev yapan 12 binden fazla hava trafik kontrolörünün işine son verildi ve bu, onların sendikasının sonu oldu. Ardından, aslında işçilerin haklarını korumakla yükümlü federal kurumların başına tescilli sendika karşıtı kişileri getirdi.

Washington'daki halkla ilişkiler şirketi Principor Communications'ın başkanı ve 10 yıllık sendikacı John Jordan'a göre (2004 yılında yapılan bir söyleşide), 'Reagan'ın eylemleri, şirketleşen Amerika adına, işçi sınıfını (ki bugün bile halen kendini kurtaramamıştır) köşeye sıkıştırmanın en etkin yolunu açmıştı.'[45]

Ama Reagan yönetiminin işçi sınıfına karşı en etkili savaşı, borçlanma aracılığı ile oldu. Başkanın desteklediği yasalar, insanları düşük faizli kredi kullandıklarına inandırdı. Aslında tam tersi bir durum vardı; Balon ödemeli* ve değişken-faizli mortgage kredileri ve teknik olarak karmaşık diğer kredi paketleri, tüketicilerin kafalarını karıştırdı. Daha yüksek ortalama faiz oranları, insanların mortgage ve kredi kartı borçlarını ödemelerini giderek güçleştirdi. Ve bu, gelir seviyesinden bağımsız olarak herkesin başına geldi.

"Oldukça iyi bir durumda olduğumu düşünüyordum," dedi, Florida, Palm Beach County'de tanınmış bir psikiyatr. "Mortgage kullanarak 1.5 milyon dolara bir ev aldım. Birkaç yıl sonra, evin değeri 2.3 milyon dolar olarak belirlendi. Ben de artan bu değer üzerinden bir borç daha aldım ve kendime bir tekne satın aldım. Bir yıl sonra taşınmaz sektörü çöktü. Şimdi de bana evimin, onun

---

* Son taksit ödemesi yüksek ya da anaparanın tümünün borç vadesi sonunda ödendiği borçlanma türü. (ç.n.)

için ilk ödediğim miktarın yarısı değerinde olduğunu söylüyorlar. İşlerim azaldı. İflas başvurusunda bulunmak zorunda kalacağım. Sanırım her şeyimi kaybedeceğim."

Büyük Bunalım nedeniyle çıkartılan yasalar, faiz oranlarına bir tavan getirip, bizleri o eski siyah-beyaz filmde betimlenen 'kötü banker'den korumuştu. Tüm bunlar, 1978 tarihli ve yıllar sonra Reagan yönetimi tarafından tefecilik-karşıtı yasaları iptal etmek için kullanılacak bir Yüksek Mahkeme kararıyla (*Marquette National Bank'a karşı First of Omaha Service şirketi*) değişti. 1981 yılında Citibank ile başlayarak, kredi kartı faizleri artmaya başladı. Bu eğilim, takip eden 27 yıl boyunca devam etti. Ne Demokratlar ne de Cumhuriyetçiler bunu engellemek için bir şey yaptı. 2008 yılına gelindiğinde, bankalar kredi kartı borçlarına yıllık %35'e varan faizler uyguluyordu. Diğerleri ise çok daha yüksek faizler alıyordu, üstelik yasal olarak.

Associated Press, 2 Nisan 2009 tarihli bülteninde şu haberi aktarıyordu:

> Maaş günü borçları küçük, çok kısa dönemli ve çok yüksek faizli kredilerdir. Temelde, borçlunun bir sonraki maaşından aldığı bir avans. Bu uygulamada, genelde borç alacak kişi, çek bozan bir iş yerine ya da bunun internet eşdeğerine gider, bir ücret ödeyip ileri tarihli bir çek yazar. Parayı veren şirket, müşterinin maaş gününe kadar çeki nakde çevirmemeyi kabul eder. Finans ücretleri genelde yıllık %400 civarlarında olup, bunun iki katına kadar da çıkabilir.[46]

Borç vermek ve giderek daha yüksek faizler kazanmakla ilgili saplantımız, ABD ekonomisinin yapısını temelden etkiledi. Ülkemiz, imalat sektöründen finans sektörüne muazzam bir kaynak göçü altında kaldı. Hisse senedi getirileri düşerken, kredi getirileri tavan yaptığından, ekonomi de üretimden finansa dayalı ekonomiye döndü. Otomotiv sektörü, çelik ve diğer sanayiler çökerken, şirket birleşmeleri, satın almalar, türevler ve koruma fonları yükseldi.

İş dünyası ile hükümet liderlerinin özde iyi olduklarına inandık. Önerilerini dinledik, dibine kadar kredi kullandık, emeklilik ve diğer birikimlerimizi yatırım fonlarına koyduk ve ekonomimiz ile birikimlerimizin gözlerimizin önünde eriyip gittiğine şahit olduk.

Geri dönüp baktığımızda, biz bodoslama iflasa sürüklenirken finans dünyasındaki birkaç CEO ve büyük şirket ortağının bizim paramızla kumar oynayıp, hayalî kârlarına dayanarak kendilerine onlarca milyon dolar ikramiye ödemelerine izin verdiğimizi düşünmek inanılmaz geliyor.

Rafael Correa'nın, Ekvador Devlet Başkanı olmadan önce kapitalist bir ekonomist olarak deneyimleri, ona tüm bunlar hakkında eşsiz bir bakış açısı kazandırmıştı. BM'nin, küresel ekonomik krizle başa çıkmak için yeni yaptırımları tartıştığı 25 Haziran 2009 tarihindeki Genel Kurulu'nda, değişim için coşku dolu, duygusal bir çağırıda bulundu. Tartışmalar, yoksul ülkelere yapılan yardımları artırmak, finansal araçlar üzerindeki kontrolleri sıkılaştırmak, IMF ve diğer çok-taraflı kuruluşları ıslah etmek hakkında bir öneri üzerinde yoğunlaşmıştı. IMF'nin tümden feshedilmesini öneren Correa ekledi:

> Dünya vatandaşı olmak isteyen bizler, neticede daima en yoksulu ezen ve esir eden projeleri anlayamıyoruz. Dünya vatandaşları değil, sadece tüketiciler yaratmayı hedefleyen sözde bir küreselleşmeyi nasıl anlayabiliriz ki! Bu küresel bir toplum değil, sadece küresel bir pazar yaratmayı hedefliyor.[47]

Ekvador başkanının sözünü ettiği projeler günümüzün 'hırsız' baron güruhunun parlak fikirleridir. Bu baronların çoğu eski hükümdarları, İran Şahı'nı ve Suudi Arabistan krallarını birer dilenci gibi gösterirler. Öyküleri ise gerçekten şaşırtıcıdır.

7. Bölüm

MODERN 'HIRSIZ BARON'LAR

New Hampshire'da, Hampton Beach'deki Ron'un lokantası, hazırlık okulunu bitirdiğim yaz komi olarak çalıştığım Ashworth Oteli'nden sadece bir sokak aşağıdadır.

"İşte burası tüm dünyanın sözünü ettiği yer," dedi Charles, Atlantik manzaralı bir masada yerimizi alırken. Hampton Beachli ve yakındaki New Hampshire Üniversitesi'nde öğrenci olan Charles ile *Bir Ekonomik Tetikçinin İtirafları*'nın yayınlanmasından sonra, üniversitede verdiğim konferans sırasında tanışmıştık. "Yerel ekonomik tetikçimiz Dennis Kozlowski ile metresi Karen Lee Mayo'nun takıldıkları yer. Kız burada garsonluk yapıyordu ve ıstakoz avcısı Rich Locke ile evliydi. Onu herkes tanırdı."

Hayranlık dolu ıslığı, yan masadaki müşterilerin dikkatini çekmeyecek kadar hafifti. "Çok güzel bir kadındı. Kim Basinger'ın dublörü olabilirdi."

Gençliğimde, hep doğduğum eyaleti meşhur edecek bir şeylerin olmasını istemiştim. O zamanlar, adı çıkmış bir kodamanın birkaç fabrika açmak, holding merkezini taşımak ve bulvar gazetelerinden *Wall Street Journal* ve *Fortune* dergilerine taşacak bir aşk öyküsünün mekânı olarak uyuşuk New Hampshire'ı seçmesi gibi saçmasapan bir fikri beyan etmiş olsaydınız, herkesin maskarası olurdunuz.

Charles, bana Aralık 2002 tarihli *BusinessWeek* dergisinde çıkmış bir makaleyi uzattı. Şu kısım işaretlenmişti:

Tyco International Ltd. (TYC) şirketinin CEO'su Leo Dennis Kozlowski, çağımızın düzenbaz CEO'larından biri olarak her geçen gün biraz daha öne çıkıyor. Banyosundaki 6 bin dolarlık duş perdesi ile Mikelanj'ın Davut heykelinin bir adam boyu büyüklüğünde buzdan yapılmış ve votka fışkırtan kopyası öyle pek kolay unutulacağa benzemiyor. Kozlowski'nin aşırılıkları iş yerinde de bir efsane. En hızlı zamanlarında, yılda 200 şirket yutarak -neredeyse her iş günü bir tane- tarihteki en yaratıcı şirket alıcısı.[48]

"Makalede," dedi Charles. "Votkanın sanki işiyormuş gibi Davut'un penisinden fışkırdığını belirtmeyi ihmal etmişler. Ya da bu olayın, o zamanlar artık karısı olan Karen Lee'nin Sardunya Adası'ndaki doğum günü partisinde gerçekleştiğini."

Arkasına yaslandı ve başını üzüntüyle sallayarak Atlantik Okyanusu'nu seyretmeye başladı. "Şimdi sana soruyorum: Nasıl bir adam karısının doğum günü partisi için votka işeyen bir heykel, üstelik sanat dünyasının en önemli simgelerinden birini ısmarlar? Hem de kocaman bir penisle?"

Sonra bana baktı. "19. yüzyılın Altın Çağı'nın 'hırsız' baronlarını çok masumlarmış gibi gösteriyor, değil mi? Ve Kozlowski bunlardan sadece biri. Meydanda en azından bunun kadar, hatta çok daha kötü bir sürü CEO var."

Kozlowski sonraları iki farklı suçlamadan hüküm giydi ve hapse mahkûm oldu. Ama onun gibi açgözlü daha birçok CEO, çalışanlarının, müşterilerinin ve halkın, yani sizin ve benim sırtımızdan kazandıkları paralarla aldıkları multi-milyon dolarlık malikânelerinde kurulmuş, özgürce yaşamaya ve dolaşmaya devam ediyorlar.

Charles haklıydı. Günümüz büyük işadamlarının açgözlülükleri ve istismarları, bunların 19. yüzyıldaki atalarına rahmet okutuyordu.

Kozlowski'nin aşırılıkları, Jay Cooke, Daniel Drew, James Fisk, Henry Clay Frick ve J.P. Morgan gibi sanayi ve finans liderlerinin hüküm sürdüğü Altın Çağ ile günümüz arasındaki benzerliklerin bir simgesi. Tıpkı onlar gibi, bugünün CEO'larının da gerek yerel, gerekse ulusal yönetimlerde büyük güçleri var ve –genellikle yönettikleri şirketlerce karşılanan– abartılı yaşamlar sürüyorlar.

İddialara göre, Kozlowski'nin New York'taki 30 milyon dolarlık dairesini, 6 bin dolarlık duş perdelerini ve 2 milyon dolara malolan doğum günü partisinin yarısını Tyco ödemişti. Günümüzün 'hırsız baronları' –ve böyle bir şeyi önlemekle yükümlü devlet kuruluşları– tarafından ne ölçüde kandırıldığımızın farkına varmak dehşet verici. Amerikalılar olarak bu kadar gafil avlandığımızı ve aslında ekonomik ve politik sistemimize yapılan bu acımasız saldırıları dolaylı olarak bizim davet ettiğimizi kabul etmemiz çok zor.

Çıkarcı CEO'ları baş tacı ettik; aşırı servetlerini, sayısız villa ve köşklerini, mega yatlarını ve lüks özel jetlerini yere göğe sığdıramadık. Kapitalizmi yaratıcı potansiyelinden uzaklaştıran hastalıklı eylemleri için onları mahkûm etmek yerine, birer kahraman ilan ettik. Onlarca yıl boyunca bu insanların (neredeyse tümü erkek) son derece savurgan, çok açık bir şekilde düşüncesiz ve ancak şimdi görebildiğimiz gibi sonunda kendi kendini yok etmeye mahkûm bir sistem yaratmalarına izin verdik.

Belki de diğer tüm etkenlerden fazla olarak, günümüzün büyük işadamları, kapitalizmin bizim bilmeden benimsediğimiz ve esiri olduğumuz o sapkın türünün –çoğunluğun azınlık tarafından sömürülmesi– doğasının birer örneği. Çalışanlarını ve tüketiciyi (yani bizi) aynı derecede sömüren, Kongre'yi açık bir şekilde yönlendirip, sonra da bununla övünecek kadar küstahlaşabilen şirket yöneticilerini alkışlıyoruz.

Ekonomiyle ilgili böylesine çarpık bir bakışımız olduğu için, sırf sözde Sermaye Piyasası Kurumu tarafından denetlenen kamuya açık bir şirket görünümü altında çalışıyorlar diye, Fortune 500 şirketlerinin CEO'larının Altın Çağı iş adamları kadar zengin olmalarını 'doğal' karşılıyoruz. Yatırım bankalarının kârlarının kabaca yarısının çalışanlara ya da hisse sahiplerine değil de büyük ortaklara dağıtıldığını öğrendiğimizde itiraz etmiyoruz. Aralarında Bernard Madoff, R. Allen Stanford ve Wall Street'de ya da Enron gibi şirketlerdeki diğer yüzlerce yönetici gibi çoğunun birer

89

dolandırıcı ve şarlatan olduğunu ve tüm sistemin hileli ve çürümüş olduğunu öğrendikten sonra bile, bu 'milyarderleri' onurlandırmaya devam ediyoruz.

Hayır işlerine ve sanata para harcıyorlar diye modern 'hırsız' baronların ahlaksız davranışlarını genellikle mazur görüyoruz. Ki bu noktada bile aslında onlar yüz yıldan fazla geriye giden bir örgüye öykünüyorlar.

Jay Cooke'nin 1873 yılında Kanada Başbakanı Sir John A. Macdonald'ın düşmesine yol açan finansal skandallarla yakından ilgisi vardı. Ama aynı zamanda her yıl gelirinin %10'unu kiliseye bağışlayan ve (Anglikanlar için) Episkopal kiliseler inşa edilmesine yardımcı olan inançlı bir Hıristiyandı da.

Hisse senedi fiyatları ile oynayarak bir servet yapan, hatta 'sulandırılmış hisse' deyiminin de isim babası olan Daniel Drew de aynı zamanda kiliselere yardım eden ve bugün Drew Üniversitesi'nin bir parçası olan Drew İlahiyat Fakültesi'ni kuran dindar bir Metodistti.

Ahlaksız yaşam tarzı ve acımasız iş yapma anlayışından dolayı yerilen Henry Clay Frick, *Portfolio* dergisi (artık yayınlanmıyor) tarafından 'Tüm Zamanların En Kötü Amerikan CEO'larından biri' olarak nitelendirilmişti. Ama buna rağmen, sahip olduğu ve ABD'deki en iyi koleksiyonlardan biri olarak kabul edilen Frick Avrupa Sanat Eserleri Koleksiyonu'ndan dolayı saygı görmeye devam ediyor.

J.P. Morgan, zamanında kurumsal finans ve endüstriyel konsolidasyon alanlarında egemen olmuş, 1892 yılında General Electric firmasını oluşturan şirketlerin birleşmesine ve 1901 yılında da United States Steel şirketinin başka bir birleşmeyle dev bir tekel halini almasına aracılık etmişti. Yine de, 1895 yılındaki ekonomik bunalım sırasında zorda kalan ABD hazinesini finanse etmek için para bulmakta yardımcı olduğu gibi, 1907 Paniği sırasında da ekonominin yardımına koştu. Yaptığı iyi işler arasında, sonradan başkanı olduğu New York'taki Metropolitan Sanat Müzesi'ni ve Hartford Connecticut'daki bir kamu müzesi olan Wadsworth Kütüphanesi'ni kurmak da vardı. Ama bu, New York, New Haven ve Hartford Demiryolları Şirketini finansal açıdan zor duruma sokmasını ve tüm ABD ekonomisini üretimden uzaklaştırıp, çok tehlikeli bir şekilde finans-ağırlıklı bir yola yönlendirmesini haklı gösterir mi?

J.P. Morgan, günümüzün çoğu milyarderinin de yakından takip ettiği bir yol çizdi; şirket birleşmeleri, satın almalar ve konsolidasyonlar, onları yapanları zengin eden ama rakiplerini, çalışanları ve yerel ekonomileri mahveden anlaşmalar. Kaynakların ve pazarların kontrolünün sayılı birkaç bireyin eline geçmesine yol açan bu anlaşmalar sayesinde, bu holdinglerin en tepesindeki CEO'lar hem hükümet yetkilileri ve basın, hem de satın alma eğilimleri üzerinde çok etkili olabilecek bir konuma geldiler.

Bu tür anlaşmalar kâğıt üzerinde –toplantı odalarında, avukatlık bürolarında ve yatırım bankalarında– yapıldığından, ortaya nadiren elle tutulur bir ürün ya da servis çıkar. Ve hepimizin bildiği gibi, kâğıt üzerindeki işlemlerin ABD ekonomisindeki rolü son yıllarda giderek artmaya başladı. Bu da ekonomimizi çökerten yağmacı kapitalizmin önemli bir unsurudur.

Stephen Allen Schwarzman, Morgan'ın izinde gidenlerden biri ve birçok açıdan bu yeni 'hırsız' baron dalgasının da somut bir örneği. İkinci Dünya Savaşı'ndan hemen sonra doğan Schwarzman, George W. Bush'dan bir yıl sonra Yale Üniversitesi'nden mezun oldu (her ikisi de Kurukafa ve Kemik cemiyetinin üyesiydi.) Daha sonra Harvard İşletme Fakültesi'ne gitti, 31 yaşında Lehman Brothers'ın genel müdürlüğüne kadar yükseldi ve sonunda şirket alımları ve şirket birleşmeleri üzerine odaklanan özel bir sermaye şirketi olan Blackstone Group'u kurdu, bu grubun yönetim kurulu başkanlığını yaptı.

Yıllık geliri yaklaşık 400 milyon dolar olan Schwarzman'ın 2008 yılındaki net değeri 7 milyar doların üzerindeydi. Schwarzman savurgan yaşam tarzını gizlemek için hiçbir çabada da bulunmadı. 60'ıncı doğum gününü Şubat 2007'de, tipik bir gösteriş çabasıyla New York'ta Park Avenue Armory'de kutladı. Davetliler arasında eski Dışişleri Bakanı Colin Powell, New York Belediye Başkanı Michael Bloomberg, Kardinal Edward M. Egan, Sony Yönetim Kurulu Başkanı ve CEO'su Sir Howard Stringer, *New Yorker* eski editörü Tina Brown, New York'un eski valisi George E. Pataki, New York borsasını işleten NYSE grubunun CEO'su John Thain, Donald ve Melania Trump ve *ABC* haber sunucusu Barbara Walters de vardı. Gece Rod Stewart ve Patti LaBelle'nin canlı performansları ile sona erdi.

New York Times geceyi şöyle özetlemişti:

> Kutlamalar sanki aktif bir Cumhuriyetçi taraftarı ve sponsoru olan, etkisi finans dünyasından siyaset ve sanat dünyalarının derinliklerine kadar uzanan Washington'daki Kennedy Merkezi'nin başkanı milyarder Schwarzman'ın taç giyme töreni gibiydi.[49]

Schwarzman, Kennedy Merkezi'ndeki rolüne ek olarak Yale İşletme Fakültesi'nde misafir profesör olarak da görev yaptı. 11 Mart 2008 tarihinde, kendisinin de yönetim kurulunda olduğu New York Halk Kütüphanesi'nin genişletilmesine katkıda bulunmak için 100 milyon dolar tutarında bir bağış yapacağını duyurdu.[50]

Hayırseverliğin işlevi çok çarpıcıdır. Kâr amacı gütmeyen birçok kuruluşun kurucusu ve yönetim kurulu üyesi olarak, ben de servetlerini, destekledikleri kuruluşların felsefelerine ters düşen eylemlerden kazanmış kişilerden gelen bağışları kabul etmenin etik bir davranış olup olmayacağı ile ilgili sorularla boğuşmak zorunda kalmış biriyim. Hayırseverlerin gerçek amaçlarını anlayabilmek tabii ki olası değildir; kendi suçluluk duygularını bastırmaktan, halkı ne kadar sevecen olduklarına inandırmaktan, gerçekten de bir iyilik yapma isteğine kadar her şey olabilir. Üstelik, sadece ekonomik bir bakış açısından, hayırseverlik verimli değildir. Milyarlarca dolar kazanıp, bu arada başkalarının işlerini yitirmelerine yol açan, küçük girişimcileri iflasa sürükleyen ya da çevreye zarar veren ve sonra da servetinin küçük bir kısmını bu sorunları giderme çabalarına ya da sanata bağışlayan biri, daha az kâr edip, daha fazla insana iş olanağı yaratarak, küçük girişimcilere destek olup, yöneticilerinin çevreye daha duyarlı olmalarında ısrarcı davranmış olsaydı, dünyaya çok daha fazla hizmet etmiş olurdu.

Çok tipik bir örnek de Bill Gates'tir. Microsoft'un kurucusu (Paul Allen ile birlikte) ve CEO'su olan Gates, ortaya toplumsal yaşamda devrim yaratan gerçek bir mal sunmuş olmakla övünebilir, her ne kadar sayısız rakibini ve genç şirketi iflasa sürüklemiş ve yazılım pazarında neredeyse bir tekel yaratmış olsa da. Ve bu sırada da büyük bir servetin sahibi oldu. 1995 yılından itibaren 10 yıldan fazla bir süre *Forbes* dergisinin 'Dünyanın En Zengin İnsanları' listesinde bir numarada kaldı. 1999 yılında 100 milyar doların üzerindeki net değeri, medyanın onu 'yüzmilyarder' diye adlandırmasına neden oldu. Şirketinin konumu artık iyice sağlamlaştıktan sonra eşi ile birlikte dünyanın şeffaflıkla işletilen en büyük hayırsever vakfı olan Bill ve Melinda Gates Vakfı'nı kurdu. Bu hayırsever vakıf, hükümetler ve sivil toplum kuruluşları tarafından genelde gözardı edilen küresel sorunlara odaklanarak, hayati bir işlevi yerine getiriyor gibi görünüyor.

Bir hayırsever olarak Bill Gates, dürüstlüğü tartışılmaz bir kişi gibi duruyor. Ailesi, 2008 yılına gelindiğinde hayır kuruluşlarına neredeyse 30 milyar dolar tutarında bağışta bulunmuştu. *Time* dergisi onu 20. yüzyılı en çok etkileyen 100 kişiden biri olarak belirledi; karısı Melinda ve rock grubu U2'nun solisti Bono ile birlikte 2005 için 'Yılın Kişileri' seçti. *Chief Executive Officers* dergisi tarafından yılın CEO'su seçildi ve 2006 yılının 'Günümüzün Kahramanları' listesinde 8'inci sırada yer aldı.

Ancak, Bill ve Melinda Gates Vakfı, yoksullukla mücadele etmeyi amaçladığı Üçüncü Dünya ülkelerindeki yoksulluğa katkıda bulunmakla suçlanan şirketlere yatırım yaptığı için ağır eleştiriler aldı. Bu şirketler arasında, gelişmekte olan ülkelere uygun fiyatlarda ilaç satmayı reddeden şirketler ile çevre kirliliğine ciddi şekilde katkıda bulunan birçok şirket vardı. Vakfın, halkın bu yatırımlara gösterdiği tepkilere cevabı, sadece 2007 yılında politikalarını gözden geçireceğini açıklaması oldu. Sonra da sessiz sedasız, şirketlerin eylemlerine göre değil, kâr maksimizasyonuna göre portföy oluşturulduğu yolunda bir açıklama yapıldı.

Genç bir kurucu ve CEO olarak, rakiplerini acımasızca safdışı bırakmak konusunda Gates'in bir şöhreti vardı. O ve Microsoft birçok ülkede en hafif söylemle 'etik açıdan tartışmaya açık', en ağır söylemle de 'yasadışı olarak nitelendirilebilecek iş yapma yöntemleri' nedeniyle suçlandılar. Brezilya hükümeti gibi başka hükümetler de, şirketin acımasız yöntemlerinden dolayı Microsoft'a ürünlerini boykot etme tehdidinde bulundular. Kuruluşundan bu yana Microsoft'a yüzlerce grup ve başkaları dava açtı. Gerek ABD'de, gerekse Avrupa Birliği'nde Microsoft aleyhinde tekelleşme, rekabeti engelleme ve ABD Sherman Antitröst Yasası'na aykırı davrandığı suçlamasıyla açılan birçok antitröst davası başarıyla sonuçlandı. AB'nin Microsoft'a verdiği 613 milyon dolarlık ceza, Birlik tarihinde bu konuda kesilen en büyük ceza oldu.

ABD'de dolaşırken, öğrencilerin Bill Gates'i bir kapitalizm modeli olarak gösterdiklerine çok sık şahit oldum. "Zengin olurum. Sonra da paramın bir kısmını iyi işler için kullanırım," diyorlar. Onlara yanıtım: "Bunun yerine neden günlük operasyonlarında sosyal ve çevresel şartları iyileştirmeyi gözeten bir şirket kurmuyorsunuz? Bu hem çok daha verimli, hem de sonuçta daha tatmin edici."

Demiryolları, çelik ve elektrikli ev aletlerinin gelişmesine öncülük yapan 'hırsız' baronlar gibi, Bill Gates de teknolojiye çarpıcı katkılarda bulundu. Ama onlar gibi o da zengin ile yoksul arasındaki farkın büyümesinde önemli bir rol oynadı. Yüz yıl öncesine göre dünyanın –biraz da onun ürünlerinden dolayı– çok daha bütünleştiği günümüzde, onun gibi insanların eylemleri eskiye göre çok daha ciddi sonuçlar doğuruyor.

Lawrence Ellison da yeni teknolojinin bir diğer prensi. Sahibi olduğu Oracle şirketi dünyanın en büyük iş yazılımı şirketi.

Tutkulu bir denizci olan Ellison, servetini göstermekten de çekinmiyor. Teknoloji harikası yarış tekneleri, Amerika Kupası da dahil birçok önemli yarışa katıldı; müzik ve film prodüktörü David Geffen ile birlikte dünyanın en büyük ve en lüks özel teknelerinden birinin de sahibi. Nadir bulunan arabalar, uçaklar ve taşınmaz kolleksiyoncusu. Bir hayır vakfına 100 milyon dolar bağışladığında medyadan çok olumlu tepkiler aldı; sonra da vakfın zaten ona ait olduğu ve bu bağışın da içeriden bilgi sızdırma sonucu borsada yapılan bir Oracle hisse senedi işlemiyle ilgili bir davayı, mahkeme dışında çözmek üzere yapılan anlaşmanın bir parçası olduğu ortaya çıktı. Ayrıca Harvard Üniversitesi'ne 115 milyon dolar bağışlamaya söz verip, sözünden dönmekle de suçlandı.[51]

Ellison'ın iş yapma yöntemleri neredeyse en başından beri eleştirilere hedef olmuştu. Oracle, en sonunda satışlarını ve gelirini fazlasıyla abartan bir pazarlama ve muhasebe stratejisi geliştirdiğini itiraf etti. Şirket, iflastan kurtulmak için çalışanlarının yaklaşık %10'unu işten çıkarttı ve kızgın hissedarların açtığı grup davaları için mahkeme dışında uzlaşma yoluna gitti.

Gates ve Ellison çok bilinen iki isimdir. Ama belki de şirket yöneticileri ile MBA öğrencileri arasında hiç kimse General Electric şirketinin eski CEO'su, yönetim kurulu başkanı ve günümüzün aydın işadamları dünyasında en sık 'parlayan bir yıldız' olarak anılan Jack Welch kadar ünlü değildir. 2001 yılında emekliye ayrılmasına rağmen, benim de konuşmacı olarak katıldığım konferanslarda bir yönetim lideri olarak onun adını diğer herkesinkinden fazla duydum. Bu beni hep ürpertmiştir. Bana göre Welch yağmacı kapitalist modern bir CEO'nun çok tipik bir örneği.

1970'lerin ortalarında, Welch GE'de başkan yardımcısıyken, fabrikaların Hudson Nehri'ne boşalttığı son derece zehirli PCB'leri* temizlemesi için şirketi zorlayan New York eyaleti ve çevre kuruluşlarıyla kıyasıya bir mücadeleye girişti. Sonunda, PCB kirliliği için GE'nin sorumluluğunu sadece 3 milyon dolar ile sınırlayan

---
* PCB: poliklorine bifenil

bir anlaşma yapmayı başardı. Kazandığı bu zafer, onun şirketin en tepesine çıkmasında büyük rol oynadı. 1979'da başkan yardımcısı ve 1981'de en genç CEO oldu. Çevreci yasalara şirketlerin çok güçlü tepki gösterdikleri bir devirde, ödün vermez bir müzakereci olarak kazandığı ün, onu bir anda ülke çapında tanınan biri yaptı. Ama bu arada, GE çalışanları ile ailelerinin bu zehirli sulardan en çok etkilenenler arasında olduğu gerçeği hiç gündeme gelmedi.[52]

Fabrika binalarına dokunmazken, çalışanlarını acımasızca tasfiye ettiği için, GE çalışanları 1980'lerde Welch'e, nötron bombasına atfen, 'Nötron Jack' lakabını takmışlardı. *Jack: İçimden Geldiği Gibi (Jack: Straight from the Gut)* adlı kitabında, 1980 yılının sonunda GE'nin 410 bin çalışanı varken, bu sayıyı 1985 yılının sonunda 299 bine indirdiğini gururla söylüyordu. Her ne kadar şirketi daha verimli bir hâle getirdiği kabul edilse de, gerçek şu ki kendisinin ikramiyeleri ve net değeri hızla yükselirken, çalışanlarının dörtte birinden fazlasını işinden etti.

Welch, 1990'lı yıllarda şirketin stratejisini üretimden finansal hizmetlere odaklandırdı. GE'yi 'modernize' etti. Bu strateji, ABD ekonomisinin sağlıksız bir şekilde, üretimden kâğıt ekonomisine kaymasının ardındaki en önemli etmenlerden biri oldu. Toplantılara ve MBA konferanslarına katılanlara şöyle diyorum: "Eğer Jack Welch'i onurlandırmak istiyorsanız, şu anki çevresel ve ekonomik krizin baş mimarlarından biri olarak onurlandırın."

(Kaderin bir cilvesi olarak, Welch'in 1970'lerin ortalarındaki PCB zaferleri sonradan onun ayağına dolandı. ABD Çevre Koruma Kurumu, 16 yıllık bir araştırmanın sonunda, 2000 yılında Hudson Nehri'nin temizlenmesi için GE'nin eline 460 milyon dolara mal olacak bir plan tutuşturdu.[53] Welch ertesi yıl GE'den emekliye ayrıldı.)

Amerika'nın son yıllardaki en ünlü yöneticileri arasında, sırada, perakende sektöründe yarattığı devrimle tanınan Wal-Mart'ın kurucusu Sam Walton var.

Bugün dünyada tüketiciye Wal-Mart'ın sattığından daha çok satış yapan bir şirket yok ve halen dünyada en fazla satış noktası bulunan şirket konumunda. ABD'deki hiçbir şirket bu kadar çalışana sahip değil. Ve başka hiçbir şirket de tüketici hakkı savunucuları, çevreci sivil toplum örgütleri, toplum sözcüleri, kadın hakları grupları ve işçi sendikaları tarafından bu kadar eleştirilmiyor. Şikâyetler arasında, şirketin zayıf sağlık sigortası politikaları, yabancı işçi pazarlarına fason iş yaptırma, sendikalara karşı çıkma, cinsel ayrımcılık, çalışanların ulusal seçimlerde yönetimce belli bir partiye oy verme yönünde zorlanmaları ve Wal-Mart'ı bölgelerinden uzak tutmak için kampanyalara katılan veya rakip olarak görünen iş yerlerini kapatmak için kullanılan stratejiler yer alıyor.

Sam Walton 1985-1988 yılları arasında ABD'nin en zengin insanıydı. 1992 yılında öldüğü zaman, arkasında John D. Rockefeller ve Avrupa ile Asya'nın asil aileleri gibi hanedanları anımsatan bir hanedan bıraktı. Kızı Alice, oğulları Jim ve S. Robson ile gelini Christy (oğlu John'un dul karısı), her biri ayrı ayrı, sürekli olarak dünyanın en zengin 20 kişisi arasında yer alıyorlar. Ama birleşik servetleri onları kesinlikle listenin en üstüne oturtuyor.

Michael Bloomberg şirketokrasinin şu andaki simgesi olabilir. Harvard'dan MBA derecesini aldıktan sonra, bir borsa simsarı olarak Salomon Brothers'a katıldı ve daha sonra şirketin genel ortağı oldu. Şirketten ayrıldığında aldığı 10 milyon dolar tazminatla bir finansal bilgi şirketi kurdu. Bu şirket daha sonra haber servisleri, kablolu bir televizyon ağı, bir radyo ve bir dergiyi de içerecek şekilde genişleyen Bloomberg LP'dir.

Michael Bloomberg 2001 ve 2005 yıllarında New York'a belediye başkanı seçildi. 15 milyar doların üzerinde olduğu tahmin edilen net varlığıyla ABD'nin en zengin 10 kişisi arasında yer alıyor. Söylenenlere bakılırsa hayır kurumlarına ve sanata 800 milyon dolar civarında bağışta bulunmuş. Belediye başkanı olarak maaş almayı reddediyor ve belediye başkanının resmî konutu olan Gracie Mansion'da oturmak yerine, Upper East Side mahallesindeki kendi evinde yaşamaya devam ediyor. Ayrıca İngiltere'de ve bir vergi cenneti olan Bermuda'da da evleri var. Siyasi çevrelerde adı sık sık olası bir başkan adayı olarak geçiyor.

Ama Michael Bloomberg'in karanlık yanları da var. Bunlar arasında şirketi aleyhine Eşit İstihdam Fırsatı Komisyonu tarafından kadınlara tacizden dolayı açılan bir grup davası, sendika karşıtı olduğu iddiası ile çalışanlar tarafından yapılan suçlamalar ve seçim kampanyalarını kendi cebinden yaklaşık 150 milyon dolarla finanse ettiği ve böylece rakiplerine karşı büyük bir avantaj sağladığı gerçeği de var. Bloomberg, iş dünyası, bankacılar ve hükümet arasında sürekli gidip gelen ve bu arada genel ekonomiye etkisini dikkate almadan hep kendi çıkarını gözeten, Hazine'nin eski müsteşarları Robert Rubin ve Hank Paulson gibi güçlü insanların, 'döner kapı' yöneticilerinin tipik bir örneği.

Yağmacı kapitalistlerin listesi oldukça kabarık. Kaydadeğer diğer şirketokrasi milyarderleri arasında, Cisco Systems'ın Yönetim Kurulu Başkanı ve CEO'su John T. Chambers; Sun Microsystems Yönetim Kurulu Başkanı Scott McNealy; büyük gaz ve petrol tesislerinin sahibi ve ABD'de en yüksek gelirli özel şirket konumundaki Koch Industries'in yönetim kurulu başkanı ve CEO'su Charles Koch; Charles'ın ağabeyi ve şirketin eş-sahibi David Koch; Dell'in kurucusu ve CEO'su Michael Dell ve zor durumdaki şirketleri satın alıp sonra da bunları çok büyük kârlarla satan Ronald Perelman bulunuyor. (Perelman'ın en bilinen işlerinden biri de Michael Milken'in artık feshedilmiş Drexel Burnham Lambert şirketine ait 700 milyon dolar değerinde çürük hisse senedi ile Revlon şirketini satın almış olmasıdır.)

2008 yılında ABD'de toplam 355 dolar milyarderi vardı (dünyadaki milyarderlerin %45'i) ve toplam varlıkları 1 trilyon doların üzerindeydi.[54]

Çoğu hakkında şunu açıkça söyleyebiliriz: Amaçları arasında, servetlerini kazanmalarına olanak sağlayan işçilere ve tüketicilere yardım etmeye niyetli birer sorumlu vatandaş olmak yoktur.

Şirketokrasinin bu üyeleri, her ne kadar hayır kurumlarına yaptıkları bağışları halkın gözüne soksalar da, diğer yandan sessizce işçi-dostu, tüketici-dostu ve çevre-dostu düzenlemelerle ve onları paylarına düşen vergileri ödemeye zorlayacak yasal düzenlemelerle mücadele etmek için avukatlara ve lobicilere bir servet harcamaktan da çekinmezler.

Parası ve gücü olanlar sistemi kandırmak için büyük çaba gösterir. ABD Sayıştayı'na göre, sahip oldukları ya da yönettikleri şirketlerin neredeyse üçte ikisi toplam 2.5 trilyon dolarlık gelir elde ediyor olmasına rağmen, bu adamlar hiçbir gelir vergisi ödemiyor.[55] Şirketokrasinin lobi çabaları, kendi üyeleri için son derece başarılı ama ekonominin geneli için yıkıcı olmuştur; şirketler tarafından ödenen federal vergiler toplam vergilerin 1943 yılında %40'ı iken, 2003 yılında %7'sine düşmüştür.[56]

ABD yelpazesinin diğer ucunda ise yoksullar var. Resmî nüfus sayımı rakamları, ABD'de neredeyse 40 milyon insanın yoksulluk sınırının altında yaşadığını ortaya koyuyor.[57] 2007 yılı itibariyle, neredeyse 46 milyon Amerikalı sağlık sigortasından yoksun. Bu rakam 2008 ve 2009 yıllarında ekonomik gerileme yüzünden şüphesiz arttı.[58]

Aşırı zengin ve aşırı yoksul arasındaki uçurum, Amerikalılar'ın çoğunun hakkında pek konuşmak istemedikleri bir konu olsa da, ekonomimizin şu andaki batak durumunun en açık ve çok gerçek nedenlerinden biridir.

Edebiyatımızda ve filmlerimizde sık sık 'muz cumhuriyetleri' ile alay ederiz ama acı gerçek şu ki, belki de biz dünyanın ilk **muz-üretmeyen muz cumhuriyetiyiz.**

Ekonomimizin durumunu incelediğimizde (insanların gereksinim duydukları gerçek mal ve hizmetleri üreten şirketlerin azlığı, zengin ile fakir arasındaki büyük uçurum, mevcut ulusal borç ve büyük çoğunluğun çok küçük bir azınlık tarafından sömürülmesi) Üçüncü Dünya ülkelerindekine çok benzer bir tablo ile karşılaşıyoruz. Genel anlamda standartlarımız daha yüksek olabilir ama göreceli olarak benzerlikler şaşırtıcı. Ve her yıl, işler daha da kötüye gidiyor.

ABD'deki servet dağılımına bakarsak, ekonomik açıdan en tepedeki %10, hisse senetlerinin, tahvillerin, vakıf fonlarının ve şirketlerin neredeyse %90'ına ve konut-dışı taşınmazın da %75'ten fazlasına sahip.

Santa Cruz'daki Kaliforniya Üniversitesi'nde sosyoloji profesörü olan G. William Domhoff'a göre, 'Gelir getiren kaynakların kontrolü açısından gerçekte önemli olan finansal servet olduğuna göre, işte sadece bu %10 Amerika Birleşik Devletleri'nin sahibi diyebiliriz.'[59]

Çok az sayıda insanın geri kalan herkes üzerinde orantısız bir etkiye sahip olduğunu düşünmek çok rahatsız edici. Bu, çoğumuzun, kendimizle ya da ABD'deki sistem hakkındaki düşüncelerimizle uyuşmuyor. Yukarıdaki kısa biyografilerin de gösterdiği gibi, bu bir avuç insan teknolojiyi, hayati enerji kaynaklarını, medyayı, bankaları ve hükümeti kontrol ediyor. Üstelik bu insanlar sistemi o kadar kötü idare ettiler ki, şu anda hepimiz korkunç bir ekonomik durgunlukla karşı karşıyayız.

Aslında daha az avukat tutup, onun yerine gerek istihdamın artmasını sağlayacak projeler, gerekse vergi-indirimli devlet projeleri yoluyla yoksulları maddi açıdan daha fazla gözetmiş olsalardı, bu onlar için de daha iyi olacaktı. Çünkü bu parayı kazananlar daha sonra tüketici olabilirlerdi. Ama görünen o ki yağmacı kapitalistler, bu en temel ekonomik ilkeyi bile anlayabilmekten acizler.

Ve biz geri kalanlar, onların bu haline razı olduk.

Jetleri, yatları ve gösterişli evleri ile onları idolleştirdik.

Hayırseverliklerini ve göstermelik sözlerini ciddiye aldık.

Kaynaklarımızı onlara devrettik, onları ve danışmanlarını devlet görevlerine getirdik.

İnsan, İngiliz aristokrasisine karşı kurtuluş savaşı veren bir ulus, nasıl olup da bu kadar dibe vurmaya izin verir, diye düşünmekten kendini alamıyor.

Çok gerçek bir bağlamda, 'hırsız baronlar'ın bu modern Altın Çağı, enerji sektöründeki deregülasyonla başladı; yaklaşık olarak, benim Ekonomik Tetikçi saflarından ayrılıp o sektöre girmeye karar vermemle aynı tarihlerde.

8. Bölüm

KURALSIZLAŞTIRMA

"Bunları yakmak için sana bir volkan inşa etmem gerekir," dedi kömürle çalışan elektrik santrallerinde uzman olan bir mühendis bana. 1984 yılında, Pennsylvania'da, Scranton'ın hemen dışında, eski bir kömür madeninin dışında durmuş, dağ gibi bir kömür atığı yığınına bakıyorduk. Yıllar önce yanmaz atık olarak bırakılmış bir yığın; kömür çıkartma sürecinin son aşaması.

"O zaman sen de bana bir volkan yap."

Independent Power Systems (IPS) şirketinin CEO'suydum. Bu, enerji sektöründeki deregülasyona karşılık bir mühendis ve başlangıç parası olarak 1 milyon dolar koyan bir müteahhit ile benim kurduğum bir şirketti.

Deregülasyon yolundaki ilk adım –ironik bir biçimde– yeni bir düzenleme formatında oldu. Kamu Hizmetlerini Düzenleme Politikaları Yasası (KHDY), adına rağmen düzenleyici olmaktan uzaktı. Bu yasa, 1978 yılında, Kongre tarafından, sanayileşmiş toplumları altüst eden enerji krizi yüzünden çıkartılmıştı. Amaç, elektrik şirketlerinin durumunu, ithal petrole olan bağımlılıklarını azaltacak, sektörde çeşitlilik yaratacak, verimi artıracak, alternatif ve yenilenebilir enerji kaynaklarını geliştirmeyi destekleyecek şekilde değiştirmekti.

KHDY, enerji üreticisi konumundaki şirketleri, kendi normal kaynaklarını kullanarak (genelde kömür ya da petrol) enerji üreten bağımsız kuruluşlardan tarife dışı fiyat üzerinden enerji almaya zorlayarak, kamu-dışı enerji üreticileri için bir pazar oluşmasına yol açtı.

Birçok kamu üreticisinin KHDY'ye itiraz etmesine karşın, Yüksek Mahkeme yasayı onayladı. Bu kararlar, IPS gibi şirketlerin önünü açtı.

Amacımız, yatırımcılarımıza mantıklı bir kâr sağlayacak çevre dostu santraller geliştirmekti. IPS, her ne kadar 1980 seçimlerinden hemen sonra kurulmuş olsa da, Yüksek Mahkeme'nin 1982'deki olumlu kararına kadar işe başlamadık.

Mühendis başını kaşıdı. "Şaka yapıyorsun."

"Hiç de değil." Yerden bir parça atık aldım. Yasal açıdan 'atık' olarak sınıflandırılan bu madde, toprağa ve suya tehlikeli zehirli maddeler sızdıran benzer yığınlar gibi terk edilmişti.

Adama döndüm. "Bana, asit yağmuruna yol açmayacak bir volkan yap."

Deli olduğumu düşünür gibi, yavaşça başını salladı. Yine de, o ve bir mühendis ekibi, bunu aynen gerçekleştirdi. İrlanda'da inek dışkısını yakmak için kullanılan akışkan-yatak teknolojisini kullanarak, en azından kâğıt üzerinde kömür atığını elektriğe dönüştürecek bir buhar kazanı tasarladılar. Ama bu aşamada, her şey sadece kuramsaldı.

CEO –ve eski bir ekonomik tetikçi– olarak görevim, işin finansman yönünü ayarlamaktı. Bu ciddi olarak zor bir işti; hele, bunun henüz kendini kanıtlamamış bir teknoloji olduğunu göz önüne alırsak. Wall Street'te büyük kurumsal yatırımcıları bize yatırımlarını emanet etmeleri konusunda ikna etmeye çalışarak uykusuz geceler ve sonu gelmeyen haftalar geçirdim.

Bizim çalıştığımız eyaletlerde kayıtlı olan KHDY-destekli 84 bağımsız enerji şirketinden 7'si dışında tümü iflas etti. Ama 10 yılın sonunda dünyadaki ilk kömürle –hem de atık kömürle– çalışan ve asit yağmuruna neden olmayan santrali yapmış ve işletmeye geçirmiştik. Ek olarak, fazla ısıyı soğutma göletlerine ya da kulelerine göndermek yerine, Pennsylvania'daki yıl boyunca çiçek veren hidrofonik seralara pompaladık. Yanmış kömür atığından çıkan kül ile eski açık madenleri doldurduk ve araziyi yeniden canlandırmak için ağaç diktik.

Ayakta kalan diğer 6 şirket büyük mühendislik holdinglerine satıldı. IPS tek istisnaydı. Sıkı çalışmamın ve yönetim becerilerimin bunda bir katkısı olduğunu düşünmek istiyorum ama yine de, eski bir ekonomik tetikçiye borçlu olan önemli mevkilerdeki bazı kişilerin de başarımızda payı bulunduğunu itiraf etmek zorundayım.[60]

O günlerde, asit yağmuru kömür kullanımından kaynaklanan en büyük çevresel sakınca olarak kabul ediliyordu; karbondioksit birikiminin sakıncaları henüz konuşulmaya başlanmamıştı. Geri dönüp bakınca, bu, insanı büyük bir hayrete düşürüyor. Ama şimdi fark ediyorum ki, petrol şirketleri o zamanlar sera etkisi yaratan gazlar hakkındaki bilgileri gizli tutmaya kararlıymış.

IPS'in asit yağmurunu azaltmaktaki başarısı, çevreciler tarafından büyük bir atılım olarak alkışlandı. Endüstri için yeni bir standart oluşturduk. Temsilciler Meclisi tarafından takdir edildik ve *Meclis Tutanakları*'nda Amerikan yaratıcılığının ve girişimciliğinin bir örneği olarak yer aldık.[61]

Tüm bu deneyim bana deregülasyon hakkında müthiş şeyler öğretti. Her ne kadar Boston Üniversitesi'ndeki hocalarım Franklin D. Roosevelt'in düzenleyici politikalarından övgüyle söz etmiş olsalar da, bir ekonomik tetikçi olarak kısıtlamaların azaltılmasını savunan insanlarla çevriliydim. IPS'deki erken başarım, beni hocalarımın yanıldıkları konusunda ikna etmişti. Bana öyle geliyordu ki, deregülasyon yaratıcılığın önünü açıyor ve küçük girişimcinin büyüklerle rekabet edebilmesine olanak sağlıyordu.

Beni bekleyen bir sürpriz vardı.

Kömür atığı yakma tesisimiz Ashland petrol şirketinin bir yan kuruluşu tarafından anahtar-teslimi bir proje olarak yapılmıştı. Yani, anlaşma tesisin sabit bir fiyata, belirlenen süre içinde ve çok kesin performans standartlarına göre yapılmasını şart koşuyordu. Ama iş herkesin beklediğinden çok daha çetin çıktı. İşin gerçeği, yan kuruluşu olan şirket bekleneni veremeyince, Ashland'in yönetimi anlaşmayı bozmaya çalıştı. Bereket versin, avukatlarımız anlaşmayı çok sıkı yapmışlardı. Neticede, şirket yaptıkları buhar kazanını söküp, yenisini yapması için bir Alman şirketle anlaşmak zorunda kaldı ve bundan dolayı da bütçelerini neredeyse %30 aştılar. Ashland'in CEO'su öfkesinden neredeyse kalp krizi geçirecekti.

Tesis sonunda işletmeye alındı. Kısa bir süre sonra da Ashland bize, bizi satın almaya niyetli olduklarını bildirdi. Zararlarını kapatmalarının tek yolu buydu. Suratsız bir Ashland avukatı ve kartvizitlerini vermek zahmetine bile katlanmayan iki çam yarması ile bir toplantı yaptık. Avukat, önerilerini geri çevirmemiz durumunda, hayatımızı çok zorlaştırabileceklerini söyledi. Öyle belli bir şey söylemedi, sadece dava sürecinin yavaşlığı hakkında bir şeyler mırıldandı.

Bu arada, zihnimde *Baba (The Godfather)* filminden çok net bir sahne canlandı: Don Corleone ile işbirliği yapmayı reddeden bir Holywood yapımcısının, sabah uyanıp da en sevdiği yarış atının kanlar içindeki kesik başını yatağının içinde bulduğu o meşhur sahne.

Avukatlarımız büyük olasılıkla davayı kazanacağımızı söylediler; ancak bu süre içinde mahkeme tesisi kapatacağından, borçlarımızı ödemek için gerekli parayı kazanamayacaktık. Dava aylarca sürebilirdi; yani tam olarak Ashland'in avukatının, ben zihnimde kesik at başları ile uğraşırken sözünü ettiği gibi. Elektrik satışından elde edilecek gelir olmayınca da iflasa zorlanacak ve her şeyimizi yitirecektik.

Borcumun kölesi olmak. Bu benim anladığım bir dildi.

O akşam sahilde uzun bir yürüyüşe çıktım. Yedi yaşındaki kızım Jessica'yı düşündüm. Ertesi sabah ortaklarımla buluştum. Satmaya karar verdik. Chadbourn&Park avukatlık bürosundaki avukatımızı aradım.

O da kararımızı onayladı. "Sanırım tek seçeneğiniz bu," dedi. "Bu adamların şakası yok."

Birkaç gün sonra, başlangıçta projeye bir milyon dolar koyan ortağımız Joe Cogen ve Joe'nun avukatıyla birlikte bir ofiste oturmuş, Ashland'in CEO'sunun bizi aramasını bekliyorduk. Joe gözünü daldan budaktan sakınmayan Güney Floridalı bir inşaat müteahhidiydi. Yaklaşık 1.60 boyundaydı ve yerel inşaat ekipleri arasında, programın gerisine düştükleri zaman elinde bir beyzbol sopası ile beliren adam olarak ünlenmişti. Sopayı inşaat kalfasının yüzüne doğru sallar ve "Eğer bu iş zamanında bitmezse, derini yüzerim!" diye bağırırdı. Şimdi ise burnundan soluyarak ve homurdanarak odanın içinde dolanıp duruyor, ara sıra telefona ve bana doğru kızgın bakışlar fırlatıyordu. Kavgaya hazırlandığını görebiliyordum.

Yaklaşık on dakika sonra telefon çaldı. Joe'nun avukatı telefonun hoparlörünü açtı. Ashland'in CEO'su, "Merhaba," dedi. Başka hiçbir şey söylemeden -bir nasılsınız bile demeden- bir rakam söyledi. Saçma denecek kadar düşük bir rakamdı.

Joe telefona koştu. "Bu bir hakaret!" dedi bağırarak. "O lanet olası teklifini alıp, ne yapacağını biliyorsun değil mi?"

Telefon kapandı. CEO telefonu suratımıza kapatmıştı.

Joe, hırsla odadan çıkıp, kapıyı da arkasından çarptı.

O an dehşete kapıldığımı söylemek zorundayım, 44 yaşındaydım ve Ashland ile bir anlaşmaya varamazsak, bir daha iş bulamayacağıma emindim; belki Joe'nun yaptığı binalardan birinde amele olarak çalışmak dışında. Ama oturup beklemekten başka yapabileceğim bir şey de yoktu.

Bir saat geçmeden Ashland'den bir avukat Joe'nun avukatını aradı. Taktiğimiz işe yaramıştı. Pazarlığa hazırdılar. Sonunda, her üç ortak için de kârlı bir anlaşma oldu. Yine de, büyük bir hayal kırıklığı içindeydim. Bu projeden kendime bir kariyer yapmayı planlamıştım ama onun yerine işimden olmuştum.

IPS her ne kadar KHDY'nın belirlediği hedeflere ulaşmış olsa da, son kertede, sadece büyük bir petrol şirketinin piyonu olmuştuk. Yeni bir teknoloji geliştirmekte onlara yardımcı olmamız için bizi kullanmışlar, sonra da bir kenara atmışlardı. Artık bütçe aşımının sadece bir bahane olduğuna ve en başından beri bu tesisi ele geçirmeyi planladıklarına inanıyorum. Taktikleri aslında yasal bir gasptı. Benzer olaylar diğer şirketlerin de başına gelmişti.

Ashland bizi satın aldıktan birkaç ay sonra Joe Cogen ile bir öğle yemeğinde biraraya geldik. Gençliğinde gördüğü kovboy filmlerinden söz etti. Bunların birkaçında Ronald Reagan'ın da rol aldığını anımsıyordu. "Bu filmlerin çoğu," dedi, "yasanın geçerli olmadığı ya da şerifin çiftlik sahibi bir 'baron'un ahlaksız bir kuklası olduğu kasabalardaki insanların dertleriyle ilgiliydi. Filmin kahramanı beyaz atının üzerinde gelir ve kasabada düzeni sağlardı."

Çatalını masaya bırakıp bana baktı. "Öyle görünüyor ki, bu deregülasyon fikri sadece yasadışılık için bir bahane. Bu durumda Reagan ahlaksız şerif oluyor, beyaz atın üzerindeki kurtarıcı değil."

Yasaların geçerli olmadığı yerlerde, güçlü ve acımasız olan egemen olur. Yasal bir sistemin ana nedeni, zayıf ve savunmasız olanı korumaktır. İster Vahşi Batı'nın kasabalarında, isterse günümüz Afganistan'ında olsun, yasaların –ya da onları uygulayacak olanların– yokluğu, güçlü olanın haklı olana üstün geleceğini garanti etmekle aynı şeydir. Deregülasyonun yeniliğe giden kapıyı açmadığını acı bir şekilde de olsa, öğrendim. Küçük girişimcinin büyüklerle rekabet etmesi için bir olanak sağlamıyordu. Bu izlenimi veriyor, sonra da bunu güçlünün gücünü kullanması için bir yol olarak kullanıyordu.

Sonunda asıl kaybedenler tüketiciler oldu. Birçok küçük üreticinin sonunu getiren kesintiler de dahil, tüketiciler çok daha yüksek ücretler ödemek zorunda kaldılar. Bazı belediyeler eğitim, sağlık ve diğer sosyal projelere ayırdıkları vergi gelirlerini iflas etmiş enerji sistemlerini kurtarmak için kullanmak zorunda kaldılar. Çakalların yaptıkları sonunda semeresini vermişti.

Enron dolandırıcılığı herkesin bildiği bir örnektir. Bir diğeri de tüm Kaliforniya eyaletidir. *The Nation* gazetesi, Demokrat Vali Gray Davis'in etrafını saran fiyaskoyu ve Kaliforniya'daki elektrik şebekesiyle ilgili skandalı araştırdıktan sonra 12 Şubat 2001 tarihinde şu sonuca vardı:

> Geçtiğimiz bahardan bu yana Kaliforniya'nın siyasi havasını kesintiler, voltaj düşüklükleri ve tavan yapan elektrik fiyatları belirledi. Bunlar, 'kamu hizmetlerinin deregülasyonu' lafını günlük bir söze dönüştürdüler... Ve hem ekonomide hem de ekolojik anlamda yol açtıkları şok dalgalarının yeni yüzyılda da etkisini göstereceği bir kriz yaratmaya yardım ettiler.[62]

Haziran 2000 ile Haziran 2001 arasındaki elektrik kullanımı o zamana kadar görülmemiş bir şekilde, %14 azaldı. Vali Davis görevden alındı ve yerine Cumhuriyetçi Arnold Schwarzenegger geldi.[63] Kaliforniya ekonomisi bir daha asla kendine gelemedi. Hep, gevşek ya da rafa kaldırılmış düzenlemeler ve yetkisizleştirilmiş uygulayıcılar yüzünden.

Sonunda KHDY büyük enerji şirketleri için bir nimet oldu. Bir zamanlar denetlenen ve belli coğrafik alanlar ile sınırlanan bu tekeller büyüyüp, çok daha büyük ve denetlenmeyen devasa holdinglerin birer parçası oldular.

Florida Power&Light (FPL) kendi holding şirketi olarak FPL grubunu yarattı; daha hâlâ kendi özgün bölgesinde çalışmayı sürdürüyor ama aynı zamanda Maine'de hidroelektrik santralleri, Kaliforniya ve Arizona'da güneş enerjisi tesisleri ve 21 eyalette ve Kanada'da rüzgâr çiftlikleri var.

Duke Power, kendini Duke Energy olarak yeniden yapılandırdı; başlangıçtaki Kuzey Carolina operasyonlarına ek olarak, şimdi Kanada ve Latin Amerika'da tesisleri var.

Baltimore Gas&Electric, web sitesinde yazılanlara göre (Nisan 2009) Maryland eyaletindeki özgün lisans bölgesine ek olarak,

'ABD üzerinde stratejik olarak dağılmış elektrik santralleriyle büyük bir enerji üreticisi olan' Constellation Power şirketini yarattı.

IPS, deregülasyon sonuçları hakkında ilk elden deneyim sahibi olmamı sağladı. KHDY, birçok açıdan bir denemeydi. Onu, Büyük Bunalım sırasında çıkartılan yasa ve düzenlemeleri iptal eden bir dizi yasa izledi ve bu da kapitalizmin o sapkın şeklini doğurdu.

9. Bölüm

DÜZENLEME DÜMENİ

"Bazı sanayi dalları ciddi anlamda denetlenmeli, yoksa kendi kendilerini yok edecekler," derdi Prof. Ashton, Boston Üniversitesi'ndeki iş idaresi derslerinde.

Bizim ahlaklı birer yönetici olmamızı istemesine ilaveten, sınırsız rekabetin her zaman sağlıklı bir şey olmadığı fikrini de bizlere aşılamayı umuyordu. "İşin içinde ne zaman büyük miktarda sermaye olsa," derdi, "çok fazla rekabet felaketle sonuçlanabilir."

Devleti sırtından atmak isteyen büyük holding sahiplerinin amansız çabalarından dolayı karmaşaya sürüklenen işletmeleri anlatırken kullanmayı en sevdiği örnekse demiryollarıydı. "O delice Monopoly oyununu kazanmak için hile yaptılar, birbirlerini ve halkı soydular, kısacası ellerinden gelen her şeyi yaptılar," derdi, başını kızgınlıkla sallayarak. "Sonuç olarak da demiryolları yara aldı, hatta öldü."

Havayolları sektörünün de aynı yolda olmasından endişe ediyordu. "Eğer ABD havayolları sektörü ciddi olarak denetlenmezse ya da diğer birçok ülkede olduğu gibi bunlar devletin mülkiyetine alınmaz da birkaç şirketin aynı hatlar için rekabete girmelerine izin verilirse ve bilet fiyatları tabana vurursa, bunun sonu felaket olur," diyordu.

Prof. Ashton sanki Milton Friedman'ın kuramlarını öngörmüştü ve onun iddialarını, daha o ortaya atmadan çürütmeye çalışıyordu. Prof. Ashton'ın, Friedman'ı etkileyen iki ekonomist olan Ludwig von Mises ve Friedrich von Hayek'i gayet iyi tanıdığını biliyorum.

20. yüzyıl ortalarında, dönemin en önemli ekonomistlerinden ve sosyal düşünürlerinden biri olan Mises, şiddetle müdahalesiz serbest pazarı savunuyordu. Kendini serbest pazar kapitalizmine adamış olan Hayek de Gunnar Myrdal ile birlikte 1974 Nobel Ekonomi Ödülü'nü paylaşmıştı ve Friedman gibi, o da hem Margaret Thatcher'ın, hem de Ronald Reagan'ın politikalarını şekillendirmede etken olmuştu. Kendisini en çok etkileyen ekonomik kuram sorulduğu zaman Thatcher çantasına uzanmış, içinden Hayek'in *Özgürlük Anayasası (The Constitution of Liberty)* adlı kitabını çıkartmış ve başının üzerine kaldırarak, "Bu İncil'dir," diye beyan etmişti.

Yeni Anlaşma sonrasında, ABD'de deregülasyona tabi tutulan ilk sektörün ulaşım ve beraberinde enerji olması Prof. Ashton'ı son derece rahatsız etmiş olmalı. Başkan Richard Nixon 1971 yılının sonlarına doğru gerek demiryolu, gerekse de kamyon taşımacılığının daha serbest bırakılması konusunda Kongre'ye bir öneri sunmuştu.

Gerald Ford 1976'da Demiryollarını Canlandırma ve Denetleme Reformu Yasası'nı alelacele yürürlüğe soktu. Jimmy Carter 1978'de Havayolları Deregülasyon Yasası'nı, 1980'de de Staggers Demiryolu Yasası* ile Kamyon Taşımacılığı Yasası'nı geçirmek için Kongre'de lobi yaptı. Bunların hepsi birleşince, bu deregülasyon başarıları, 1880'lerin sonlarına doğru başlayan eğilimleri tersine çevirdi. Bunların her birinde, rakip şirketlerin birbirlerinin fiyatlarını kırmalarına izin verdi. Ve sonunda birçok şirketi batağa sürükledi.

Bu deregülasyon çılgınlığında liberal Demokratlar'ın oynadıkları rol Mises, Hayek ve Friedman'ın etkisinin bir göstergesidir. Başkan Carter, havayollarının deregülasyona tabi tutulmasında bir uzman kabul edilen Demokrat ve liberal ekonomist ve sonuçta 'Havayollarında Deregülasyonun Babası' lakabı verilen Alfred Kahn'dan etkilenmişti. Sivil Havacılık Kurumu'nun Yönetim Kurulu Başkanı olarak, People Express'den Southeast Airlines'a

---

* Yasa, adını Kongre üyesi, Eyaletlerarası ve Dış Ticaret Komitesi Başkanı Harley Staggers'dan alıyor. ABD'de yasaların onları destekleyenlerin adıyla anılması geleneği bulunuyor. (e.n.)

kadar düşük maliyetli taşımacı şirketlerin önünü açtı ve sonunda başında olduğu kuruluşun battığını da gördü.

Deregülasyonla birlikte aralarında People Express, Southeast ve TWA'nın da bulunduğu düzinelerle havayolu iflasa sürüklendi. Bunları, ilgili yan sektörlerdeki bir dizi iflas izledi; hazır yemek şirketleri, seyahat acenteleri, yedek parça sağlayıcıları ve batan şirketlere hizmet veren diğerlerinin yanında, pilotlar, kabin görevlileri, teknisyenler ve bagaj görevlisi gibi birçok havayolu çalışanı işini kaybetti.

Eski düzenleme/denetleme politikaları sayesinde gelişen ve büyüyen Delta, Northwest Airlines, United, US Airways ve Continental Havayolları gibi birçok şirket de iflas için başvuranlar arasında yer aldı.

2005 yılında internet dergisi *Slate*'de yayınlanan 'Havayolu Şirketleri Neden İflas Ediyor?' başlıklı yazısında, Daniel Engber şöyle yazmıştı:

> Bilet fiyatları ve uçuş hatları dahil, sektörün her yönden federal bir kurum tarafından kontrol edildiği eski günlerde, havayolu şirketleri neredeyse hiçbir zaman iflas etmemişti. Bu kurum, aynı zamanda bir havayolu iflasın eşiğine geldiği zaman da devreye girerdi. Bu tür devlet gözetimleri 1978 yılında çıkartılan ve pistleri yeniyetme şirketlere de açan ABD Havayolları Deregülasyon Yasası ile birlikte sona erdi...
>
> Havayolları diğer tüm şirketlerden daha sık iflas ediyor gibi görünüyor. Ama örneğin iletişim sektörü gibi, deregülasyona tabi tutulan diğer sektörlerdeki şirketler de son yıllarda benzer bir manzara sergiliyor...
>
> Deregüle edilen havacılık endüstrisinde biletler bir mal gibidir, birden fazla taşıyıcı aynı hatta hizmet verdiği için, müşteri de en ucuz olanını tercih eder.[64]

Sektörleri yöneten kuralların bir kenara atılmasının yol açtığı zararı gösteren kanıtların dağ gibi yığılmasına karşılık, bu hareketin birçok destekleyicisi vardı.

"Deregülasyon geleceğin modası," demişti bize bir yemek sırasında MAIN'in 1978 yılındaki Yönetim Kurulu Başkanı Paul Priddy. Priddy'nin sınırlı-devlet felsefesi, MAIN'in eski Yönetim Kurulu Başkanı Jake Dauber'in görüşünü yansıtıyordu. "Sınırlandırılmamış iş hayatı bizim komünizme yanıtımızdır. Buradaki her birinizin... (Kollarıyla tüm odayı taradı.) artık çoğunluğa katılma zamanıdır! Kısıtlamaları kaldırın, kaldırın, kaldırın..."

MAIN gibi danışman kuruluşlar 1970'ler ve 1980'ler boyunca Brookings Enstitüsü, Amerikan Girişimciler Enstitüsü ve Washington'daki diğer düşünce kuruluşları gibi aktif olarak deregülasyonu desteklediler. Eğer Prof. Ashton gibilerinin düşüncelerine inanmaya devam edecek kadar inatçı biriyseniz, vatansever olmayan biri olarak görülüyordunuz.

Kalben, şirketlerin yasal sınırlamalara ihtiyaçları olduğunu hissediyordum. Priddy bu lafı söylediğinde, ekonomik bir tetikçi olarak 7 yıllık bir deneyime sahiptim; rüşvetin, yolsuzluğun, yozlaşmanın yaygın olduğunu biliyordum; en azından Üçüncü Dünya'da iş yapan ABD şirketleri arasında. Felsefik bir bakış açısından bana öyle geliyordu ki, bir demokraside çoğunluğu savunmak için kurallara gereksinim vardı. Gerçekten demokratik seçimler, bizleri şirketler tarafından suistimal edilmekten ve ekonomik kaostan koruyacak yasaları destekleyen liderleri iş başına getirecekti. Şirketlerin, kısıtlamaları kaldırmak ve böylece hepimizi tehlikeye atmak yolunda lobi yapmak ya da politikacılara rüşvet vermek için atacakları her adım çoğunluğun yararına olmayacak ve dolayısıyla, tanım olarak anti-demokratik olacaktı.

Bu düşüncemi bir kez, MAIN'deki bir grup arkadaşıma da söylemiştim. Bana bakışları, eğer işime değer veriyorsam bu tür düşünceleri kendime saklamam gerektiği hakkında oldukça güçlü bir göstergeydi. Neticede kalbim mantığıma –ve profesyonel hırsıma– yenik düştü. Ama bu benim için de sonun başlangıcı oldu; birkaç yıl sonra işimi bırakmam konusunda kendimi ikna etmemi sağlayan etmenlerden biri.

Kongre, birbiri ardından yasa çıkartmaya başladı; eyaletler arası otobüsler 1982 yılı Otobüs Denetim Reformu Yasası altında deregüle edildi. Yük taşımacılığı 1986 yılı Karayolu Taşımacıları Deregülasyon Yasası ile. Denizyolu taşımacılığı 1984 yılı Deniz Taşımacılığı Yasası ve 1998 yılı Deniz Yük Taşımacılığı Reform Yasası ile.

Sık sık Claudine'in verdiği ilk eğitimimi düşünüyordum. "Sürekli yapman gereken önemli bir şey, çalıştığın ülkelerdeki liderleri, şirketleri kısıtlayan yasaları gevşetmek konusunda ikna etmektir," demişti.

Commonwealth Caddesi'nin ortasındaki çimenlik alanda yürüyorduk. Onun dairesinden çıkmıştık, ortalıkta göründüğümüz nadir anlardan biriydi. Başında, yüzünün çoğunu örten bir eşarp, üzerinde de uzun ve bol bir palto vardı. MAIN'deki tanıdıklarımdan biri görse, taşradan gelen teyzem olduğu hakkında en ufak bir şüphe duymazdı. "Çevreyi koruyan, şirketlerimize vergi yükü getiren ya da çalışanların ücretlerini artıran düzenlemelerde attıkları her geri adımla kendi paylarının da artacağını anlamalarını sağlamalısın," diye uyarmıştı.

Bir bankta oturmuş, *Boston Globe* gazetesi okuyan bir adamın yanından geçiyorduk. "İşte senin can düşmanının gölgesi," dedi gazeteyi göstererek. "Çapraz Mülkiyet Yasası'nın Endonezya ve İran gibi yerlere yayıldığını görmek istemeyiz."

Claudine, 1960'ların sonlarına doğru başlayan ve medya patronluğunda tekelciliği önlemeye yönelik çabaların bir parçası olan son yasadan söz ediyordu. Bu yasalar, aslında televizyonun giderek artan etkisine bir yanıt ve Senatör Joseph McCarthy'nin 'Kızıl Tehlike' soruşturmalarının haber yayıncıları üzerindeki olumsuz etkilerine bir tepki olarak ortaya çıkmıştı. Çeşitliliği savunanların varsayımı, medya mülkiyeti ne kadar dağınık olursa, halkın tarafsız bilgiye ulaşma olasılığının da o kadar fazla olacağıydı. 1964 yılında, Yerel Televizyon Çoklu Mülkiyet Yasası kabul edilmişti. Sekiz ve daha az sayıda televizyon kanalının yayın yaptığı pazarlarda, aynı kişi ya da kuruluşun birden fazla televizyon kanalına sahip olmasını yasaklıyordu. 1970 yılında çıkartılan Radyo ve Televizyon Çapraz Mülkiyet Yasası, şirketlerin aynı pazarda hem televizyon, hem de radyo istasyonu işletmelerine engel olmuştu. Benzer bir şekilde, hem bir televizyon istasyonuna hem de bir gazeteye sahip olmak 1975 yılında yasaklanmıştı.

Savunucuları, bu yasaları basın özgürlüğünün çağdaş köşe taşları olarak sergilemişlerdi. Muhalefet ise işadamlarının açık bir pazarda medya kuruluşlarını alıp satmalarının sınırlandırılmasının anayasaya aykırı olduğunu savunuyordu. Ne zaman bir politikacının bunun aksini söylediğini duysam, aklıma hemen Claudine geliyordu. Aslında o, savunduğu politikaları asla süslü püslü ilkelere sarıp sarmalayıp o şekilde yutturmaya çalışacak kadar ikiyüzlü biri değildi. Büyük şirketlerin medyayı kontrol etmelerini istiyordu, çünkü bu onları güçlü kılıyordu.

Kazanan Claudine'in tarafı oldu.

Reagan'ın liderliğinde deregülasyon, medya şirketlerinin neredeyse tekelci bir kontrole sahip olmalarının yolunu açtı. Birinci Bush yönetimi, yayın lisansı sahiplerinin, kamusal önemi olan tartışmalı konuları 'dürüst, adil ve dengeli' bir şekilde sunmalarını öngören ve bir Federal İletişim Kurulu[*] (FCC) politikası olan Hakkaniyet Doktrini'ni sonlandırmaya çalıştı.

Meredith Corp. ve *FCC* (1987) davasında, mahkemeler FCC'nin Hakkaniyet Doktrini'ni düzenleme sorumluluğunun olmadığına karar verdiler; söz konusu doktrin aynı yıl yürürlükten kaldırıldı.

Başkan Clinton yönetimi sırasında 1996 yılında çıkartılan İletişim Yasası ise bir dizi şirketin satın alınması ve şirket birleşmelerine, rekabette düşüşe, ticari radyo istasyonlarının sayısında önemli bir azalmaya ve kablo şirketlerinin müşterilerinden aldığı ortalama ücretlerde ciddi artışlara yol açtı.

---

[*] Federal Communications Commission

Medya sektöründeki deregülasyon dalgası, medya şirketlerinin sayısında ciddi sayıda bir düşüşe yol açtı. Bu kitabın 3. Bölümü'nde sözünü ettiğim gibi, 1983 yılında ABD'deki tüm haber medyasının çok büyük bir çoğunluğu 50 şirketin elindeyken, bu sayı 2004 yılında 6'ya inmişti: Time Warner, Disney (ABC'nin sahibi), Murdoch'a ait News Corporation, Bertelsmann, Viacom (eski CBS) ve General Electric (NBC).

İletişim sektöründeki deregülasyon çok ciddi bir kamusal tartışmayı tetiklemiş olabilir, en azından medyanın kendi de doğrudan etkilendiği için. Ancak, bugünkü ekonomik kriz açısından bakınca, en zararlı etkisi, bankacılık, finans ve sigorta sektöründeki değişiklikler yüzünden ortaya çıktı.

Bizi Büyük Bunalım'dan çıkartmakla görevlendirilen yetkililer, paramızı idare edenleri denetleyen yasalarda büyük çaplı bir reform gerektiğini görmüşlerdi. Bankaların kötüye kullanılmasının korkunç sonuçlarına şahit olmuşlar ve bunun sonucunda, bu tür olayların tekrarını önlemek amacıyla bir dizi düzenleme getirmişlerdi. Bunlar içinde en önemlisi, 1933 yılında çıkartılan ve aynı şirketin hem yatırım bankacılığı, hem ticari bankacılık hem de sigorta hizmetleri vermesini yasaklayan Glass-Steagall Yasası'ydı. Bu yasa, istikrarlı bir ekonomi için daha birçok düzenleme ile de desteklendi.

Reformlar İkinci Dünya Savaşı'ndan sonra da devam etti. Bankacılık sektörünün rekabeti azaltan bir dizi birleşmeye doğru gidiyor olmasından kaynaklanan endişelerden dolayı, 1956 yılında Başkan Eisenhower yönetimi altında Banka Holding Şirket Yasası çıkartılmıştı. Bu yasa, bir banka holdinginin kuruluşunun Merkez Bankası Yönetim Kurulu'nca onanması şartını getiriyordu. Ek olarak, merkezi bir eyalette bulunan bir banka holdinginin başka bir eyalette de bir banka almasını ve bankaların birçok bankacılık-dışı faaliyetlerde bulunmalarını yasakladı.

Bu süreç, 'serbest pazar' çılgınlığının başlaması ile tersine döndü. Banka Holding Şirket Yasası'nın eyaletlerarası kısıtlamaları 1994 yılında çıkartılan Riegle-Neal Eyaletlerarası Bankacılık ve Şubeler Etkinlik Yasası ile fesh edildi. 1999 yılında çıkartılan Gramm-Leach-Bliley Yasası, Glass-Steagall Yasası'nın daha önceden iptal edilmemiş kısımlarını da feshetti.

Clinton'ın ekonomi ekibi Reagan ve Bush'un politikalarını kopyaladı. Thom Hartmann'ın yeni kitabı *Threshold*'da işaret ettiği gibi:

> Bill Clinton, ABD Başkanı olarak yemin etmeden hemen birkaç hafta önce Goldman Sachs CEO'su Robert Rubin (tam o sıralarda Goldman'dan son yılı için 40 milyon dolarlık bir çek almıştı ve çok yakında da Clinton'un 'Yeni Sözleşme'yi* yürürlüğe sokmaktan sorumlu kılacağı ekonomik ekibin başına geçecekti) ve Alan Greenspan tarafından ziyaret edildi.
>
> Rubin ve Greenspan, devletin savaşlar ve suç dışında bir şeye çözüm getirebileceğine inanmayan bir düşünce tarzının temsilcileriydi...
>
> Bu ikili Clinton'a hükümetlerin yerini, büyük ölçüde devlet kontrolünün dışında çalışan şirketlerden oluşan ekonomilerin alacağını söylediler. Para (kapital) dünya üzerinde herhangi bir yere serbestçe gidebilecekken, insanların (işçiler) dolaşımı yeni dünya pazarının herhangi bir noktasındaki olası kârı en üst düzeye çıkartmak amacıyla sıkı bir şekilde denetlenmeye devam edecekti. Halka karşı sorumlu, egemen bir varlık olarak bir ülke fikri onlara tuhaf ve çağ dışı geliyordu. Onların düşüncesine göre insanlar (ve ülkeler) ekonomik güçlere hizmet etmek için vardı, tersi değil.[65] [*Tüm parantezler özgün metindedir.*]

Bu deregülatif eylemlerin doğrudan bir sonucu da, ülkenin en büyük bankalarının diğer bankaları satın almaları oldu. Satın almaları, birleşmeler izledi ve konsolidasyonlar birbiri ardına gelmeye başladı. Bunlar arasında en bilinenleri, Citibank ile bir sigorta

---

* New Covenant: Bill Clinton'ın 1992 başkanlık seçimi kampanyası sırasında, siyasi felsefesini ve programını betimlemek için kullandığı politik bir slogan. (ç.n.)

şirketi olan Travelers Group'un evlilikleri ve BankAmerica ile Nations-Bank'ın birleşmeleriydi. Bu ikincisi Bank of America adını aldı ve ABD'nin yedinci büyük bankası olan FleetBoston Financial'ı ve kredi kartı devi MBNA'yı satın aldı. Bu tür konsolidasyonların gerçekleşmesi Glass-Steagall Yasası altında olanaksız olurdu. Neticede, hem George W. Bush, hem de Barack Obama yönetimlerinin başlarına bela oldular.

"Ronnie Reagan beyaz atından inip sahtekâr şerif yıldızını taktığı zaman," dedi Joe Cogen, şirketimizi Ashland petrol şirketine sattıktan sonra yediğimiz öğle yemeği sırasında. "Hapishanedeki tüm hücrelerin kapısını açtı ve dolandırıcılarla dilencileri serbest bıraktı. Bunlar, Ashland'in CEO'su gibi takım elbise giyen ve kravat takan yüksek sosyete tipleri ama görünüşlerine aldanma. Aslında hepsi de, kendilerini durduracak hiçbir yasa olmayan bir sürü hırsız."

2009 yılında gazete manşetlerini okuyup, televizyonda haberleri dinlerken hep Prof. Ashton'ı düşündüm. Hâlâ hayattaysa, sanırım biz insanların, bizi korumak için çıkartılan bu yasaların kaldırılması nedeniyle çektiğimiz sıkıntılara pek şaşırmamıştır. Bu yasalardan vazgeçmek, tahmin edilebileceği gibi bugün karşı karşıya olduğumuz ekonomik tsunamiye yol açmıştır.

Eski hocamın dediği gibi, "Bazı sektörler çok yoğun olarak denetlenmelidir, yoksa kendi kendilerini yok ederler."

Ne yazık ki, deregülasyon çabaları ile birlikte yanıltıcı muhasebe yöntemlerini yasallaştırma yolunda bir eğilim de belirdi. Kısa-vadeli kârlarını artırma gayreti içindeki büyük şirket CEO'ları bazı çok önemli gerçek masrafları gözardı edecek bir sistem geliştirdiler.

Müzik dünyasının en sevilen simalarından birinin karısı, dünyamızın en vahşi ve el değmemiş yerlerinden birinde sahte muhasebenin gerçekleri ile karşı karşıya geldi.

10. Bölüm

YANILTICI MUHASEBE

Daha önce, Texaco aleyhine dava açan 30 bin Ekvadorludan söz etmiştim. (Texaco daha sonra Chevron tarafından satın alınmıştır.) Şirket, yağmur ormanlarının büyük bir bölümünün yok olmasından sorumluydu ve faaliyetlerinin sonucu olarak ortaya çıkan zehirli atıklar çok sayıda insanın ölümüne, binlercesinin de kronik hastalıklara yakalanmasına yol açmıştı.[66]

"Korkunçtu," dedi Trudie Styler bir yemek sırasında. Trudie sahadan daha yeni dönmüştü. O ve kocası Sting, petrol şirketine karşı duran yerel halkın ateşli birer destekleyicisiydi. "Daha önce hiç böyle bir şey görmedim. Neredeyse 30 yılı aşkın bir süredir orada duran muazzam petrol havuzları. Petrole bulanmış kuşlar. Zehirli su yüzünden tüm vücutları lezyonlarla ve cerahat dolu yaralarla kaplı çocuklar. Çocuklar! Ne kadar masumlar ve yaşamları mahvoldu." Sinirinden titriyordu. "İnsanlar sürekli ölüyorlar... Ülkenin en değerli toprak parçası üzerinde yaşayan Ekvador vatandaşlarının, ülkedeki en fakir ve sefil insanlar olmaları ne kadar acı bir şey."

"Ve ABD'deki tüketicilerin çoğunun tüm bunlardan haberi bile yok," diye ekledi Steven Donziger. New Yorklu bir avukat olan Steven yaşamının 10 yılından fazlasını bu davaya adamıştı.

Bu söz, bugün dünyada birçok olayın ardındaki üzücü gerçeği ve muhasebe yöntemlerimizin, ürünlerin gerçek maliyetini belirlemede ne kadar yetersiz kaldığını ifade ediyor. Petrol, kaynak sahiplerine hakkının ödenmediği, gerçek değerinin verilmediği, onlardan yararlananların ise gerçek maliyete yaklaşmaktan bile uzak bedeller ödediği tipik bir örnek.

Petrol sızıntılarının yol açtığı milyarlarca dolarlık temizlik giderinden başka, bu tür felaketler yüzünden ödenen başka bedeller de var: Çekilen acılar, yitirilen yaşamlar, dağılan aileler, harcanan gerçek ekonomik gelişme fırsatları ve sonsuza dek yok olan hayvanlar ile bazıları kanser, multipl skleroz ve diğer hastalıklara çare olabilecek bitkiler.

Ekvador olayını bir akşam yemeği sırasında bir grup Wisconsin Üniversitesi öğrencisine anlattım.

"Bu, akla şu soruyu getiriyor," dedi uzmanlığını finans bölümünde yapan Sarah. "Bugün hepimize öğretilen sahte rakamları kullanmak yerine, gerçek muhasebe yöntemleri kullanmaya zorlanmış olsaydı, Texaco ne yapardı?"

"Dış etmenler," diye araya girdi bir başka öğrenci.

"Kesinlikle öyle." Kaşlarını çatan Sarah bakışlarını masadakilerin üzerinde dolaştırdı. "Kontrat Ekvador devleti ile Texaco arasında imzalandı. Yerel halk pazarlık masasına alınmadı bile."

Tükettiğimiz mal ve hizmetlerin bedeli belirlenirken birçok maliyet unsuru hiçbir zaman göz önüne alınmaz. Bunlar 'dış etmenler' olarak sayılır. Bunlar arasında kaynakların yok edilmesinin sosyal ve çevresel maliyeti, çevre kirliliği, yaralanan, hastalanan veya çok az sağlık hizmeti alan işçilerin ya da bu hizmeti hiç alamayanların topluma getirdiği yük; tehlikeli maddeleri pazarlamalarına izin verilen, atıklarını nehir ve denizlere döken, çalışanlarına asgari ölçülerde yaşamalarına bile imkân vermeyen düşük ücretler ödeyen, standart altı çalışma koşulları sağlayan, kamuya ait doğal kaynakları piyasa-altı fiyatlardan alan ve çeşitli sübvansiyon ve muafiyetler tanınan şirketlere yapılan dolaylı desteklemeler; vergi verenlerin ceplerinden çıkan büyük çaplı reklam kampanyaları ve lobicilik faaliyetleri ile karmaşık ulaşım ve iletişim sistemleri; şirketlerin vergi matrahlarından düştükleri, yöneticilerin şişirilmiş maaşları, ikramiyeleri, ek gelirleri ve 'altın emeklilik paraşütleri'ni sayabiliriz. Bu maliyetler kontratı imzalayan tarafları doğrudan etkilemediği için gözardı edilir. Ancak, bunların birçoğu önemsiz ya da önemsenmeyecek kadar güçsüz görülen üçüncü partileri ciddi anlamda etkiler.

Bu etmenler aynı zamanda bugünkü küresel ekonomik krize de katkıda bulunuyor. Çok fazla doğal kaynak, değerlerinin altında işlem gördüğü için dikkatsizce ve gereksiz yere tüketiliyor. Onları geri dönüştürmek ya da daha verimli bir biçimde kullanmak yerine, hiç umursamadan kuyular açmaya, kazmaya, kaynakları çıkartmaya ve imal etmeye devam ediyoruz. Ben oradayken, İzlanda halkını en çok üzen şeylerden biri de, devlet tarafından alüminyum izabe tesislerine sağlanan ucuz elektriğin, Alcoa gibi şirketleri geri dönüşüm projelerine yatırım yapmaktan alıkoymasıydı.

Ekvador ve İzlanda, kapitalizmin benimsediğimiz o sapkın türünün, ekonomimizi nasıl mahvettiğinin de örneğidir. Şirketlerin tek sorumluluğunun kısa-vadeli kâr etmek olduğu söylemi, gerçekçi olmayan ve sahte bir dizi muhasebe ilkesinin ortaya çıkmasına yol açmıştır.

Gelecek nesiller dönüp bugünlere baktıklarında, petrol çıkartma işlemleri sırasında yok olan ormanların, tükenen kaynakların ve 'dış etmenler' olarak gözardı edilen daha yüzlerce etmenin maliyetini onlara devrettiğimiz için bizleri sorumlu tutacak. Çünkü fatura neticede çocuklarımıza ve torunlarımıza çıkacak.

Bu tür yanıltıcı muhasebeleştirmenin savunucuları, başka bir seçeneğimiz olmadığını, bu tip etmenleri ölçmemizin olası olmadığını ileri sürüyor. Ama bu kesinlikle doğru değil.

"Bu maliyetlerin bir kısmını tahmin etmek zorundayız," dedi Sarah. "Ama muhasebeciler bunu her zaman yapar. Bizim amortisman sistemimiz beklenen yaşam sürelerine bağlıdır; benzer şekilde, iyiniyet ile patent ve ticari markalar gibi soyut varlıkların 'amortismanı' da. Tabii ki dış etmenleri rakamlaştırabilmek için, tüm katılımcılar nezdinde adil bir dağılım getiren mantıklı bir yaklaşım bulabiliriz. Bu tür etmenleri hepten gözardı etmektense, tahminlerimizde bir miktar yanılmak çok daha iyidir."

Sarah, bazı akademisyenler ve mali müşavirlerle birlikte, bazen *gerçek maliyet muhasebesi* (GMM) olarak da bilinen *tam maliyet muhasebesini* (TMM) savunan bir hareketin üyesiydi. Bu tür yaklaşımlar, üretim ve pazarlama kararı verilmeden önce her ürün ve hizmet için, olası seçeneklerle birlikte hem maliyet, hem de yarar bilgilerinin verilmesini şart koşar. Maliyet kalemleri arasında şunlar da belirtilmelidir:

1. Tüm görünür giderler (sadece hemen ödenmesi gerekecek nakit para değil)
2. Gizli giderler (Ekvador Amazon'unda karşılaşılanlar gibi)
3. İdari ve dolaylı giderler (araştırma-geliştirme, halkla ilişkiler, yönetim kademesinin maaş ve ikramiyeleri dahil)
4. Geçmiş ve gelecek giderler (örneğin, dünyadaki insanlar cep telefonları ve bilgisayarları için ucuz koltan madenine ulaşabilsinler diye Kongo'daki bir madende havasızlıktan boğularak ölen madencilerin ailelerine yapılacak yardımlar ve Endonezya'daki *sweatshop*'larda[*] korkunç çalışma şartları yüzünden sağlıklarını kaybedenlere yapılacak ödemeler)
5. Yaşam döngüsü giderleri (belli bir ürün ya da hizmetin, varlığından ve tüketilmesinden kaynaklanan çevresel ve sosyal etkilerin değerlendirilmesi)

İşin ironik tarafı; bu giderler dahil edilmiş olsaydı bugün tüm dünya çok daha iyi bir durumda olacaktı. TMM altında, sosyal ve çevresel açıdan olası en sorumlu şekilde sağlanacak ürün ve hizmetler şüphesiz en az pahalı olanlar olacaktı. Gerçek bir 'serbest piyasa' ekonomisinde, tüketiciler ekonomiyi ve toplumu zorlayan ürünler için fazladan bir ödeme yapmak zorunda kalacaklardı; ürünün fiyatı, neden olunacak hasarı gidermenin bedelini de

---

[*] Tarihi 1830'lara kadar giden bu terimi metinde olduğu gibi bıraktık. *Sweatshop*lar insanlık dışı çalışma koşullarında, günde 18-20 saate varan mesailerde (çoğu çocuk olan) işçilerin az para ile çalıştırıldığı ve/veya insan emeğinin istismar edildiği işyerleridir. (e.n.)

kapsayacaktı. Böylece, doğaları gereği 'temiz' olan ürün ve hizmetler aynı zamanda en ucuz edindiklerimiz de olacaktı.

Birçok şirket *üçlü bilanço* (çevresel, sosyal ve ekonomik) fikrini sözde benimserken, bazıları gerçekten de tam maliyet muhasebesini uygulamaya başlamış bulunuyor. Bu ikinci grup, bu tür masrafların ölçülebilir olduğu iddiasını güçlendiriyor. Bu tür çabalarda bulunan kuruluşlar arasında, o akşam Wisconsin Üniversitesi öğrencileri ile yediğimiz yemek sırasında şunların da adları geçti:

- Florida eyaleti, katı atık yönetimi programlarında bir tür tam maliyet muhasebesi kullandığını iddia ediyor.

- Mimari ve bölgesel planlamada şehir ekolojisi ve endüstriyel ekoloji yaklaşımları, çevreyi bir ekosistem olarak ele alıp, atıkları en aza indirgemenin önemini vurguluyor.

- Kâr amacı gütmeyen birçok kuruluştan biri olan Natural Step, yaşam döngüsü maliyetlerini de içeren muhasebe yöntemleri oluşturmak için yüzlerce şirketle birlikte ve onlara yardımcı olmak üzere çalışıyor.

- Interface Carpet şirketi, büyük bir kuruluşta işlerin nasıl değiştirilebileceğini görebileceğimiz belki de en ünlü örnek.

Interface, 1973 yılında bir standart yer döşemesi üreticisi olarak çalışmaya başladı. 1990'lı yılların ortalarında yönetim kurulu başkanı ve CEO'su Ray Anderson, kendi deyimiyle bir 'ilham' anı yaşadı. Bunun sonucunda şirketin stratejisini 'iş hedeflerinden ödün vermeden sürdürülebilirliğe odaklanarak' endüstriyel uygulamalara kaydırdı. Anderson'un, çevresel sorunlarla ilgili olarak kendi uyanışını anlattığı ve 'savurgan yönetim'e karşı bir seçenekler modeli sunduğu kitabı *Yolun Yarısında Düzeltme (Mid-Course Correction)* öğrenciler ve yeni yaklaşımlarla ilgilenen yöneticiler için bir el kitabı hâline geldi. Interface şirketinin web sayfasında şöyle diyor:

> İş kolları ve sanayileşme, bugün içinde yaşadığımız dünyadan daha farklı bir dünyada gelişti: Daha az sayıda insan, daha az maddi gönenç, bol miktarda doğal

kaynak. Neticede ortaya çıkan son derece üretken, kaynakları sonsuz varsayan ve sonucu pek düşünmeyen bir al-yap-kullan-at sistemiydi. Bugün, böyle bir sistem artık gönencimizi artırmıyor; aksine tehlikeye sokuyor.

Interface olarak kendimizi bu sistemin ve ortak sorunun bir parçası olarak gördüğümüz zaman farklı bir yöne, sürdürülebilirliğe doğru bir yolculuğa başladık...

Yolculuğumuz Interface'in işi açısından son derece iyi sonuçlar verdi. Kurucumuz, yönetim kurulu başkanımız ve Interface'in sürdürülebilirliğe doğru yolculuğunun önderi olarak, Ray Anderson şunları söylüyor:

Maliyetler, bir miti çürüterek ve ekonomi ile çevre arasında bir seçim yapma zorunluluğunun olmadığını da göstererek artmadı, tam tersine düştü; ürünler şimdiye kadarkilerin en iyisi, çünkü sürdürülebilir tasarım beklenmedik bir şekilde bir yenilik akımının kaynağı oldu; insanlar ortak bir amaç etrafında birleşip ateşlendiler; daha iyi insanlar şirketimizde çalışmak için başvurmaya başladı; en iyiler bir amaç için çalışmaya devam ediyor; sürdürülebilirliğe odaklanmamızın piyasada yarattığı iyiniyet, herhangi bir reklam ya da pazarlama faaliyetinden elde edeceğimizin kat kat üzerindeydi. Sonuç olarak, daha yüksek miktarda ve daha yasal bir şekilde kâr elde etmek için daha iyi bir yol, daha iyi bir çalışma modeli bulduğumuza inanıyoruz.[67]

Tüketici olarak, şirketlere, "En iyi tenis ayakkabılarını çok ucuz fiyatlara almak istiyoruz; sefil bir yaşam süren, genç yaşta ölen ve geride aç çocuklar bırakan *sweatshop* çalışanlarını da görmezden geliriz. Arabalarımız için bize ucuz benzin satın; kirlenmiş nehirler ile mahvolmuş orman ve çöllerin fotoğraflarını görünce de başımızı çeviririz," demeye çok alıştık.

Bugünkü ekonomik krizler, bizim 'istediklerimizin bedellerini ödemeye' niyetli olmadığımızın bir göstergesi. Sanki devasa bir indirimli alışveriş merkezinde alışveriş yapmışız ve hâlâ da yapmaya devam ediyor gibiyiz. Her şeyi yarı fiyatına alıyoruz. Ne yazık ki çocuklarımız ve onların çocukları kendi alacakları mallar için sadece tam ücreti ödemek zorunda kalmayacaklar, bizim ödemediklerimizi de –faiziyle birlikte– ödemek zorunda kalacaklar.

Bizden sonraki nesillerin karşılaşacağı bu ikilemi gayet iyi anlayan insanlardan biri, CIA tarafından 'terörist' olmakla suçlandı. O aslında Orta Amerika'nın dağlarında silah tutan askerlerle omuz omuza durmuş bir devrimci, bir hayalperest. Ve aynı zamanda Katolik bir papaz. Bugünse, dünyadaki en etkili sandalyelerden birinde oturuyor.

11. Bölüm

ÇİFTE STANDART

Peder Miguel d'Escoto Brockmann bana Nikaragua'nın başkenti Managua'nın hemen dışındaki evini gösterdi. Resimleri evinin duvarlarını süsleyen yerel sanatçılar hakkında konuşurken, bu sevecen ve alçakgönüllü adamın Papa'nın çamur attığı, Orta Amerika'nın sık tropik ormanlarında gerilla savaşçılarına vaaz vermiş biri olması, Daniel Ortega kabinesinde bakan olarak görev alması ve şimdi de dünyanın en güçlü ve çokuluslu siyasi kuruluşunun başına geçmek üzere olması imkansız gibi geliyordu.

Katolik Haber Ajansı (CNA) şöyle demişti:

6 Haziran 2008 / 12:53 (CNA) – Görevden uzaklaştırılmış bir rahip olan eski Sandinista lideri Miguel d'Escoto Brockmann, Eylül ayından itibaren BM Genel Kurulu'na başkanlık etmek üzere seçildi.

1961 yılından beri rahiplik yapan d'Escoto, 1975 yılında Nikaragua'daki Sandinista hareketine karışmış ve zaman içinde ülkenin Dışişleri Bakanlığı'na kadar yükselerek 1990 yılına kadar bu görevi sürdürmüştü.

1980'li yıllarda, Sandinista hareketi içerisinde yer alan Ernesto ve Fernando Cardenal isimli iki papaz ile birlikte d'Escoto'nun da görevine Vatikan tarafından son verilmişti. Papa John Paul II, Orta Amerika'ya yaptığı bir ziyaret sırasında siyasi etkinliklerinden dolayı onu açıkça kınamıştı.[68]

Bir Ekonomik Tetikçinin İtirafları'nın hayranı olan Peder Miguel, Nikaragua'yı ziyaret edeceğimi öğrendiğinde, beni bir kahvaltıya davet etmişti. Evindeki o kısa turdan sonra, ABD ve uluslararası kuruluşların çoğunun söyledikleri ile yaptıklarının genellikle birbirinin tam tersi olduğu gerçeği üzerinde konuştuk.

"ABD ve kalkınma bankalarının ikiyüzlülükleri inanılır gibi değil," dedi kahvaltıya otururken. "Hep çifte standartlar. Tam bir 'Dediğimi yap, yaptığımı yapma,' durumu."

Her ikimiz de ABD Maliye ve Dışişleri bakanlıklarının, Dünya Bankası ve Uluslararası Para Fonu (IMF) ile işbirliği içinde, ekonomik durgunluk dönemlerinde Üçüncü Dünya ülkelerine *sözde* yardım ettiklerini biliyorduk. Ancak yaptıkları yardım değil bunun tam tersiydi.

"Bu bilerek yapılan bir şey," dedi. "Bu kuruluşlar, ülkeleri krizlerin içine daha da iterek, büyük şirketler tarafından sömürülmelerine uygun ortamlar hazırlıyor. Burada herkesin atladığı şey, bu yapılanların aynı zamanda küresel ekonomiyi de istikrarsız kıldığı."

Başkan Obama'nın toparladığı ekonomi ekibinin kısa bir değerlendirmesi her şeyi ortaya koymaya yetiyor. Timothy Geithner (Merkez Bankası New York şubesinin yönetim kurulu eski başkanı ve Obama'nın Maliye Bakanı), Larry Summers (Dünya Bankası eski şef ekonomisti, Başkan Clinton'un Maliye Bakanı ve Beyaz Saray'ın Ulusal Ekonomi Komisyonu'nun yeni başkanı) ile Paul Volcker (Merkez Bankası yönetim kurulu eski başkanı ve şimdi de Obama'nın üst düzey ekonomi danışmanlarından biri), gelişmekte olan ülkelere yıllarca önce zorla kabul ettirilen çifte-standart politikalarının kilit mimarlarından bazıları.

Bu ülkeler ekonomik sorunlar yaşamaya başladıkları ve borç taksidi ödemelerini yapamadıkları zaman, devlet harcamalarını büyük ölçüde kısmalarını, faiz oranlarını artırmalarını (genellikle %30 ya da daha yüksek düzeylere), ekonomilerinin belli kısımlarını toptan özelleştirmelerini ve ulusal kaynakları çokuluslu şirketlere satmalarını şart koşan 'yapısal uyum programları'nı kabul etmeye zorlandılar.

Bu *yapısal uyum programları* tüm dünyada çok sayıda siyaset ve sosyal bilimci tarafından çok sert eleştirildi. Çünkü bunlar:

1. Ulusal egemenliği tehdit edip, kontrolü yabancılara geçirerek demokratik süreci baltalıyor;

2. En çok para koyanlara (özellikle ABD, Avrupa Birliği, Kanada ve Japonya) büyük yarar sağlıyor; bu ülkelerin şirketleri özelleştirilen sektörlere sahip olurken, finans kurumları da yüksek faiz geliri elde ediyor;

3. Halkın malı olan kaynakları özelleştiriyorlar;

4. Gevşek çevre ve iş gücü denetimleri ile vergi boşlukları konusunda lobi yapan yabancı şirketleri, emekçileri sömürmeye ve yerel yetkilileri yozlaştırmaya özendiriyorlar;

5. Toprak ve tarım reformunu geciktirip, böylece aristokrasileri koruyarak, gecekondu mahallelerinin ve yoksulluğun artmasına yol açıyorlar;

6. Çevreye zarar veren gübre ve böcek ilaçlarının kullanımının artmasına yol açarken, çiftçileri kimyasal üretim yapan bu yabancı şirketlere bağımlı hâle getiriyorlar;

7. Parayı faiz ödemelerine yönlendirip, sağlık, eğitim ve diğer sosyal hizmetlerde kesintiye neden oluyorlar;

8. Eğitim, sağlık ve diğer sosyal hizmetlerde çalışan kadınların haklarından mahrum kalmasına yol açıyorlar,

ve

9. Kırsal bölgelerdeki erkekler şehirlere ve başka ülkelere göç ettikçe, kadın ve çocukların terk edilmesine neden oluyorlar.

Ancak, yapısal uyum programlarına getirilen en önemli eleştiri şudur: HİÇBİR İŞE YARAMAZ.

Ya da, daha açık bir ifadeyle, bu programların ülkelerin bunalımdan çıkmalarına yardımı dokunmaz. Tam tersine onları krizin içine daha da çok iter. Kanıtı: Geithner, Summers, Volcker ve arkadaşlarının –Obama'nın ekibi– ABD'yi, bunalımdan çıkmak için

Üçüncü Dünya'ya dayattıklarımıza *tamamen ters düşen* çözümler benimsemeye teşvik etmeleridir: Büyük ulusal harcama programları, daha fazla borç, düşürülmüş faiz oranları, şirket kurtarmalar ve –özelleştirmenin antitezi– bankaların, otomobil üreticilerinin ve diğer işletmelerin devletin mülkiyetine geçmesi.

Peder Miguel'in evinde, ormanda dalların arasından bakan benekli bir jaguarı betimleyen bir tabloyu işaret ederek, "Bu çifte standart çok eskilere gidiyor," dedim. "Sanki ben sana, bir jaguar saldırısına hedef olursan kendini sakınmanın en iyi yolunun sessizce ona doğru yürüyüp, burnuna dokunmak olduğunu söylemişim gibi. Ama ben kendim aynı duruma düşünce, bir sürü ses çıkartıp, yavaşça uzaklaşıyorum."

"Doğru." Düşünceli bir halde tabloya baktı. "Aynen öyle. Çifte standart. Ya da..." Kaşlarını çattı. "Bir yandan tüm dünyaya İran Şahı'nı deviren 'Müslüman teröristlerle' asla pazarlığa girmeyeceğinizi söylerken, diğer yandan onlara silah sağlamak için anlaşmalar yapıyor olmanız." Elini omzuma koydu. "Ne demek istediğimi biliyor musun?"

"Tabii ki. İran-Kontra skandalı."

"Aynen." Parmağıyla jaguarın burnuna dokundu. "Biliyor musun, çifte standartlar her zaman ardındakilerin başlarına bela olur." Gülümsedi. "Biz papazlar bunu özellikle iyi biliriz."

Yapısal uyum programlarının olumsuz etkileri, Alternatif Politikalar Geliştirme Grubu tarafından 16 Nisan 2004 tarihinde Dünya Bankası Başkanı James Wolfensohn'a yazılmış bir mektupta açıkça belirtilmişti. 1996 yılında başlayan, birçok ülkeden binlerce kuruluşu içeren ve Yapısal Uyum Katılımsal Değerlendirme Girişimi (*Structural Adjustment Participatory Review Initiative*) olarak bilinen kapsamlı bir araştırma neticesinde gönderilen bu mektup, banka tarafından hazırlanmış bazı raporları da içeriyordu. Mektup, grubun yürütme kurulunun Arjantin, Norveç, Dominik Cumhuriyeti, Zimbabwe, Kanada, Bangladeş, Gana, Macaristan, Filipinler, ABD ve Avrupa'yı temsil eden üyeleri tarafından imzalanmıştı. Şöyle başlıyordu:

Sevgili Bay Wolfensohn,

Bu mektubu, zarar verici yapıları ve etkileri hakkında son derece bariz kanıtlar ışığında bile, kuruluşunuzun bu politikaları Güney ve Doğu Avrupa ülkelerine dayatmaya devam etmesinden duyduğumuz rahatsızlık ve kızgınlığı dile getirmek için yazıyoruz. Bu uyum programları geçtiğimiz on yıl içerisinde, yoksulluğu azaltmak bir yana, daha fazla yoksulluk ve ekonomik eşitsizliğe ve birçok ekonomik krize neden olmuştur...[69]

İşte bu 'birçok ekonomik kriz'in bugünkü küresel çöküşe katkısı inanılmaz boyutlardadır. Ekvador borç ödemelerinde temerrüde düşen birçok ülkeden sadece biridir. Aynı şeyi yapmakla tehdit eden başka ülkeler de var. Üstelik, yapısal uyum programını kabul eden ülkelerdeki satınalma gücündeki azalma, dünya pazarlarında tüketim mallarına yönelik talebi de son derece düşürmüştür. Özelleştirme doğal kaynakların har vurulup harman savrulmasına, benzin ve diğer ürünlerin fiyatlarının da artmasına yol açmıştır.

Washington ve müttefiki olan finans kurumlarının, birçok egemen ülkeyi bilerek çökerttiği bilgisi, ABD'nin dünyadaki konumunu uzun vadeli ve çok ciddi derecede olumsuz anlamda etkilemiştir. Stratejilerimizin diğer ülkelere yardım etmek yerine onlardan yararlanmaya yönelik olduğu mesajı, kaynakları sağlayanlar ile onları kullananlar arasında rahatsızlık verici bir çatlağa yol açmıştır. Bu politik ayrım, ekonomik krizleri daha da kötüleştirmekte rol oynamaktadır.

O sabah kahvelerimizi içerken, Peder Miguel'e bugünkü ekonomik çözülmeyi daha 1970'li yılların sonlarında öngören bir ABD Kara Kuvvetleri generalinden söz ettim. Bu askerin, yeni BM Genel Kurul Başkanı'nın birçok bakımdan aksi olması ve Nikaragua dağlarında görevlendirilmiş ve orada onunla karşılaşsaydı büyük olasılıkla onu öldürmüş olacağı düşüncesi gayet ironikti. Bununla beraber, o general de ABD sistemine bulaşmış temel bir zayıflığın farkına varmıştı; üstelik bunun sonuçlarını 30 yıl önce görmüş ve gördükleri onu son derece rahatsız etmişti.

12. Bölüm

ASKERÎLEŞTİRİLMİŞ, KAĞIT ÜSTÜNDE EKONOMİ

'Chuck' Noble tam bir askerdi. MIT'den mühendislik yüksek lisans diploması almış bir West Point[*] mezunu olan Noble, Vietnam'da ABD Ordu Mühendislik Kumandanlığı'nın komutanı olarak hizmet vermişti. Emekli olduktan sonra da proje yöneticisi olarak MAIN'e gelmişti. Şirkette inanılmaz bir hızla yükselmiş, Paul Priddy'den sonra bir numaralı yönetim kurulu başkanı adayı olmuştu. Her ne kadar askere gitmekten kurtulmak için Barış Gönüllüleri'ne katılmış olsam da, General Noble beni kanatlarının altına aldı. MAIN'deki sicilimi inceleyip, sadık bir ET olduğuma karar verdiğine en ufak bir şüphem yok.

Şık giyinen ve (sanırım) altmışlı yaşlarının başında biri için olağanüstü formda görünen Noble, üniformasını daha tutucu, koyu renkli takım elbiselerle değiştirmişti. Saçını hâlâ asker usulü kısacık kestiriyordu ve neredeyse her davranışında West Point eğitiminin etkileri görülüyordu. Bir konu dışında: Kalın siyah çizmeler giyerdi, hani şu Hells Angels[**] üyelerinin de sevdiği cinsten. Çizmeleri bazen pırıl pırıl cilalı ama genelde tozlu olurdu. İlk başlarda bu beni şaşırtmıştı. Karakterine tümüyle çok aykırı duruyorlardı. Onu tanıdıktan sonra bunun, onun kendini diğerlerinden

---

[*] ABD Kara Kuvvetleri'ne subay yetiştiren askerî akademi (ç.n.)
[**] Organize suçlara da bulaşmış, dünya çapında isim yapmış dört motorsiklet kulübü/ çetesinden biri. (ç.n)

farklı kılma yöntemi olduğunu fark ettim. Tipik bir general değildi ama çok sıkı bir mühendisti.

MAIN'de bir proje yöneticisi olarak ilk görevlerinden birinde, Noble Arjantin-Uruguay sınırında inşa edilmekte olan devasa Salto Grande hidroelektrik santralinin –yaklaşık 2 bin megavat gücünde, kocaman bir göl yaratacak ve 22 bin kişinin yaşadığı bir kasabayı sular altında bırakacak bir proje– yapımını denetliyordu. Bir noktada, benim de onun yanına gitmemi ayarladı.

Arjantin'e yaptığım bu yolculuk sırasında Chuck'ın komünist ve sosyalistlerden ne kadar nefret ettiğini de öğrendim. Vietnam'daki kaybımızı hâlâ unutmamıştı ve bunu komünist mantalitesini anlamaktaki beceriksizliğimize ve 'zayıf yürekliliğimize' bağlıyordu. MAIN'i demokrasiyi yaymak için bir araç olarak kullanmayı aklına koymuştu ki bu aslında özel şirketleri desteklemek anlamına geliyordu.

Chuck'dan bir şey daha öğrendim: İnsanların gereksinim duydukları mal ve hizmetleri üretmenin önemi. Bir öğleden sonra birlikte Buenos Aires'de bir pazar yerinde yürürken, bana sürekli 'süprüntü' diye nitelendirdiği şeyleri gösteriyordu. Derken birden durdu ve bana döndü. "Biliyor musun," dedi. "Tüm bu süprüntünün bir gün bizim sonumuzu getireceğinden korkuyorum. Biz Amerikalılar tüm dünyaya örnek oluyoruz. Filmlerimiz, televizyonumuz ve dergilerimiz sahte bir gerçeklik hissi veriyor. Burada Arjantin'deyiz ve etrafımız bunlarla sarılı." Yavaşça kendi etrafında döndü. "Bunlar tam bir pislik. Bizim pazarlamacılar bunları dünyaya pazarlıyor ama biz bunları üretmiyoruz bile. Japonlar üretiyor ya da Endonezyalılar. Biz sadece reklamları yaratıyoruz!"

Salto Grande görevini tamamlayıp ABD'ye döndükten birkaç ay sonra beni çağırdı. O zamanlar Panama'da çalışıyordum. Ondan Ordu ve Donanma Kulübü'ndeki bir toplantıya katılmamı istediğini belirten bir teleks aldım. Hemen Washington'a uçtum ve otelime yerleştim. Daha sonra akşam yemeği için Chuck ve üçü de emekli iki general ve bir amiral ile buluştum.

Masaya oturduktan sonra Chuck diğerlerine baktı. "Diego Garcia askerî üssü ve Seyşeller'deki fiyasko hakkında konuşmak için burada bulunduğumuzu biliyorum," dedi. "Ama daha önce söylemek istediğim bir şey var."

"Söyle," dedi generallerden biri.

"Eh, konu, bu ülkede yaşayan bizlerin kendimize neler yaptığımız hakkında," diye devam etti Chuck. "Ike büyük bir askerdi ama başkan olarak 'askerî-endüstriyel kompleks' lafını ortaya attı. Bu sonradan kötü bir laf hâline geldi. Şimdi, dostlarım, bu ülke endüstriyel tabanını tümden kaybediyor. Korkarım bir bürokratlar ülkesi hâline geliyoruz."

"Avukatlar," diye araya girdi general.

"Ve yatırım bankacıları," diye ekledi amiral.

"Aynen öyle." Chuck başını üzüntüyle salladı. "Çok yakında çok da fazla bir şey üretmiyor olacağımızı iddia ediyorum. Sadece bir sürü kâğıdı o masadan bu masaya gönderip duruyor olacağız. Tanrı yardımcımız olsun."

Chuck bu öngörüyü yaptığında 1979 yılındaydık. Bugün, onun büyük ölçüde haklı olduğunu görebiliyoruz. Avukatların ve yatırım bankacılarının kaprislerinin kölesi bir kâğıt ekonomisi hâline geldik. Birleşmeler ve satın almalar sonucu şirketlerin alınıp satılmaları ve önalımlar, opsiyonlar, vadeli işlemler, takas ve diğer türevler gibi finansal kâğıtlar, sistemimizin büyük bir parçası. 2007 yılında durgunluk başlamadan hemen önce ekonomi tavan yaptığında, ABD'de toplam kârın %40'ından fazlası finans sektörü aracılığıyla kazanılmıştı (her ne kadar sonradan bunun sadece 'kâğıt üzerinde' kâr olduğu ortaya çıksa da).[70] Bir türevin doğası –değeri bir başka şeyin (örneğin bir mal, hisse senetleri, ev ipoteği, piyasa endeksi) değerine dayanan (ondan türetilen) finansal bir anlaşma– kâğıdın verdiği güvenle çelişir. Bugün kâğıtla çalışanların nadiren kâğıt kullanmaları da bulunduğumuz çağın ironilerinden olsa gerek; artık tüm bu işleri elektronik ortamda, bir düğmeye basarak yapıyorlar.

Chuck'ın üretim sektörü hakkındaki endişeleri bir kehanet gibiydi. Çöp yaratmak sonunda ekonomimizi çökertti. Bir Milton Friedman hayranı olan Chuck'ın anlamadığı, bizim kâr maksimizasyonuna ilişkin saplantımızdı, ki sorunun büyük bir kısmı da buydu zaten.

Başarı göstergeniz olarak kısa vadeli kârlılığı alırsanız, kendinizi bir felakete sürüklersiniz. Örneğin, GE şirketini üretimden finansal hizmetlere döndürmenin alkışlanacak bir şey olduğuna inanırsınız. Ya da Japonya'da –veya bugün Çin'de– düşük fiyattan alıp, Buenos Aires veya Minneapolis'de yüksek fiyata satmanın ödemeler dengesi için iyi bir şey olduğuna. Hiç kimsenin gereksinim duymadığı şeyleri pazarlıyor olmanızın, Çin'i Prof. Ashton'ın 'incik-boncuk kapitalizmi' diye nitelendirdiği şeyi benimsemeye teşvik ediyor olmanızın önemi yoktur, yeter ki bunu yaparken kâr edin; geleceğe yönelik sonuçlarına aldırmadan ve bu arada kendi ekonomimizin altını oyuyor olabileceğimiz olasılığına rağmen.

USA TODAY dergisinin Aralık 2002 sayısında yayımlanan 'ABD Üretim Sektöründeki İş Olanakları Hızla Tükeniyor' başlıklı makalede, yazar Barbara Hagenbaugh şöyle diyordu:

> ABD'de 50 yıl önce işgücünün üçte biri fabrikalarda çalışıyor, giyecekten ruja ve arabaya kadar her şeyi üretiyorlardı. Bugün ise 131 milyon çalışanın onda birinden biraz fazlası üretim sektöründe çalışıyor...
>
> Üretim sektöründeki iş olanaklarındaki düşüş 2000 yılının başından itibaren hızlandı. O zamandan bu yana 1.9 milyondan fazla çalışan işten çıkartıldı; yani sektördeki iş gücünün yaklaşık %10'u.[71]

Bu arada, bir başka eğilim daha ortaya çıktı; Eisenhower'ın, Chuck'ı çok rahatsız eden ve bir askerî-endüstriyel kompleks hakkındaki uyarısını da doğru çıkartan bir gerçek. 6 Ocak 2004 tarihinde İngiliz *Independent* gazetesi Andrew Gumbel'ın bir makalesini yayınladı: 'Savaş Makinesi ABD Ekonomisini Nasıl Besliyor: Askerî Keynesyenizm Bush'u Yeniden Seçtirtebilir Ama Ekonomistleri Endişelendirmeye Başladı.' Makale şu yorumları içeriyordu:

Bu savaş Bush yönetimi için, giderek artan bütçe açıklarını haklı çıkartmanın da bir yolu oldu...

Ekonomistlere göre sonuç, Keynesyenizmin Cumhuriyetçilere özellikle cazip gelen bir varyantı. Güdülen politika, devleti daha genel anlamda büyütmek (çok daha fazla ihtiyaç duyulan istihdam yaratmak için derhal sonuç verecek kamu yatırımlarına, örneğin sağlık hizmetlerine ve eğitime kaynak sağlamak) yerine belirgin bir şekilde muhafazakâr ve işveren yanlısı seçim bölgelerini temsil eden alanlara odaklanmaktadır. Yani, askeri sözleşmelere, daha net söylemek gerekirse Cumhuriyetçi Parti fonlarına büyük miktarlarda katkıda bulunan askerî yüklenicilere.[72]

Makale daha sonra 2003 yılının ikinci çeyreğinde ABD'nin gayrisafi yurtiçi hasılasında görülen %3.3'lük büyüme oranının yaklaşık %60'lık bölümünün askerî harcamalara bağlı olduğunu ve bunun da çoğunun 'Halliburton, Bechtel ve diğer özel yüklenicilere ödendiğini' yazdı. Yazara göre Pentagon *Yıldız Savaşları* savunma kalkanını geliştirmesi için Northrop Grumman ile 4 milyar dolar değerinde bir anlaşma imzalamıştı.

Bu makaleyi okuyunca, aklıma Northrop Grumman, Halliburton ve Bechtel gibi şirketlerin sırtından geçinen tüm diğer sektörler geldi. Bu büyüklükteki yatırımların bir sürü alt yüklenici için ilave kâr ve vurgun fırsatı yaratan birçok kardeş kuruluşu olur. Dahası, görebildiğim kadarı ile bu şirketler 'gereksiz sarf malzemesi' üretiyorlardı. Ürettikleri de hiçbirimizin gereksinim duyacağı şeyler değildi. Tek bir amaçları vardı: Öldürmek ve çabucak demode olmak. Bu tip ürünler savaşta ya da uzayın derinliklerinde yok edilir. Üstelik bu tür teknolojilerin daha genel amaçlı kullanılabilecek yan yararları da pek olmaz.

Makale, biraz da anlamlı bir şekilde, Friedman'dan Keynes'e geri dönüyordu. Yoksa bu, halkı kandırıp Cumhuriyetçilerin 1980 seçimlerinden beri destekledikleri kuramları artık reddettiklerine inandırmak yolunda sarfedilen bir çaba mıydı? Ya da Friedman yanlıları savlarında bir çatlak mı görmeye başlamışlardı?

Askerî sektöre akıtılan onca paraya rağmen ABD, 2008 ve 2009 yıllarında daha da derin bir ekonomik bunalıma girdi ve üretim sektörü işçi çıkartmaya devam etti. 5 Nisan 2009'da Ulusal Açık Radyo'nun *Weekend Edition Sunday* programında, şu söyleşi yayınlandı:

> *Sunucu Linda Wertheimer:* Çalışma Bakanlığı, cuma günü kötü haberler verdi. Geçtiğimiz ay 663 bin kişi daha işten çıkartıldı. Bu, işsizlik oranının %8.5'e çıkmasına yol açtı. Bu bunalım özellikle fabrikalarda çalışan insanlar açısından kötü oldu. Kriz, Aralık 2007'de başladığından bu yana, imalat sektöründe 1,5 milyon kişi işini kaybetti. UAR'ın kıdemli iş dünyası editörü Marilyn Geewax, ülkemizdeki üretim sektörünün durumunu konuşmak üzere burada bizimle birlikte. Marilyn, öncelikle bize söyler misin, üretim sektörü istihdamında bir kriz var mı?
>
> *Marilyn Geewax:* Kesinlikle. Sektör inanılmaz bir hızla işçi çıkartıyor. İmalat sektöründe son 10 yıl içinde neredeyse 5 milyon kişi işinden oldu ve sadece geçtiğimiz ay buna 161 bin kişi daha eklendi. Burada ürkütücü olan, bu sayının daha da büyüyeceğini biliyor olmamız, çünkü Obama yönetimi silah programları harcamalarını kısmayı planlıyor. Bu da özellikle New England'da savunma sektörü ile ilgili binlerce iş kaybını tetikleyecek.[73]

Yukarıda alıntı yaptığım iki yorum, ABD ekonomisi ve biz insanların ona bakışı hakkında çok şey söylüyor:

1. 2000 ve 2002 yılları arasında 1.9 milyondan fazla fabrika çalışanı işini kaybetti; bu sektördeki iş gücünün yaklaşık %10'u.

2. Aynı dönem içinde, Bush yönetimi askerî yüklenicilere yoğun bir şekilde yatırım yapmaya başlamıştı bile.

3. Aralık 2007 ile Mayıs 2009 arasında, askerî yüklenicilere milyarlarca dolar ödeme yapılırken, 1,5 milyon fabrika çalışanı daha işinden oldu.

4. Tüm bunlara karşın, Ulusal Açık Radyo'nun kıdemli iş dünyası editörü Obama'nın silah programlarında kısıntıya gidecek olması yüzünden binlerce iş kaybı daha yaşanacağından endişe duyuyordu.

Kendimize, tüm bunların ne anlama geldiğini sorabiliriz. Bunun Ike'ın öngörüleriyle ilgisi ne? Ya da Chuck'ınkilerle?

Bu sorulara yanıt bulmak için, savunma harcamaları etrafındaki bazı verileri incelemekte yarar var.

Savunma Bakanlığı 2009 yılındaki ABD askerî harcamalar bütçesinin 515.4 milyar dolar olduğunu açıkladı. Bakanlığa göre bu, '2001 yılına göre neredeyse %74'lük bir artışa' denk geliyordu. Ne var ki Stokholm Uluslararası Barış Araştırmaları Enstitüsü'nün Haziran 2009'da açıkladığı bir araştırmada, bakanlığın bütçesinin büyük miktarda –neredeyse 100 milyar dolar– eksik öngörüldüğü, gerçek harcamanın 607 milyar dolar olduğu ifade edildi.[74] Her ne kadar bu rakamların ikisi de baş döndürücü olsa da (kabaca dünyanın geri kalanının askerî bütçelerinin toplamına eşdeğer) yine de yanıltıcı oluyor. Çünkü bu rakam ABD'nin askerî bütçesinde sadece Pentagon'un payını yansıtıyor. (Irak ve Afganistan savaş harcamaları bu rakama dahil değil.)

Savunma Bakanlığı'nın 515.4 milyar dolarlık bütçesi (doğru da olsa, %20 yanılmış da olsa) askerî ve sivil personelin maaşlarını, eğitimlerini, sağlık harcamalarını, silah ve tesislerin bakımını, günlük operasyonları ve yeni ekipman alımlarını kapsamaktadır.[75] Ama silah araştırma ve geliştirme faaliyetleri için harcanan milyarlarca doları, Enerji Bakanlığı'nın nükleer başlık ve reaktör çalışmalarını, CIA, NSA, FBI ve Yurtiçi Güvenlik Dairesi gibi başka kurumların yürüttüğü 'savunma ile ilgili çalışmaları', Muharip İşleri Dairesi ve diğer zorunlu programları (çoğunlukla askerî emeklilik ve sağlık hizmetleri), eski savaşlardan kalan borçların faizlerini, Irak ve Afganistan'daki savaşları (ki bunlar çoğunlukla bütçe dışı 'ek ödemelerle' karşılanmaktadır) ya da askeriye tarafından geçmiş faaliyetler kapsamında yapılan ama henüz ödenmemiş harcamaları kapsamamaktadır.[76]

Bu 'hesaba katılmamış' kategorilerdeki tüm kalemler de resmî askerî bütçedekilere eklendiği zaman toplam rakam 1 trilyon doları geçiyor; Savunma Bakanlığı'nın verdiği rakamın yaklaşık 2 katı.[77]

Bu aynı zamanda, devletin küçülmesini isteyen, fazla vergilendirmeye ve büyük devlet harcamalarına karşı olduklarını iddia eden politikacıların, rekor miktarda devlet parasını sağlık, eğitim ve diğer 'kamu' programlarından alıp askerî müteahhitlerin ceplerine aktarmayı nasıl becerdiklerinin de bir örneği.

Tüm dünyadaki askerî harcamaların yaklaşık yarısını ABD yaptığı halde, dünya GSYİH'sından aldığı pay %23'ün biraz altındadır. Askerî bütçeleri çok büyük olan diğer ülkelerin en azından 12 kadarı, ABD'nin müttefiki olarak kabul edilmektedir. ABD'nin askerî harcamaları İran ve Kuzey Kore'nin harcamalarının 72 katıdır.[78]

Tüm bunları biraz daha anlaşılır kılan aydınlatıcı bir açıklama da 12 Mayıs 2009'da geldi:

PENTAGON 50 MİLYAR DOLARLIK REKOR DÜZEYDE KARA BÜTÇE İSTİYOR

Aviation Week dergisi Pentagon'un rekor mahiyette, 50 milyar dolarlık gizli (kara) bütçe istediğini söylüyor. Bu, geçen yılın rakamlarına göre %3'lük bir artışı temsil etmektedir. Pentagon'un gizli operasyonlar bütçesi artık İngiltere, Fransa ya da Japonya'nın tüm askerî bütçelerinden fazla.[79]

Bu kadar büyük miktarda paranın gizli olarak tahsis edilmesi, demokrasi konusunda ciddi bir soruyu da akla getiriyor. 'Halktan, halk için ve halk tarafından' bir devlet oluşturmakla gurur duyan bir ülke, nasıl olur da vergi verenlerin ödediği bu kadar devasa miktarda bir parayı yine aynı insanların denetiminden gizlemeyi haklı gösterebilir?

1979 yılında Ordu ve Donanma Kulübü'ndeki o yemek sırasında Chuck Noble, "Gerçekten değeri olan bir şey üretmeyen bir ülkeye ne olacağını zannediyorsunuz?" diye sormuştu.

Yeni Anlaşma ile birlikte bizi Büyük Bunalım'dan çıkartan diğer olay olduğu ileri sürülen İkinci Dünya Savaşı dönemine bakacak olursak, o zamanlar gerçek değeri olan şeylerin icat edilip üretildiğini görürüz. Savaş için üretilen gemilerin, uçakların ve motorlu taşıtların çoğu, sonunda özel kuruluşlara ya da kişilere satıldı. Jet motoru ticari kullanıma girdi. Araba imalatçıları daha iyi arabaları daha ucuza üretmek için, bulunan yeniliklerden yararlandılar. Aynı şekilde tarım makinaları üreticileri de. Radyo iletişimi, vakum tüpleri, radar, X-ışınları ve diğer teknolojilerde gerçekleştirilen büyük atılımlar, kitlesel iletişim ve bilgisayar çağlarını başlattı. Sentetik kauçuk sadece araba lastiği üretiminde değil, neredeyse sanayinin her dalında devrim yarattı ve naylon ile birlikte daha birçok yeni malzemenin de keşfine yol açtı. Dondurulmuş ve işlenmiş yiyecekler ile hazır yiyecekler bir anda patladı. Penisilin, tıbbi yöntemleri tümden değiştiren 'mucize' ilaçlardan sadece ilkiydi. Bunların her biri savaşın bir yan ürünüydü ve her biri ABD üretim sektörü, perakende, hizmet, bankacılık, sigorta, tarım ve sağlık hizmetleri sektörleri ile birlikte bir dürtü oldu.

İkinci Dünya Savaşı insanlarda yaratıcılığı ve girişimciliği harekete geçirdi. Yıllarca süren bir ekonomik dürtü sağladı. 9 Eylül'den sonra kendimize ve liderlerimize, AK-47'lerin, karadan-havaya füzelerin ve misket bombalarının buna benzer bir şeyi başarıp başaramayacaklarını sormak o kadar zor olmamalıydı. Belki de bugün bildiğimiz şeyi, yani karşılığında bir şey vermeden bizi çok kötü bir bunalıma sürükleyeceklerini öngörmüş olabilirdik.

Ordu ve Donanma Kulübü'ndeki yemeğin sonunda Chuck Noble sandalyesini geriye itip doğruldu. Bir bacağını diğerinin üzerine attı ve siyah tozlu çizmesi neredeyse beyaz masa örtüsüne değecek kadar ayağını yukarı kaldırdı. "Hiç bunları neden giydiğimi merak ettiniz mi?" diye sordu.

"Bunu hepimiz biliyoruz, Chuck," dedi generallerden biri. "O berbat ayaklarını gizlemek için."

Chuck da herkesle birlikte güldü. "Eh, nedenlerden biri bu. Ama onun ötesinde..." Durdu ve masadakilere baktı. "Çok eskilerde, bunun gibi çizmelerin askerî bir mühendis tarafından bulunduğunu düşünmek istiyorum. Ve savaşı kazanan, en iyi çizmelere sahip ordu olurdu." Durup, ayağını indirdi. "O mühendis yepyeni bir endüstri yarattı. Ondan önce insanlar kendi çizmelerini kendileri yapardı; kaba sandaletler ve makosenler. Nihayetinde... Eh! Bu bir gelişme... Ama bu sadece, eğer ordu herkesin gerçekten gereksinim duyduğu şeyler keşfederse çalışır."

2. KISIM
ÇÖZÜM

13. Bölüm

KAPİTALİZMİN HEDEFİNİ DEĞİŞTİRMEK

"Bay Perkins... Siz, şirketleri sütten çıkmış ak kaşık gibi göstermekte, bu şirketlerin hayal edebileceklerinin ötesinde, çok usta bir hatipsiniz." Bunu söyleyen, Denver'daki Regis Üniversitesi'nde tıka basa dolu amfinin arka sıralarında ayağa kalkıp sıkılı yumruğunu bana doğru sallayan biriydi. Oldukça dikkat çekmişti ve bunun da farkındaydı. "Biz şirketleri ortadan kaldırmak istiyoruz."

Bu yeni bir mesaj değildi: *Sistem çökmüş durumda. Düzeltmemize de imkan yok. Kapitalizm adına özür dilemeyi bırakın. Yıkın gitsin. Sıfırdan yine başlayın.*

Dinleyenlerin başlarının üzerinden ona baktım. "Kaç yaşındasınız, sorabilir miyim?"

Uzun bir duraksama. "Şöyle söyleyeyim: Sizinle aynı nesildeniz."

"Kendi yaşam süreciniz içinde şirketlerden kurtulabileceğinizi gerçekten düşünüyor musunuz?"

Daha iyi bir sistem olasılığını ben de kabul ediyorum. Ama kapitalizmin yakın bir gelecekte düşeceğine de inanmıyorum. Düşmesi gerektiğini de düşünmüyorum. Kapitalizm, yaratıcı zihinleri üretkenliğe yönlendirmek için son derece etkin bir araç olduğunu kanıtlamıştır.

Dinleyicilere bir buçuk yaşında bir torunum olduğunu ve onun için daha iyi bir dünya yarattığımızı görecek kadar yaşamayı istediğimi söylüyorum. Mevcut haliyle kapitalizm –benimsemiş olduğumuz sapkın biçimi– tehlikeli olmaya başladı. Bu bize onu değiştirmek, yeniden şekillendirmek için bir neden verir, ortadan kaldırmak için değil. Ve yeniden formatlayacağımız kapitalizmin hedefleri daha şefkatli olacaktır. Çevresel ve sosyal açıdan ödenen bedeli dikkate almaksızın kârı en üst düzeye çıkartmak yerine, sürdürülebilir, adil ve barışçıl bir dünya oluşturma bağlamı içinde kâr etmek hedeflenecektir.

İnsanlardaki kafa karışıklığının çoğunun, sözcüğün kendisinin yanlış anlaşılmasından kaynaklandığı fikrindeyim. *Kapitalizm* ne demektir?

> *Kapitalizm*, özel kişilerin ve şirketlerin karmaşık bir ücretlendirme ve piyasa ağı içinde karşılıklı mal ve hizmet üretimi ve değişimi yaptıkları bir ekonomik sistem... – *Encarta*[80]

Okuduğum diğer tüm tanımlar gibi, bu tanım da kapitalistlerin kaynakları yağmalamaları ya da muhasebelerini tutarken 'dış etmenleri' gözardı etmeleri gerektiğini söylemiyor. Kârın tek amaç olması gerektiğini de önermiyor. Ya da denetleme eksikliğinin bir gereksinim olduğunu. İnsanların ve ülkelerin borç yükü altına girmeleri gerektiğini. Devletlerin su, elektrik ve sağlık sigortası gibi temel hizmetleri sağlamamaları gerektiğini. Ya da azınlığın çıkarları için çoğunluğun sömürülmesi gerektiğini.

Tarihe kısa bir bakış, bize kapitalizmin esnekliğini gösterdiği gibi, aynı zamanda karşı karşıya olduğumuz kriz ile başa çıkma konusundaki etkinliği hakkında iyimser olmamız için de bir neden veriyor.

Modern kapitalizmin kökleri, 16. ile 18. yüzyıllar arasında Avrupa'daki ticaret şirketlerinin imparatorluklarını genişletmek ve kâr ederek satabilecekleri malları satın almak için dünyanın her yanına gemiler gönderdikleri merkantilist düşünceye dayanır. İngiliz ve Hollanda'nın Doğu Hindistan şirketleri tekel yaratan patent hakları ile ödüllendirildi. Son derece güç kazanan bu şirketler ordu kurmak, anlaşma yapmak ve hatta kanun çıkartmak gibi haklar kazandılar. Hükümdarlar, bu şirketleri, keşifleri finanse etmenin bir yolu olarak gördü. Akıllarında sadece ülkelerine hizmet etmek, *kâfir*lere Hıristiyanlığı kabul ettirmek ve kendi medeniyet anlayışlarını tüm dünyaya yaymak vardı. Şirketlerin kârları yüce amaçlara hizmet ediyordu.

Sanayi Devrimi ile temelleri sarsılan merkantilizm, Adam Smith'den de esinlenerek, 18. yüzyılın ortalarında dünyanın kaynaklarının sabit olduğu ve bir ülkenin refahını ancak başkalarının pahasına artırabileceği inancından, üretim süreci ile ilave zenginlik yaratılabileceği inancına kaydı. Smith ve çağdaşları, sanayileşme sürecinde insanların çıkarlarını maksimize etmesini garantilemesinin en etken yolu olarak serbest piyasanın erdemlerini savundu. *Ulusların Zenginliği* (*The Wealth of Nations*) adlı klasik kitabında, doğru miktar ve çeşitlilikte mal ve hizmet üretmeleri için 'görünmez bir el'in serbest piyasaları yönlendireceğini vurguladı. Ancak, Smith ahlaksız ve vicdansız iş adamlarına ve tekellerin tehlikelerine karşı da uyardı. *Ahlaki Duygular Kuramı* (*Theory of Moral Sentiments*) adlı kitabında şefkat ve merhametin erdemlerini övdü. Kâr, tüm vatandaşların temel gereksinimlerini karşılayacak adil toplumları finanse etmek için kullanılmalıydı.

En azından kuram buydu. Ama gerçek yaşam oldukça farklıydı. 19. yüzyılda fabrikaların ve onlara hammadde sağlayan maden ocaklarının sayısındaki artış, yeni bir tür insan sömürüsünün başlangıcına işaret ediyordu: İş sahipleri malikânelerinde keyif sürerken, son derece sıkıcı ama genellikle tehlikeli işlerde, korkunç şartlar altında ve uzun saatler çalışan kadın ve çocuk görüntüleriyle özdeşleşen bir sömürü düzeniydi bu. Smith'in *görünmez eli*nin yerini, Darwin'in *güçlü olanın hayatta kalması* ilkesi almıştı.

'Hırsız baronlar' her ne kadar rakiplerini safdışı bırakmak için akıllarına gelen her yolu denedilerse de, ABD'de *bariz kader**

---

* Manifest Destiny: Atlantik'ten Pasifik Okyanusu'na kadar Kuzey Amerika kıtasını geçmenin ABD'nin kaderi ve Tanrı tarafından verilmiş kutsal bir görev olduğu inancını içeren doktrin (ç.n.)

doktrininin aracısı olduklarını iddia ettiler; doğanın sorumsuzca kullanımını ve Amerikan topraklarının durmaksızın genişlemesini, Tanrı tarafından verilmiş kutsal bir görev olarak haklı göstermeye çalışan bariz kader doktriniydi. Kızılderililerin, ormanların, yaban öküzlerinin ve diğer canlı türlerinin yok edilmesini, demiryolları ile kanalların yapımını, madenlerin çıkartılmasını, bataklıkların kurutulmasını, akarsu yataklarının değiştirilmesini, emeğin ve doğal kaynakların sömürülmesine dayanan bir ekonomik düzenin geliştirilmesini hep Tanrı emretmişti. 'Hırsız baronlar' ve Avrupa'daki benzerleri sadece Tanrı'nın emirlerini yerine getiriyorlardı.

Bu tür sömürüler yeni bir düşünce türünün ve düşünürlerin ortaya çıkmasına yol açtı. Kapitalizmin doğası gereği kusurlu olduğu görüşünü savunan Karl Marx ve takipçileri, sınıf ayrımı olmayan ve malların ortak mülkiyetine ve üretimin devlet kontrolünde olmasına dayanan bir sosyo-ekonomik yapı öneriyordu. Ama komünist toplumların İkinci Dünya Savaşı sonrası kapitalizme karşı bir 'Soğuk Savaş' kazanma çabaları sık sık 'ısındı'; sonunda, bu çatışmanın maliyeti Ronald Reagan gibi komünizmin en güçlü karşıtlarının işine yaradı. Sonuç olarak Sovyetler Birliği'nin çöküşünde katkısı oldu.

Sosyalist fikirlerin 1930'lardaki popülaritesi, işçilerin ABD'de organize olmalarına neden oldu. Sendikalar, fabrika ve maden sahiplerini çalışma koşullarını iyileştirmeye, ücretleri artırmaya, sağlık sigortası ve emeklilik hakları vermeye zorladı. Ekonomi tarihçileri bunu sık sık kapitalizmin değişen şartlara uyabilme yeteneğine bir örnek olarak gösterir. Her ne kadar sanayinin önde gelenleri ilk başta –ve bazen şiddet kullanarak– sendikaların isteklerine karşı çıktılarsa da, sonunda işçilerin yaşam koşullarındaki iyileşme ve dolayısıyla birer tüketici konumuna yükselmeleri, ekonomik büyümeyi tetikledi. Sonuçta, iş sahiplerinin sosyalist yazarlar, sanatçılar ve organizatörlerin savunduğu ilkelerin bazılarını kabul etmeleri hem onların, hem de çalışanlarının işine yaradı.

Üretim ve madencilik sektörlerinde büyüme büyük miktarda sermaye gerektiriyordu; dolayısıyla iş sahipleri giderek finansörlere daha bağımlı –ve onlarla daha içli dışlı– oldular. 20. yüzyıl boyunca, parayı sağlayan kişiler, yatırım bankacıları ve borsa aracı kurumları giderek daha fazla kontrol sahibi oldu. Yeni Anlaşma ile İkinci Dünya Savaşı sırasında sanayiciler ve finansörler dünyayı ekonomik krizden çıkarmak, savaşı kazanmak ve ABD'yi önde gelen jeopolitik güç yapmak için güçlerini birleştirdi.

Savaş sırasındaki başarılar, girişimci ve yöneticilere esin kaynağı oldu. Ortaya çıkan yeni teknolojiler, bilimsel buluşları günlük yaşama uygulayarak zengin olma hayalleri kuran yeni neslin hayal gücünü ateşledi. Bunların çoğu –Profesör Ashton gibi– hissedarlara ve şirketlerinin uzun vadeli çıkarlarına karşı güvene dayalı bir sorumlulukları olduğuna inanıyordu. Laboratuvar deneylerini televizyonlara, bilgisayarlara, cep telefonlarına, yeni yiyecek biçimlerine, daha verimli ev aletlerine ve ilaçlara dönüştürdüler. Aynı zamanda, sürekli ve kalıcı büyümeye de önem verdiler.

Ancak, bir kere daha, kapitalizm kendini değiştirdi. Wall Street'i kontrol eden ve şirketlerin amacının sadece kâr etmek olduğunu düşünen kişiler, yavaş yavaş sanayi liderlerinin şirketokrasideki yerlerini almaya başladı. Teknoloji ve bilgi sektörlerinin ortaya çıkmasıyla birlikte, para olmadan zekânın çok fazla bir işe yaramayacağı da açıkça anlaşıldı. Apple, AOL, Amazon ve Google gibi şirketler ancak hem zekâ hem de finansmana dayalı stratejiler sayesinde başarı kazandı. Wall Street'in parmağının hiç eksik olmadığı şirket birleşmeleri, şirketlerin devredilmesi ve satın almalar olağan sayılmaya başlandı. Finansal araçlar –kâğıt üzerinde yapılan işlemler– ekonominin lokomotifi olarak üretilmiş malların yerini aldı; paragöz yöneticiler tarafından kontrol edilen devasa holdingler, onlarca yıldır güvene dayalı sorumluluk anlayışına sahip CEO'lar tarafından yönetilen şirketleri yerlerinden etti.

Tarihi boyunca kapitalizm birçok şekil almış, tıpkı bir bukalemun gibi değişen ortama uyum sağlamıştır. Ancak günümüzdeki

Wall Street modeli son derece gariptir. Carter'ın 1980 seçimlerini Reagan'a karşı kaybetmesiyle öne çıkan bu modelde kapitalizmin hedefi, 400 yılı aşkın bir tarihçede ilk defa olarak, başka hiçbir amaç aranmaksızın, kârın maksimizasyonu olarak tanımlanmıştır. Yöneticileri kontrol altına almaya yönelik her çaba da, ilerlemeye yapılan bir saldırı olarak nitelendirilecektir.

Regis Üniversitesi konferans salonunun arka sıralarındaki o adam gibilerinin, kapitalizmi artık tükenmiş olarak gösterip, şirketlerin feshedilmesini istediklerini duyduğum zaman, kapitalizmi bu dar bağlamda değerlendirdiklerini anlıyorum. Tamamen yeni bir sistem talep ettiklerini duyduğumda ise kendimi Sovyetler Birliği ve Kuzey Kore'nin başarısızlıklarını düşünürken buluyorum.

Sorunlarımızın çözümü bozulmuş sistemi kaldırıp atmak değil, tamir etmektir. Yüzyıllar boyunca kapitalizm zamanın gereksinimlerine yanıt vermekte son derece başarılı olmuştur. Verimsiz arazileri verimli hale getirmiş, salgın hastalıkların kökünü kurutmuş, insanları aya göndermiş, bilim, teknoloji, tıp, mühendislik ve sanatta sayısız atılıma neden olmuştur. Bugün, kapitalizmin amacını yeniden tanımlamak gerekmektedir. 'Sosyal ve çevresel bedeli ne olursa olsun kârı en üst düzeye çıkartmak' yerine, bu yeni amaç 'sürdürülebilir, adil ve barışçıl bir dünya oluşturma bağlamı içinde kâr etmek' şeklinde belirtilebilir.

Bu düzenleme uygulamaya konmuş durumda. *Tüzel sosyal sorumluluğun,* şirketlerin yönetim kurullarında bir slogan hâline gelmesi, on yıldan fazla oldu. Şu anda tüm büyük şirketler, 'kesişen üç küme modeli'ni (finansal hedefler gibi, sosyal ve çevresel hedefleri de tutturmak) en azından destekler gibi görünüyor. Çoğu, bu modelin şirket kültürünün bir parçası olması için gerçekten çaba gösteriyor. Bu, bir dalga hâlinde tüm iş dünyasını sarmış durumda.

Çin, bunun canlı bir örneğini teşkil ediyor. Tüm ülke bir laboratuvar. Mao, aynen Regis Üniversitesi'ndeki adamın önerdiği şeyi yapmaya çalışmıştı: Kapitalizmi ortadan kaldırmak. Sonuç büyük bir başarısızlık oldu. Diğer yandan, post-Maoist Çin, kapitalizmi ya da Mao'nun ardılı Deng Xiaoping'ing 'sosyalist özelliklere sahip piyasa ekonomisi' diye adlandırdığı modeli benimsedi. Bu mucizevî bir başarıydı. Bugünün Çin'i, kapitalizmi değiştirme yolları –ve yapılmaması gerekenler– hakkında çok derin öngörüler sunuyor. Bunu belki de bu kitabı yazarken Şanghay'da birlikte takıldığım MBA öğrencileri kadar iyi anlayan başka bir grup insan yoktur.

14. Bölüm

ÇİN
Bir Dönüşüm Dersi

1970'li yıllarda, ekonomik tetikçi olarak etkinliklerim sırasında birçok defa, Hong Kong'un hemen dışındaki New Territories bölgesinde bir tepenin üzerinde durup, girmeme izin verilmeyen o gizemli ülkeye, Çin'e bakıyordum. Küba, Kuzey Vietnam ve Kuzey Kore ile birlikte Çin de ABD vatandaşlarına kapalıydı; bir gizem duvarının ardında saklanmıştı. Çoğumuzun tüm bildiği, Mao'nun Kültür Devrimi'nden dolayı ülkenin bir karmaşa içinde olduğuydu.

Sonunda, 2009 Haziran'ında Çin'i ziyaret etme şansını yakaladım. Uçağım Şanghay'a indiğinde pencereden dışarı, sıra sıra dizilmiş onlarca ülkeye ait uçaklara baktım ve kendi ET günlerimden beri burada olup biten tüm değişiklikleri düşündüm. Çin'in ekonomisi 30 yıldan bu yana daha önce görülmemiş bir şekilde, yıllık ortalama %10'dan fazla büyümüştü. Şimdi, inanılmaz bir şekilde, satın alma gücü itibariyle ABD'den hemen sonra ikinci ve nominal gayrısafi yurtiçi hasılası bakımından da Japonya'nın ardından üçüncü sırada yer alıyordu. Gerçi istatistikleri okumuştum ama yine de onların arkasındaki gerçeğe hazırlıklı değildim.

Şanghay havaalanına girmek, uçaktan inip cam ve çelikten yapılmış devasa bir uzay aracına girmek gibiydi; sanki bu dünyaya ait değildi. Orada öylece bir süre durup, ortamın boyutları ve ihtişamı karşısında büyülenmiş halde etrafıma baktım.

Gözlerimin önünden Asya'ya yaptığım ilk yolculuğun görüntüleri geçti: 1971 Endonezya, Nixon'ın Çin'e açılmasından bir yıl önce. ABD Vietnam Savaşı'nı kaybediyordu ve biz de, Claudine'in vurguladığı gibi, bölgenin geri kalanının da domino taşları gibi komünist yönetimin kontrolüne geçmesinden endişe ediyorduk. O yolculuğu daha onlarcası izledi; Cakarta hükümetini altyapı projeleri için büyük miktarda borç almaya ikna etmek üzere çeşitli raporlar hazırlıyordum. Ekonomik büyüme için öngörülerim tamamen birer kurguydu; amaç, Endonezya'nın liderlerine, ülkelerini iflas ettirecek borçlar altına girerlerse, vatandaşlarını bu yatırımların ekonomik büyüme konusunda muhteşem getiriler yaratacağı konusunda ikna edebileceklerini göstermekti. Bunun bir dümen olduğunu ve asıl amacın Endonezya'yı büyük miktarda borç altına sokup, Çin tarafından baştan çıkartılmaktansa bizim etki alanımıza girmeye zorlamak olduğunu hepimiz biliyorduk. O günlerde hiç kimse herhangi bir ülkenin iki rakamlı ekonomik büyümeyi birkaç yıldan fazla sürdürebileceğine inanmıyordu; hele ki 10 yıl hiçbir şart altında mümkün olamazdı.

Ama kısa bir süre sonra, Çin olanaksızı başardı. Ve sonra bunu bir daha yaptı. Ve sonra bir daha. Çin'in ekonomisi bir mantar gibi, tahminen 10 kat büyüdü; 30 yıl içinde, dünyanın en kalabalık ülkesi, içinde bulunduğu sefaletten kurtulup, insan azminin –ve kapitalizmin– neler yapabileceğinin bir simgesi hâline geldi.

Pasaport kontrolünden çıktığımda, beni üzerinde adımın yazılı olduğu bir kâğıt taşıyan bir adam karşıladı. Biraz iri yarı, güvenlik görevlisi tipinde birini bekliyordum ama tam tersiydi; ufak tefek, utangaç ve bir devlet memurundan ziyade, bir kitap kurdu ya da bilgisayar hastası gibiydi. Beni dışarı çıkarttı ve yine bir uzay aracına benzeyen havaalanı otelinin yanından geçip, öteden bekleyen bir arabaya götürdü. Bir Buick'ti bu! Çin için tasarlanmıştı. Sonra, kendimi etrafı L'Oréal, Avis, Ricoh ve Toyota reklam panoları –ve ağaçlar– ile çevrili 10 şeritli bir otoyolda hızla giderken buldum.

Biz Amerikalılar, Çin'in sorunlarına odaklanmaya nedense pek heveslyizdir. Örneğin, insanlar sürekli olarak Çin'in sera gazları emisyonunun yakın zamanda bizimkini geçtiğine dikkat çekerler (genellikle de, kişi başına emisyon miktarımızın onlarınkinin 5 katı olduğunu söylemeyi ihmal ederek). Modern Pudong

Mahallesi'ndeki otelime giderken, şehrin üzerinde asılı gibi duran ve hava kirliliği olduğunu varsaydığım sis tabakasının tabii ki farkındaydım. Ama asıl dikkatimi çeken çok daha farklı bir şey oldu: Ağaçların bolluğu. Her yerde düzinelerle ağaç çeşidi vardı. Uzunu, kısası, yapraklarını dökeni, iğne yapraklısı, bazısı bir renk cümbüşü –kırmızı, pembe, sarı ve beyaz çiçekler–içinde, geliş gidiş trafiğini ayıran geniş orta refüjü kaplıyordu. Ağaçlar otoyolun iki tarafında da göz alabildiğine uzanıyordu. Birçoğu uzundu, hepsi de sağlıklı görünüyordu; ya doğal ortama uygun seçilmişler ya da özenle büyütülmüşlerdi. Sonradan dikildikleri belliydi; akla Fransa'daki Versay Sarayı'nın bahçelerini getiren bir biçimde öbeklenmişlerdi. Tüm yol boyunca son derece hoş bir ortam yaratmaya ek olarak, havadaki karbondioksiti almak gibi bir işlevleri daha vardı. Bu, benim Çin'in kendi ortamını temizleme konusundaki kararlılığı ile ilk karşılaşmamdı. Bunu şoförümle konuşmak istediğimdeyse, İngilizcesinin, havaalanında mırıldandığı bir-iki selamlaşma kelimesi ile kısıtlı olduğunu fark ettim. Bu konuyu ilk fırsatta birine sormayı aklımın bir kenarına not ettim.

"Evet," dedi Çin Avrupa Uluslararası İşletme Okulu MBA öğrencisi Mandy Zhang. Bu okul tarafından *Küresel Sorumluluk Üstlenmek* başlıklı bir konferansta konuşma yapmak üzere Şanghay'a davet edilmiştim ve Mandy de o ilk gece otelimin yakınındaki bir lokantada beni ağırlamakla görevlendirilmişti. "Hepimiz Çin'in ekonomik gelişmesinin neden olduğu kirlenmenin son derece farkındayız. Özellikle biz genç insanlar bunu tersine çevirmeye ve düzeltmeye kararlıyız. Ağaçlar bu planın sadece küçük bir parçası."

Konuşma sırasında, ona ülkesinin yaşadığı bu olağanüstü ekonomik büyümeyi nasıl açıkladığını sordum. "Bunun üzerinde ben de çok düşündüm," dedi. "Söyleyebileceğim tek şey, Çin halkı olarak çok çalışkan olduğumuz. Ve motive edildiğimiz." Yüzünde geniş bir tebessüm belirdi. "Yaşadığımız dönem çok heyecan verici bir dönem. Bütün akranlarım geleceğe yönelmek için sabırsızlanıyor. Konferansımızın adının da işaret ettiği gibi, küresel olarak sorumluluk taşımalıyız."

"Çin'in çok eskiye giden bir ticaret ve iş geçmişi var," diye ekledi aynı okulda öğrenci olan Jess Zhang (Mandy ile hiçbir akrabalığı yok) ertesi sabah kahvelerimizi içerken. "Çok uzun bir süre bir gerileme süreci yaşadık ama 1980'lerde bir kere işleri yeniden rayına oturtma kararını verdikten sonra, elimizde kullanabileceğimiz kaynaklarımız ve geleneklerimiz vardı."

"Batı'nın gelişimi çok uzun yıllar sürdü ve bir dizi deney içerdi," dedi Jess'in yanında oturan ve konferansın öğrenci organizatörü olan Joseph Yu. "Çin, başkaları tarafından zaten yapılmış bir sürü hatayı atlayabildi. Sanayi Devrimi'nden geçmek zorunda değildi; doğrudan modern çağa atladı."

Çin Avrupa Uluslararası İşletme Okulu MBA öğrencilerinin çoğunluğu Çinli olsa da, yaklaşık %40'ı ABD, Avrupa, Latin Amerika ve Asya'nın başka bölgelerinden geliyor. Okulları, 2009 yılında *Financial Times* tarafından –Wharton, Harvard, Kolombiya ve Stanford ile birlikte– dünyadaki en iyi MBA eğitimi veren 10 okul arasında yer aldı. Konferans ise daha da karışık bir katılımcı grubunu bir araya getirmişti. Katılımcılar arasında, Kömünist Partisi üyeleri ile birlikte, komünizmin dünyaya Orwelyen[*] bir Kuzey Kore türü model yaymaya niyetli, şeytani bir güç olduğuna inanarak büyütülmüş Tayvanlılar da vardı. Konuştuğum katılımcıların tümü de üniversiteden mezun olduktan sonra, MBA okullarına kaydolmadan önce bir süre iş dünyasında yer almışlardı. Birçoğu özel şirketlerde ve çokuluslu şirketlerde çalışmış, bazısı da ülkenin ekonomik atılımının temeli olan kamu iktisadi teşebbüslerinde görev yapmıştı.

ABD'de konuştuğum birçok MBA öğrencisi gibi, onların da tutkuları daha iyi bir dünya için çabalamayı içeriyor. "Batı'da eğitim almış birçok Çinli öğrenci Asya'ya geri dönüyor," dedi Joseph Yu bir konuşmamız sırasında. "Bizler Batı ile Doğu arasında birer

---

[*] George Orwell'in *1984* adlı romanında, özgür toplumun refahını bozguna uğratıcı olarak tanımladığı koşulları anlatır. Bu koşullar modern baskıcı rejimler tarafından toplumun gözetim altında tutulması, propaganda, yanlış bilgilendirme, gerçeğin inkarı, geçmişin manipülasyonu ve hatta kişilerin yok farzedilmesi (kayıtlardan çıkarılması) şeklinde uygulanır. (e.n)

köprü görevi üstlenip, yanlış anlamaları ve hatalı algılamaları düzeltmekte yardımcı olabiliriz. Dünya küçüldükçe ve ülkeler arasındaki sınırlar giderek belirsizleştikçe, bizim gibi her iki kültürü de bilen insanlar özel bir rol üstlenecek. Dünyamıza ve barışa hizmet edebilecek eşsiz beceriler geliştirdik."

Konferans iki gün sürdü. Sonra da öğrenciler beni Şanghay'da gezdirdiler.

Çok aydınlatıcı bir deneyimdi. Entelektüel açıdan bu ülkede ekonomik bir mucizenin gerçekleştiğini anlayabiliyordum ama gerçek, tahmin ettiğimden daha muhteşemdi. Belirleyici olay, şehri doğu ve batı, geçmiş ve gelecek olarak ikiye bölen ve Şanghay'ın deniz taşımacılığının ana damarını oluşturan Huánpu Nehri üzerinde hava karardıktan sonra yaptığımız bir tekne gezintisiydi. Birincisinin simgesi Bund'dı: 20. yüzyılın ilk yarısında Asya'nın en meşhur sokağı olan Bund, 1842 Afyon Savaşı'ndan sonra Şanghay'ı işgal eden yabancı güçler tarafından bankalar, borsalar ve hükümet binaları için mekân olarak seçilmişti. Bugün ise klasik Avrupa, geç Rönesans dönemi ile Gotik ve Art Deko stillerinin sergilendiği bir mimari müze haline gelmişti. Nehrin diğer yakasında aralarında inci tanelerini andıran iki dev küresiyle Oryantal İnci Kulesi ve muhteşem Jin Mao Kulesi ile Çin'in en yüksek binası olan Şanghay Dünya Finans Merkezi'nin de bulunduğu, dünyanın en yüksek ve gösterişli gökdelenlerinden bazıları yer alıyordu. Gece olduğunda, eski ile yeni arasındaki tezatlık özellikle çarpıcıydı; batıda Gümrük Binası'nın zarif bir biçimde aydınlatılmış saat kulesinin yanında, doğuda Broadway'i gölgede bırakan bir renk cümbüşü.

Teknenin güvertesinde dururken, Deng Xiaoping'in 'sosyalist özellikli piyasa ekonomisi' tanımını hatırladım. Öğrencilerden, Mao'ya genellikle pek iyi bir gözle bakılmazken, Deng'in modern Çin'in babası olarak büyük saygı gördüğünü öğrenmiştim. Deng, 1980'li yılların başlarında Şanghay'ın ülkeyi dünyada daha önce benzeri görülmemiş şekilde bir ekonomik dirilişe götüreceğini buyurmuştu. Bu kamçı işe yaramıştı. Deng ayrıca, 'zengin olmanın şerefli bir şey olduğunu' da söylemişti.

"Deng de dahil olmak üzere Çin halkı bugün bile hâlâ hiyerarşiye saygı konusunda, Konfüçyüs'ün fikirlerinden etkilenmektedir," dedi Mandy, ben Deng'in söylediklerinin Milton Friedman'ın felsefesiyle örtüştüğüne dikkat çekince. Nehirden gelen serin esinti eşliğinde, okyanusa doğru yol alan bir petrol tankeri, ışıklar içinde koyu bir gölge şeklinde yanımızdan geçti. "Biz burada, yapacağımız en önemli şeyin ailelerimize hizmet etmek olduğunu öğrenerek yetişiriz. Ailelerimiz topluma, oradan da ülkeye uzanır. Deng Xiaoping işte bu bağlamda algılanmalıdır."

Çok derin bir gözlemdi. Eğer iş yapmanın tek amacının kâr etmek olduğu –ya da zengin olmanın şerefli bir şey olduğu–kavramını desteklerseniz, grubu bireyden daha önemli bir yere konumlandıran bir kültürde, bireyselliği öne çıkartan bir kültüre göre çok daha farklı bir kapitalizm yorumuna ulaşırsınız. İkincisi sadece kurallar gerektirdiğinde toplumun çıkarını düşünürken, birincisi bunu benliğine yerleşmiş etik anlayışından dolayı yapar.

Çinli öğrencilere ne zaman çevre hakkında bir şeyler sorsam, onu temizlemenin bir öncelik olduğunda birleşiyorlardı. Bunun gerçekleşeceği bana defalarca söylendi. İlk hedef ekonomik büyüme olmuştu; artık hızlı gelişimin yarattığı sorunları halletmenin zamanı gelmişti. Şanghay'da bulunduğum altı gün boyunca, hükümet çevreyi kirletenlerden fazla vergi alınacağını, ülkenin dört bir yanında elektrik istasyonları kurarak, elektrikli araba geliştiren bir şirkete destek vereceğini ve bu arabalardan satın alan müşterilere yaklaşık 4 bin dolar tutarında bir geri ödeme yapılacağını açıkladı. "Eğer hükümet bir şeyin olacağını söylüyorsa," dedi Jess, "o olur."

Dünya pazarlarının bir süre önce çökmesi nedeniyle, Çin'de de ekonomik büyüme hızı düşmüştü. (2009'un ilk çeyreğinde ABD'de yıllık %6 gerilemeye karşılık, Çin'de ortalama %6 bir büyüme hızı kaydedilmişti.)[81] Gazetelere ve Çin Avrupa Okulu'ndaki tartışmalara bakılırsa Çinliler, dünyanın geri kalanında ne olursa olsun işleri kısa sürede yeniden yoluna sokacaklarından emin görünüyorlar.

Sürekli olarak, 1.3 milyarlık potansiyel tüketici pazarının henüz çok küçük bir kısmına ulaşıldığını duyuyorum. Ek olarak, birçok kişi güneş enerjisi, rüzgâr gücü, elektrikli arabalar ve diğer çevreci ürünlerle, belki de dünya lideri olma olasılığı hakkında duydukları heyecandan söz ediyor.

Çin Avrupa Okulu'nun dekanı Rolf Cremer ve eşi Heidi, beni bir akşam yemeğe davet ettiler. Almanya'dan gelip yerleşeli 20 yılı aşkın bir süre olduğu için ülke hakkında herhangi bir yabancıdan çok daha bilgili olacaklarını düşünmüştüm. Çin'in küresel ekonomik sarsıntılara nasıl yanıt vereceği hakkındaki sorumu Heidi, "İyimserlikle," diye yanıtladı. "Avrupa ve ABD gibi, dünyanın birçok yerinde insanlar şikâyet edip, başkalarını suçluyorlar ama işleri düzeltmek için de pek bir şey yapmıyorlar. Değişmemek için nedenler arıyorlar. Burada tam tersi. Çinliler önce kendilerine bir şeyin neden işe yarayacağını anlatıyorlar. Sonra da harekete geçiyorlar; onun için de işe yarıyor."

Kapitalizmin Çin'i temelden değiştirdiği konusunda hiçbir soru işareti yok. Dünya nüfusunun yaklaşık altıda birinin sadece 30 yılda kendilerini bu kadar değiştirebilmiş oldukları gerçeği, hepimiz için bir umut kaynağı olmalı. Çin çok farklı ve üstelik tarih içinde birbirleri ile sık sık savaşmış birçok kültürün bir arada bulunduğu bir ülke ve biz insanların ortak bir amacı gerçekleştirmek için bir araya gelmek konusunda sahip olduğumuz yetileri ortaya çıkartmışlar.

Çin'den korkmak ya da kirlilik düzeylerini eleştirmek yerine, bu ülkenin bu olağanüstü örneğinden ders alabilir ve onu daha da iyisini başarmak yönünde yüreklendirebiliriz. Çin'in başarısının ardındaki asıl nedenin, bizim daha fazla borç ve daha az denetim içeren son modelimize rağbet etmemesi olduğunu düşünüyorum. Ve onların, diğer birçok gelişmekte olan ülkenin yaptığının aksine, Dünya Bankası şartlarını ve yapısal uyum programlarını kabul etmediklerini anımsamamızda yarar olduğunu düşünüyorum.

Birçok kere, Çin'de uygulanan ve politikaların tepeden-inme bir anlayışla, yani yukarıdan empoze edildiği ve tüm kararların merkezde alındığı bir devlet modelini mi, yoksa bizim daha demokratik modelimizi mi tercih ettiğim soruldu. Bu sorunun ardından da kaçınılmaz olarak şu gözlem geliyordu: Çin modeli dünyanın ekolojik bir felaketin eşiğinden geri dönebilmesi için bir olasılık sunarken, bizim modelimizin hantal doğası, gerekli kararların (dünyanın yaşamakta olduğu hızlı değişime ayak uyduracak kadar) hızla alınmasına izin vermeyebilir.

İlk başta öfkelendim; benim gibi demokrasi savunucusu biri için saçma bir soru gibiydi. Ama üzerinde düşündükçe, bunun gayet gerçek önermeler içerdiğini anladım ki bunlar otel odamın kapısına bırakılan gazeteyi elime alıp da, Başkan Obama'nın statükoyu değiştirmeye her çalıştığında karşısına çıkan bir başka direnişi öğrendiğimde daha da güçlendi. O gazete makalelerini okudukça, demokrasinin ABD'de nasıl gasp edildiğinin örneklerini görüyordum. Bugünkü karar verme süreci benim işletme fakültesinde okuduğumdan çok farklı. Terazinin ibresi insanlardan şirketlere kaymış durumda. Bugün ABD'de değişime karşı direniş, öncelikle CEO'lar, onların lobicileri ve onlara minnettar politikacılar tarafından sürdürülüyor. 2008 yılında insanlar onlara değişim vaat eden bir başkana oy verdiler ama şimdi aynı insanlar arkalarına yaslanıp, televizyonlarına dalıp, devletin her şeye bir çare bulmasını bekliyor. Ve çare bulmak yerine, devlet daha hâlâ şirketokrasiye hizmet etmeye devam ediyor.

Yani, o sorunun yanıtı, tartışmasız bir biçimde demokrasiyi tercih ettiğimdir. Ancak, şu andaki devlet tanımımızın da o tanıma uymadığından korkuyorum. Demokrasi bilinçli ve bilgili bir seçmen kitlesini varsayar. Seçmenlerin çoğu dış politikamızın en temel yönleriyle ilgili (örneğin, ekonomik tetikçilerin ve çakalların yaptıkları, kitle imha silahları hakkındaki yalanlar ve insanların haklarında bir suçlama olmadan hapiste tutulmaları) karanlıkta bırakılırlarsa, bilgilendirilmiş olduğumuzu iddia etmemiz zor olur.

Bugünkü Çin devletinin, halkın çoğunluğunun isteklerine duyarlı olup olmadığı hakkında bir şey söyleyebilecek durumda değilim. Ama ABD'de temel haklarımızdan çoğunu şirketlere devretmiş olduğumuzu söyleyebilirim. Ve onlar da çıkarlarımızı en iyi şekilde gözetmediler. Bizim istediğimiz değişikliklere karşı çıktılar ve bizler de onları durdurmak için pek bir şey yapmadık.

Demokrasi bizi yüzüstü bırakmıyor; biz demokrasiyi yüzüstü bırakıyoruz. Şirketlerin demokratik süreci devre dışı bırakmalarına izin verdik. Kapitalizmin bu yeni şeklini benimserken, halktan, halk için ve halk tarafından oluşturulan bir devleti alıp onu şirketokrasiye teslim ettik. Bu çözüm, yönetim sistemimizde bir değişim gerektirmiyor; sadece ekonomiye farklı bir yaklaşımla birlikte, bu sürecin elden geçirilmesini gerektiriyor.

Kapitalizmin uzun ve çarpıcı bir tarihçesi vardır ve birçok farklı biçimi içerir. Bizler, ABD'de onun sapkın bir türüne yakalandık. Bunun sonucu olan ateşlere katlandık, şimdi de iyileşme sürecine kilitlendik. Her virüs gibi, şirketokrasi de karşı koyuyor. Şimdiye kadar bir dizi zafer kazanmış olmamızdan cesaret bulabiliriz. Bir sonraki bölümde ele alacağımız gibi, hem devletimizi hem de en büyük ve en uzlaşmaz görünen şirketlerimizi yöntemlerini değiştirmeye zorladık. Geçmişteki bu başarılar, şirketokrasiyi dizginlemek ve demokrasiyi geri kazanmak için gerekli araçlara sahip olduğumuzun birer kanıtı.

15. Bölüm

DAVUT İLE CALUD

Kölelik, Abraham Lincoln kendini Beyaz Saray'da buldu diye kaldırılmadı. ABD halkı köleliğe karşı bir başkan seçtiği zaman bitti.

Amerikalı kadınlar seçimlerde oy kullanma hakkını, Woodrow Wilson bunu destekledi diye kazanmadılar. Kadınlar oy kullanma hakları için zaten çok uzun süredir mücadele veriyordu ve Wilson başkan olduktan sonra da onu kendilerine destek vermeye zorlamak için büyük bir kampanya başlattılar. Wilson nerede bir konuşma yapsa pankartlar açıyor; neden Amerikalılar Birinci Dünya Savaşı'na girerek Avrupa'da demokrasi için ölürken, ABD nüfusunun yarısının kendi evlerinde seçim sürecine katkıda bulunamadığını soruyorlardı.

Vietnam Savaşı Richard Nixon bir barışsever olduğu için sona ermedi. Askerlerimizi ancak, ülkenin her yanındaki vatandaşlar anlamsız görünen bir çatışmaya son verilmesini talep ettikten sonra geri çekti.

Değişim her zaman bizlerle başlamıştır:

1773 yılında çayları Boston limanına döken vatanseverler ile 1830'lu yıllarda kölelik karşıtı dernekler kuran, 1840'lı yıllarda çocuk-işçi karşıtı hareketi başlatan vatandaşlarla...

Susan B. Anthony ve Elizabeth Cady Stanton tarafından 1869 yılında kurulan Amerikan Ulusal Kadın Oy Verme Hakkı Derneği ile...

Martin Luther King Jr. ve Cesar Chavez'in ardından yürüyen insanlarla...

Joan Baez ve Pete Seeger ile birlikte gösteri yapanlarla.

Bu hareketlerin her biri, Amerikan Bağımsızlık Savaşı'nı da içeren uzun bir geleneğin parçasıdır. Bazen Amerikan Devrimi'nin, büyük şirketlerin İngiltere Kralı tarafından da desteklenen sömürüsüne karşı bir isyan olduğunu unutuyoruz. Bağımsızlık kazanıldıktan sonra, yeni hükümet sadece limanları genişletip, köprüler yapan ve piyasada rağbet gören malları ithal ederek kamu yararına hizmet eden şirketlere imtiyaz tanıdı. İmtiyazın süresi 10 yıl gibi kısa bir süreyle ya da şirketin kuruluş amacı olan işin bitmesi ile sınırlıydı ve hiçbir şirketin başka bir şirketi satın almasına izin verilmiyordu.

Bu yaklaşık 100 yıl kadar sürdü; ta ki John D. Rockefeller ve birkaç arkadaşı New Jersey ile Delaware eyaletleri yönetimlerini, varlıklı yatırımcıları kollayan ve 'yetkilendirici'* olarak bilinen kanunların, devlete vergi geliri (ve politikacılar için de avanta) sağlayacağına ikna edene kadar. Onları kısa sürede başka eyaletler izledi. İkinci Dünya Savaşı'ndan sonra da, IMF ve Dünya Bankası yetkililerinin dünyanın her tarafında ülkeleri özelleştirme programlarına, deregülasyona ve borç almaya zorlamalarıyla birlikte kamu yararını hiçe sayan politikalar her yere yayıldı. Eski rakiplerini satın alan büyük holdinglerin tekelci kolları da dünyanın her köşesine erişti.

Tarihimiz boyunca diktatör güçler tarafından yönetilmeye izin verdiğimiz, ardından da kontrolü ele geçirdiğimiz dönemler arasında gidip geldik. 1970 civarında başlayan dönem –küresel bir düzeyde–, 'hırsız baron' dönemine (daha önceki John D. Rockefeller dönemi) bir geri dönüştü. Ülkemizin ve dünyanın büyük bir kısmının üzerinden, gücü halktan alıp, bu sefer şirketokrasiye veren bir dalga geçti.

---

* Enabling act: Belli faaliyetleri meşrulaştırmak için yasama organı tarafından hükümetlerin kanun hükmünde kararname benzeri düzenlemeler yapmasına imkan veren yetkilendirici kanun. (e.n.)

2009 yılında Şanghay'a –sömürgeci ve dikta yönetimlerinden birçok defa payını almış bir şehir– yaptığım yolculuk sırasında, sık sık o günlerden kalmış görüntülerle karşı karşıya geliyordum. Bir öğleden sonra, 1500'lü yıllarda Ming Hanedanı döneminde yapılmış klasik bir Çin parkı olan Yu Bahçesi'nde oturdum. Büyük Taşlık olarak bilinen ve pirinç zamkı ile birbirlerine tutturulmuş, yaklaşık 2 bin ton ağırlığında, ender bulunan taşlardan yapılı o eğri büğrü ve bir tepeyi andıran heykeli inceledim. Neredeyse 15 metre yüksekliğindeki bu yapı, bir zamanlar şehrin en yüksek noktasıydı. Onun tepeleri, sırtları, yarıkları ve girintileri ile büyülenmiş bir halde ve şehrin keşmekeşinden uzak, birden kendimi çok mutlu hissettim. Tam o sırada önümden, elindeki plastik kılıcı sallayan küçük bir çocuk koşarak geçti. O anda havam değişti. Binlerce köle işçiyi bu taşları şehre taşımaya ve imparatorlar için bu fantezi dünyayı yaratmak üzere o taşları yontmaya zorlayan askerleri düşündüm.

Bir zamanlar ben de bir esir tüccarıydım. Bir ET olarak ilk görevimde bütün bir ülkeyi esir almaya gönderilmiştim. Endonezyalı yetkilileri, uluslararası borç almayı kabul etmeye ikna ettim. Böylece ABD mühendislik şirketleri çeşitli projeleri gerçekleştirmek için çok yağlı anlaşmalar yaptılar. Petrol şirketlerimiz çevreye ve yerel halka verecekleri zarar ne olursa olsun, sismologların petrol olabileceğini düşündükleri her yeri delmek konusunda imtiyazlar kazandılar. Endonezya'nın borcu, ülkeyi fiilen bir ABD kolonisine dönüştürdü; hazır giyim ve ayakkabı şirketlerine de, işçileri modern esirlere dönüştürerek *sweatshop*larda sömürmeleri için kapıyı açtı. Oradaki başarımdan sonra, bu süreci Ortadoğu, Afrika ve Latin Amerika'da tekrarladım. Kandırılmış ABD halkı ise tüm bu ülkelerde yoksulluğu sona erdirmek için çalıştığımıza inanıyordu.

Bu süreç Üçüncü Dünya'da o kadar iyi sonuç verdi ki, onu evimizde de uygulamaya karar verdik. Şirketokrasi kendi halkını sömürgeleştirdi. Yaklaşım aynıydı ama ülkeler yerine bireylere uygulanıyordu: Borç, özelleştirme, deregülasyon.

Şirketokrasi, bizi denetimi altına almanın her zaman bizimle başladığını biliyordu. Eğer insanları ödeyemeyecekleri bir borç yükü altına sokmayı başarır ve onları spor karşılaşmaları, *Popstar* gibi programlarla ve ünlü kişilerin cinsel yaşamlarıyla meşgul ederseniz, arzularını ve finansal kararlarını kontrol edebilirsiniz. Onları yönlendirebilir ve kullanabilirsiniz.

Tarihçiler 11 Eylül 2001 tarihine, sonunda bu sistemin zaaflarını ortaya çıkartan eşik olay gözüyle bakabilirler. Bu olay ABD'yi, ekonomiyi ciddi şekilde zorlayan bir savaşa itmiştir. Belki daha da önemlisi, 11 Eylül bizim yumuşak karnımızı simgeliyor. ABD küreselleşmesinin ikonları olan Dünya Ticaret Kuleleri sadece dakikalar içinde çöktü. ABD ordusunun beyni ve sinir sistemi olan Pentagon savunmasızdı.

Seattle'da düzenlenen Barış İçin Gaziler Ulusal Kongresi'nde yaptığım konuşmadan sonra, "Birçok kişinin ne kadar dibe vurduğumuzdan haberi bile yok," dedi, Irak'tan bir kolu kesilmiş olarak daha yeni dönmüş bir asker. "Kendimizi hep 'iyi adamlar' olarak gördüm; ta ki, orada neler yaptığımızı görene kadar. Biz Calud'uz[*] ve Davut[**] da bizi alaşağı etti."

Calud'lar gibi imparatorluklar da sonunda çökerler. Çöktüklerinde de boşluklar oluşur. Savaşlar çıkar. Ortaya, genellikle eskisinden daha iyi olmayan –hatta sık sık daha kötü– yeni bir imparatorluk çıkar. Bu yinelemek istemediğimiz bir şablon. O devasa toplumumuzun çöküşünü izlemek yerine, onu dönüştürmeye çabalayalım.

1960'lı yıllarda Boston'da bir öğrenciyken, Charles Nehri'nin yanından pek fazla geçmemeye çalışırdım, çünkü leş gibi kokardı. Ohio'da bir nehir –Cuyahoga– çeşitli imalathanelerin ve kimyasal madde tesislerinin saldığı atıklar yüzünden alev almıştı. O zamandan beri milletçe, işletmeleri sularımızı temizlemeleri konusunda ikna ettik. Şirketleri ozon tabakasına zarar veren aerosolleri kullanmamaya, DDT'yi yasaklamaya, kapılarını kadınlara ve azınlıklara

---

[*] Calud: İsrail-Filistin bölgesinde çok güçlü bir kral/komutan. (e.n)
[**] Hz. Davut. (e.n)

daha fazla açmaya ve Güney Afrika'daki ırk ayrımcılığını desteklemeye son vermeye zorladık. Yakın geçmişte McDonald's, Kentucky Fried Chicken ve başka şirketler yiyeceklerinden trans yağları çıkarttıklarını duyurdular; tüketiciler bunu talep ettikten sonra. Sonuç olarak, trans yağlar bazı eyaletlerde yasaklandı ve etiketlerde bunun yazılması şart koşuldu. Elektrik üretim şirketleri kömürle çalışan santraller yapma planlarını iptal edip, onun yerine rüzgâr ve güneş enerjisine dönüyorlar, çünkü devlet kuruluşları ve STK'lar karbondioksit salan tesisler için izin vermeyi reddettikleri gibi, müşterileri de sürdürülebilir enerji biçimlerine odaklanmaları konusunda ısrar ediyorlar.

Geçmiştekiler gibi, tüm bu eylemler de bizimle, yani halkla başladı ve öncelikle şirketlere yönelikti ve CEO'lar gerekli mesajı aldıktan sonra devlet yetkilileri de onları takip etti. Sonuçta ortaya çıkan değişiklikler piyasanın demokratik bir yapısı olduğunu gösteriyor. Bir kez onu öyle görmeye karar verirsek eğer. Burası bir anlamda nihai seçim sandığı. Şirketler sadece bizler onlara mağazalarında, alışveriş merkezlerinde ve internette oy verdiğimiz için var. Hangi şirketlerin başarılı olup, hangilerinin batacağına biz karar vereceğiz.

Bizler 150 yıl önce milletçe Abraham Lincoln'e oy verdik ve ilkelerimizi savunmak için de bir İç Savaş yaşadık. Daha sonra kadınlara oy hakkı için Woodrow Wilson'a gösteriler düzenledik ve Vietnam Savaşı maskaralığı hakkında hem Richard Nixon'ı, hem de halkı eğitmek için seminerler yaptık. Bugün, biz vatandaşların yine konuşması bekleniyor. Bilançoları etkilemeye başladığımız zaman, borsa fiyatlarını değiştirir ve yönetim kurullarının dikkatini çekeriz. O kurullar da yasama organının aldığı kararları etkiler.

Biz tüketiciler zor durumlarda birçok savaş kazandık. Piyasada oy kullanmak son derece etkindir. Şimdi ipleri biraz daha sıkmanın zamanı geldi. Şimdi savaşı kazanıp, 'imparatorluğumuzu' dönüştürmenin zamanıdır.

16. Bölüm

ERİYEN BUZULLARIN SORUMLULUĞU

Tibet Himalayaları'ndaki Karo La geçidinden geçerseniz, kapitalizmin sapkın biçimine karşı verdiğimiz savaşı neden kazanmak zorunda olduğumuzu anlarsınız. 5 bin metre yükseklikte, önünüzdeki çıplak manzaraya bakarsınız; yak sürülerini güden göçerleri ve İsa'dan önceki dönemlerde de içlerinde aynı şekilde yaşadıkları minik siyah çadırları görürsünüz ve gözlerinizin hemen ilerdeki dağları örten buzula doğru kaymasına izin verirsiniz. Yöre halkı size bu buz örtüsünün 20 yıldan az bir süre önce neredeyse yola değecek kadar yakın olduğunu, bir çocuğun taş atıp onu vurabileceğini söyler. O zamandan beri ürkütücü bir hızla gerilemiştir. Gözlerinizi kısar, şimdi neredeyse iki kilometre uzakta olan buzulun yüzeyinden yansıyan güneş ışıklarına bakarsınız.

Bir öğleden sonra –Tibet'e getirdiğim grubun diğer üyelerinden biraz uzaklaşıp– yolun kenarında öylece durmuş buzula bakarken, Himalayalar'dan kaynaklanan nehir sistemlerini düşündüm: Ganj, İndus, Brahmaputra, Mekong ve Yangtze. Yüzlerce milyon –belki de milyarlarca– insana su sağlıyorlardı. Ve bu nehirlerin kaynakları olan buzullar ise hızla eriyor.

"Hintliler ve Çinliler sularını taştan çıkartmak zorunda kalabilirler," dedi Nepalli rehberim. "Gerçekten de. Çinliler'in belli bir kaya türünü suya dönüştürme konusunda çalışmalar yaptıklarını duydum." Gözlerime baktı ve omuzlarını silkti. "Biliyorum, biliyorum. Olanaksız görünüyor ve belki öyledir de. Ama bu nehirler kurumak üzere. Ve bunların hepsi bizim yüzümüzden. Sanayileşme. Küresel ısınma." Buzula doğru döndü.

Orada sessizce dururken sapkın virüsün buraya kadar nasıl ulaştığını düşündüm. Deregülasyon sadece kapıyı Wall Street'in istismar edilmesine açmakla kalmadı, çok daha fazlasını yaptı. Birinci Dünya'da yaşayan bizlerin, kirliliğimizi tüm gezegene yaymamız anlamına da geldi. Buzullar her yıl daha fazla fosil yakıt kullanmamıza izin verdiğimiz için eriyor; hem de, bunun Antarktika'nın buz örtüsüne, Amazon ormanlarına ve Himalayalar'daki buzullara giderilemez zararlar verdiği hakkında tartışılmaz kanıtlara karşın. Ve bizler ABD'de ucuz bilgisayarlar, tenis ayakkabıları ve ev aletleri almaya devam ederken, bir yandan da temiz hava soluyabilelim diye imalat süreçlerimizi de Çin gibi ülkelere taşıdık.

Tibet'te o öğleden sonra aklıma bir de arkadaşlarımdan biri geldi; ABD'de hayli saygın ve kâr amacı gütmeyen çevreci bir kuruluşu yöneten arkadaşım, hayvanların ve ulusal parkların ateşli bir savunucusudur ve Kaliforniya ile Florida açıklarında petrol aranmasını yasaklayan kanunların da sadık bir destekleyicisi. Bir konuşmamız sırasında, bu tür sahile yakın kaynaklardan elde edilen petrolün, 'Asya, Afrika, Ortadoğu ve Latin Amerika'dan aldıklarımızın' yanında, devede kulak bile olmadığını söyledi. Plajlarımızı ya da ormanlarımızı kirletebilecek eylemlere karşı olan bu arkadaşım, iş yabancı ülkelerdeki petrol aramalarına gelince sesini çıkartmıyor. Ekvador'da çocuklarının zehirli petrol atıklarından öldüklerine şahit olan ve Chevron/Texaco aleyhine 27 milyar dolarlık tazminat davası açan 30 bin Amazonlu'nun durumu, işte bu zihniyetin ne denli kısır olduğunun da göstergesi.

Karo La buzulundan yansıyan güneş ışıklarına bakıp arkadaşımla yaptığım konuşmayı düşünmek, bana tarih boyunca, bir çarpışmayı kazanmanın bazen savaşı kaybetmek anlamına geldiğini anımsattı. Bunker Hill bunun çok güzel bir örneği. Teknik olarak savaşı İngilizler kazanmıştı, ancak yaralı ve ölü asker ile subay sayısı çok fazlaydı. Dahası sömürge orduları karşı tarafın da mücadeleyi sürdürmek için gerekli cesaret ve yeteneğe sahip olduğunu anlamıştı. ABD kıyılarını koruyan çevre mücadelelerini kazanmak, başka ülkelerdeki yağmur ormanlarının yok olması anlamına gelecekse, böyle zaferler son kertede kendimizi kandırmak olur. Meksika Körfezi'nde petrol platformları fikri hoşumuza gitmese de, Florida kıyılarında bu platformları görmenin insanları enerji tasarrufu yapmaya ve bugünkü hızda petrol tüketmeye devam etmek yerine, yenilenebilir enerji kaynaklarına yönelmeye ikna edebileceğini de anlamamız lazım. Himalayalar ya da Amazon'daki kirlenmeyi bir şekilde ABD'dekinden farklı görmek yanıltıcı ve darkafalılık olur.

Gerçek şu ki, bir hayatta kalma mücadelesi içindeyiz. Bu mücadeleyi kazanmanın tek yolu da sorunun küresel boyutlarına odaklanmak olacaktır. Düşmanımız Çinliler, Endonezyalılar, Kuveytliler ya da Venezuelalılar değil. Asıl düşmanlar bizi 'plana sadık kalmaya', tüketime devam etmeye, sömürecek yeni kaynaklar, ülkeler ve insanlar bulmaya ve sadece kendi arka bahçemizi kollamaya odaklanmaya ikna etmeye çalışanlardır. Bunu kabul edersek, biz de suç ortakları oluruz. Biz de düşmanlara katılırız.

Rehberim bana baktı. "Korkarım Nepal'deki halkımın, bu Bedeviler'in ve senin halkının paylaştığı ortak çok şey var."

Belki de ilk defa, hepimizin paylaştığı birçok ortak şey var. Aynı krizle karşı karşıyayız. Bu gezegende yaşayan herkes öyle. Her yaşam şekli. Hepimiz şu ya da bu şekilde küresel ısınmadan, ekonomik çöküşten, hızlı nüfus artışından, yoksulluk ve ümitsizlikten kaynaklanan şiddetten, türlerin yok olmasından, yakacak, yiyecek ve diğer malların fiyatlarındaki artıştan, her geçen gün azalan kaynaklardan, havanın, toprağın ve suyun sürekli kirlenmesinden etkileniyoruz.

Ne zaman torunumu kollarıma alsam, aklıma bunlar geliyor. Birbirimize son derece bağımlıyız, hiçbir çocuk (ABD'de doğanlar da dahil) her ülkedeki her çocuk aynı beklentiye sahip olmadıkça sürdürülebilir, adil ve barışçıl bir dünyada büyümeyi ümit edemez. Çin ve Hindistan'daki nehirler kururrsa, yaşanacak facia bu gezegendeki her çocuk için yıkıcı olacaktır.

Ve tarihte ilk kez, hepimiz birbirimizle iletişim içindeyiz. Uydu telefonları ve internet, Suudi Arabistan çöllerinden Sibirya ormanlarına kadar her yere ulaşıyor. Saldırı altında olduğumuzun bilincindeyiz. Kapitalizmin sapkın virüsü hepimize bulaşmış durumda.

Çocuklarımızı sevdiğimiz konusunda ciddiysek buzulları eriten, okyanusları kirleten ve soluduğumuz havayı zehirle dolduran eylemlerde bulunmayı engelleyecek kurallar ve düzenlemeler getirmekten başka bir çaremiz yok. Ürettiğimiz ve tükettiğimiz malların çevreye verdiği zararları görmezden gelmek, bir şirketin bilançosundan çok büyük bir borcu silip, onu hayalî bir kuruluşa yükleyip, sonra da şirketin mali durumunun sağlıklı olduğunu iddia etmeye benzer. Sonunda, bu nasıl Enron için bir işe yaramadıysa, geri kalanımız ya da doğa için de bir işe yaramayacak. Sadece bir dünyamız var. Ve o bizim evimiz; her şeyiyle.

17. Bölüm

TERÖR VE DİĞER 'İZM'LER

ABD Deniz Kuvvetleri'ne bağlı keskin nişancılar, pazar günü Hint Okyanusu'nda yaptıkları cesur bir operasyon sonucu, bir Amerikan kargo gemisi kaptanını kurtardılar, Somalili üç korsan da öldürüldü. Operasyon, ABD donanma komandoları ile üstükapalı turuncu cankurtaran botundaki küçük eşkıya grubu arasında, Somali Yarımadası açıklarında beş gündür süregelen belirsizliğe de son verdi.[82]

New York Times bu makaleyi Nisan 2009 tarihinde yayımladı. 'Korsan', 'cesur operasyon', 'belirsizlik' ve 'eşkıya' gibi sözcükler ABD medyasının çok sevdiği sözcüklerdir. Sanki beyaz şapkalı kovboylar atlarına atlayıp Daltonlar Çetesi tarafından kuşatılmış bir kasabayı kurtarmaya gitmişler gibi. Dünyanın o taraflarında bir ET olarak yaşadığım için, tüm bunların başka bir yönü daha olduğunu biliyordum. Niye hiç kimsenin korsanlığa neyin yol açtığını hakkında hiç soru sormadığını düşündüm.

1970'lerin başlarında, Endonezya adalarından biri olan Sulawesi'ye gönderildiğimde Bugi kabilesine yaptığım ziyaretleri anımsadım. Bugi kabilesi, 1600 ve 1700'lerden, Doğu Hindistan şirketlerinin var olduğu günlerden bu yana namlı korsanlardı. Gaddarlıkları, Avrupalı eski denizcilerin, evlerine döndüklerinde çocuklarını disipline etmek için, "Yaramazlık yapma, yoksa *bugimen** seni alır," diye korkuttukları bir söze de ilham kaynağı olmuştu. 1970'lerde,

---
* *Bogeyman*: İngilizcede "öcü" anlamına gelen sözcük (ç.n.)

Malacca Boğazı'ndan geçen petrol tankerlerimize saldırmalarından korkuyorduk.

Bir öğleden sonra, kabilenin ihtiyarlarından biriyle Sulawesi Sahili'nde oturmuş, kabile üyelerinin yüzyıllardan beri yaptıkları gibi, *prahu* dedikleri bir tür kalyon yapmalarını seyrediyorduk. Sahile vurmuş devasa bir balina gibi, gövdesinden fırlamış kökleri anımsatan eğri büğrü direklerin üzerinde, orada öylece duruyordu. Ellerinde keserler, baltalar, matkaplar bulunan onlarca adam oradan oraya koşturuyordu. İhtiyar adama, hükümetimin endişelerinden söz ettim ve üstükapalı bir şekilde, petrol yolları tehdit edilirse misillemede bulunacağımızı ima ettim.

İhtiyar adam ters ters baktı. "Eskiden korsan değildik," dedi beyaz saçları rüzgârda dalgalanırken. "Sadece topraklarımızı, baharatlarımızı çalmaya gelen Avrupalılar'a karşı savunmak için savaştık. Bugün gemilerinize saldırırsak, bu ticaretimize engel oldukları içindir; sizin 'kokan gemileriniz' sularımızı petrolle kirletiyor ve balıklarımızı öldürüp, çocuklarımızın aç kalmasına yol açıyor." Sonra omuzlarını silkti. "Şimdi ise ne yapacağımızı bilmiyoruz." Gülümserken samimiydi. "Tahta sandallara binmiş bir avuç adam nasıl olur da Amerika'nın denizaltılarına, uçaklarına, bombalarına ve füzelerine karşı gelebilir ki?"

Deniz komandoları operasyonundan birkaç gün sonra *New York Times* makalesini izleyen ve "Somali'deki Korsanlıkla Mücadele" başlığı altında yayımlanan köşe yazısı şöyle bitiyordu:

> Yine de, kendi haline bırakılırsa Somali sadece daha tehlikeli bir hal alıp, Doğu Afrika'daki diğer komşularına da şiddet aşılayacak, daha çok aşırılığa yol açacak ve Aden Körfezi'ndeki deniz trafiğini daha da zorlaştıracak. Şu anda Somali'nin güçlü kabileleri ile işbirliği içinde önce yerel, sonra da ulusal birtakım kuruluşları yeniden hayata geçirmek de dahil, çeşitli yaklaşımlar değerlendiriliyor. Bu yaklaşımlar acilen bir sonuca ulaştırılmalıdır.[83]

Ama ne *New York Times*, ne de okuduğum, gördüğüm ya da dinlediğim diğer medya kuruluşları Somali'deki sorunun köküne inmeyi denemedi. Gemilerin mürettebatını silahlandırmak ve bölgeye daha fazla donanma gücü göndermek konusunda tartışmalar aldı yürüdü. Yerel ve ulusal kuruluşları yeniden hayata geçirmek konusuna belli belirsiz atıf yapılıyordu ama, yazar bununla tam olarak ne kastetmişti? Parasız hastaneler, okullar ve aşevleri gibi gerçekten yardımcı olacak kuruluşlar mı? Yoksa yerel milisler, hapishaneler ve Gestapo türü bir polis gücü mü?

Korsanlar aslında geçim kaynakları yok edilen balıkçılardı. Çocukları aç kalmış babalardı. Korsanlığı sona erdirmek için onların sürdürülebilir ve onurlu bir yaşama sahip olmalarına yardım etmek gerekiyordu. Gazeteciler bunu anlayamıyor muydu? Hiçbiri Mogadişu'daki gecekondu mahallelerini ziyaret etmemiş miydi?

Sonunda, Ulusal Açık Radyo'nun 6 Mayıs'daki *Morning Edition* programında Gwen Thompkins'in bir raporu yayınladı; Gwen, Abshir Abdullahi Abdi adında bir korsan ile söyleşi yapmıştı.

"Yaptığımızın yanlış olduğunun biz de farkındayız," dedi Abdi. "Ama açlık her şeyden daha önemlidir."

Thompkins araya girdi: "Bölgedeki balıkçı kasabaları yasadışı trolcüler ve sanayileşmiş ülkelerin atıkları yüzünden mahvolmuş durumda. Söylendiğine göre mercan kayalıkları ölmüş. Istakoz ve ton balığı yok olmuş. Yerli halk arasında beslenme bozukluğu oranı çok yüksek."[84]

Vietnam, Irak ve 1993'te Somali'de yaşanan 'Kara Şahin Düştü'* olayı ve benzer girişimlerden sonra, direnişleri engellemekte askerî tepkilerin nadiren işe yaradığını artık öğrenmiş olmamız gerekirdi. Aslında, genellikle tam tersini yaparlar; yabancı müdahaleler yerel halkı kızdırıp, onları asilere destek olmaya ve böylece direniş eylemlerinde artışa yönlendirir. Bu Amerikan Devriminde, Latin Amerika'nın İspanya'ya karşı verdiği kurtuluş savaşında,

---

* Black Hawk Down olayı: ABD ordusunun 1993 Ekimi'nde Somali'ye düzenlediği operasyonda, iki Black Hawk helikopterinin düştüğü çatışma. Olayı konu olan film, tarihin en iyi savaş filmlerinden biri olarak kabul edilmektedir. (e.n)

sömürge Afrika'sında, Hindiçin'de, Sovyet işgali altındaki Afganistan'da ve daha birçok yerde hep böyle olmuştur.

Eğer karşı karşıya olduğumuz krize gerçekten bir çözüm getirmek istiyorsak, sorunlarımızdan dolayı korsanları ya da diğer umutsuz insanları suçlamak bir işe yaramaz. Bu olaylar başarısız ekonomik modelimizin birer göstergesidir. Bir kalp krizi bir insan için neyse, bunlar da toplumumuz için aynı şeydir. Bir baypas ameliyatı yapmak için bir doktoru çağırır gibi, rehineleri kurtarmak için deniz komandolarını gönderiyoruz. Ama her ikisinin de daha derinlere giden bir soruna tepki olduğunu anlamamız ve kabul etmemiz çok önemli. Hastanın, her şeyden önce sigara, aşırı kilo, egzersiz azlığı gibi kalbinin sorun çıkarma nedenlerinin üzerine gitmesi gerekir. Bu korsanlık ve her türlü terörizm için de geçerli.

Çocuklarımızın gelecekleri ile Somali'nin balıkçı kasabalarında, Burma'nın (Myanmar) dağlarında ya da Kolombiya'nın ormanlarında doğan çocukların gelecekleri birbirine bağlıdır. Bu gerçeği unuttuğumuz zaman, o çocukları uzaklarda bir yerlerde, bir şekilde bizim hayatımızdan ayrı, sadece korsanların, gerillaların ya da uyuşturucu kaçakçılarının çocukları olarak gördüğümüz zaman, silahı, çok uzak görünen ama gerçekte kapı komşularımız olan ülkelerdeki umutsuz anne ve babalara olduğu kadar, kendi çocuklarımıza da doğrultmuş oluruz.

Ne zaman bizi sözde-teröristlerden korumak için yapılanları okusam, stratejimizin ne kadar dar görüşlü olduğuna hayret ediyorum. Bu insanlarla Bolivya'da, Ekvador'da, Mısır'da, Guatemala'da, Endonezya'da, İran'da ve Nikaragua'da karşılaştım ve eline silah almak isteyenine daha hiç rastlamadım. Tabii ki kendilerine hakim olamayarak seri cinayetler işleyen, kitle katliamları yapan delirmiş insanlar olduğunu biliyorum. Ama El Kaide, Taliban ve benzeri örgütleri harekete geçiren şeyin fanatizm olduğundan eminim ve bu grupların kendilerine sadece toplumların ezilmiş ve yoksul kesimlerinden yandaş bulabildiklerini de biliyorum. And Dağları'ndaki mağaralarda ve çöl kasabalarında karşılaştığım 'teröristler', aileleri petrol şirketleri, hidroelektrik santraller ya da 'serbest ticaret' anlaşmaları nedeniyle topraklarından göç etmeye zorlanmış kişilerdi. Çocukları açtı. Onların ailelerine yiyecek, tohum ve işleyebilecekleri bir toprağın tapusuyla dönmekten başka bir istekleri de yoktu.

Meksika'da gerillaların ve uyuşturucu kaçakçılarının çoğu önceleri toprak sahibi olan mısır yetiştiricileriydi. Kuzey Amerika Serbest Ticaret Anlaşması (NAFTA), sübvanse edilmiş ABD üreticilerine haksız rekabet koşulları sağlayınca geçim kaynaklarını kaybettiler. 850 binden fazla üye ve gönüllüyü temsil eden ve kâr amacı gütmeyen, internette faaliyet gösteren bir kuruluş olan Organik Tüketiciler Birliği (Organic Consumers Association) bunu şöyle açıklıyor:

> NAFTA, 1 Ocak 1994 tarihinde yürürlüğe girdiğinden beri ABD'nin Meksika'ya mısır ihracatı neredeyse iki katına çıkıp, 2002 yılında 6 milyon metrik tona ulaştı. NAFTA mısır ithalatını sınırlayan kotaları ortadan kaldırdı.../... ama ABD destek programlarının devam etmesine izin verdi. Ve böylece ABD tarım sektörünün, Meksika'ya maliyetinin altında mısır satmasını desteklemiş oldu.../... Meksika çiftçilerine mısır için ödenen fiyat %70'den fazla düştü...[85]

Yukarıdaki alıntı 'serbest ticaret' politikalarının karanlık yanlarını ortaya koyuyor. ABD başkanları ve kongre, bir yandan kendi ithalat kotalarımızı ve sübvansiyonlarımızı korurken, diğer yandan başka ülkelerin ABD mallarına kota uygulamalarını ya da yerel olarak yetiştirilip ABD üretimi ile rekabete girebilecek tarım ürünlerini sübvanse etmelerini engelleyen yönetmelikler çıkartıp, ABD şirketlerine haksız bir avantaj sağlıyor.

'Serbest ticaret' lafı başkalarının çokuluslu şirketlerimize tanınan ayrıcalıklardan yararlanmasını engelleyen bir kandırmacadan başka bir şey değil. Ama buzulları eriten kirlenmeye, topraklara el konulmasına ve sweatshoplara hiçbir düzenleme getirmiyor.

Sandinista gerillalarına vaaz veren ve bugün BM Genel Kurulu'na başkanlık eden Nikaragualı papaz, bu tür laf salatalarını ve halkı etkilemek için kullanılan sözcüklerin gücünü yakından tanıyor. "Terörizm aslında bir 'izm' değil," dedi Peder Miguel d'Escoto bana. "Kontralara karşı çarpışan Sandinistalar ile El Kaide arasında ya da Kolombiya'daki FARC ile Afrika ve Asya'da korsanlığa başlayan balıkçılar arasında hiçbir benzerlik yok. Ama hepsi de 'terörist' diye adlandırılıyor. Bu sadece sizin hükümetinizin dünyayı oralarda bir yerde bir *düşman'izm'* daha olduğu konusunda ikna etmek için başvurduğu elverişli bir yol; bir zamanlar komünizm için olduğu gibi. Dikkatimizi çok daha gerçek sorunlardan uzaklaştırıyor."

Dargörüşlü yaklaşımlarımız ve bunların sonucu olarak ortaya çıkan politikalar, şiddeti, ayaklanmaları ve savaşları kışkırtıyor. Uzun vadede 'terörist' diye nitelendirdiğimiz insanlara saldırmamızın hiç kimseye bir yararı yok. Tek ve bariz bir istisna hariç: Şirketokrasi.

Gemileri, füzeleri ve zırhlı araçları yapan; silahları, üniformaları ve kurşun geçirmez yelekleri üreten; yiyecek, içecek ve cephane dağıtan; sigorta hizmetleri, ilaç ve tuvalet kâğıdı sağlayan; limanlar, havaalanları ve evler yapan ve harap olmuş kasabaları, fabrikaları, okulları ve hastaneleri onaran şirketlerin sahipleri ve yöneticileri; asıl kazananlar onlar ve sadece onlardır.

Geri kalanımız, o tek ve fazladan anlam yüklenmiş sözcükle, *terörist* sözcüğü ile **KAFES**LENİYORUZ.

Bugünkü ekonomik çöküş bizi, *terörizm* gibi sözcüklerin yanlış kullanımından çıkar sağlayan şirketleri kontrol eden ve başka dolandırıcılıklar yapan insanları denetlemenin ve dizginlemenin önemi konusunda uyandırmıştır. Bugün, yönetici sınıfına mensup kişilerin de özel ve satın alınamaz olmadığının farkındayız. Geri kalanlarımız gibi, onların da kurallara gereksinimleri var. Ama yatırım bankalarını ticari bankalardan ve sigorta şirketlerinden ayıran düzenlemeleri yeniden tesis etmek, tefecilik karşıtı kanunları geri getirmek ve tüketicilerin ödeyemeyecekleri kredi borçlarının altına girmemelerini garanti etmek için gerekli yönergeleri uygulamaya koymak yeterli değil. Eskiden işe yaramış çözümlere geri dönemeyiz. Geleceği korumanın tek yolu, küresel anlamda çevresel ve sosyal sorumluluklar içeren yeni stratejiler benimsemektir.

Dünyanın büyük ruhani liderlerinden biri olan Dalai Lama bunu çok açık olarak anlıyor ve destekliyor. Kendi eylem anlayışını bir sabah Himalayalar üzerinde bir uçakta yanına oturduğumda bana anlattı.

18. Bölüm

DALAİ LAMA

Dua ve Eylem

Grubumuz Leh, Ladak* havaalanına çok erken gelmişti. Hindistan uçağımızın anons edilmesini beklerken, küçük lobiye Dalai Lama ve beraberindekiler de girdi. Birkaç gün önce binlerce Tibetli'den oluşan bir topluluğa konuştuğunu duymuştuk ama onunla özel bir buluşma ayarlamak mümkün olmamıştı.

Grubumuzdan biri heyecanla bana Dalai Lama'nın elinde Shapeshifting** adlı kitabımın olduğunu söyledi. Başka biri de Dalai Lama'nın sekreterine kitabın yazarının kendisiyle aynı uçakta olduğunu söylemişti. Uçağa girdiğimizde derhal en öne götürüldüm.

Dalai Lama gülerek bana baktı ve eliyle yanındaki koltuğu işaret etti. "Çok güzel," dedi, kitabımı göstererek. "Daha fazlasını öğrenmek isterim."

Uçak havalandı. Dalai Lama aşağıdaki Himalaya Dağları'nı işaret ederek, benim de ziyaret ettiğim Budist manastırlarının adlarını saydı. Sonra, yerel halklar ve onların sürdürülebilir bir yaşama sahip olma kararlılıkları üzerine konuştuk. Amazon'daki Shuar kabilesinin savaşta kestikleri düşman kafalarını küçülttüklerini söyledim. Çünkü onların bir tanrısı, nüfus artışı kontrolden çıkarsa, ilk başta 'kendi bahçelerindeki otları ayıklamalarını' emretmişti. Bu tanrı Shuar kabilesine kızmıştı, çünkü artan nüfusları başka türlerin –hem bitki, hem de hayvan– yok olmalarına neden oluyordu.

---

* Hindistan'ın kuzey sınırında Keşmir ile Tibet arasındaki bölge. (e.n)
** Shapeshifting: Techniques for Global and Personal Transformation. (Şekil Değiştirmek: Küresel ve Kişisel Dönüşüm Teknikleri) (e.n)

Dalai Lama başını salladı ve bir süre sessiz kaldı. Sonra şiddeti onaylamasa da, o tanrının mantığını anlayabildiğini itiraf etti. "Barış, sadece biz insanlar yaşayan tüm varlıklara şefkat gösterdiğimizde mümkün olur," dedi. "Yaşamı korumak konusunda sorumluluk almalıyız."

Sonra da, sorumluluk konusunda sadece düşünüp, konuşmak ve dua etmenin dışında, eyleme geçmemizin de önemli olduğunu söyledi.

Ona, ünlü bir Batılı yazarın kısa bir süre önce belli bir gün ve saatte herkesin yaptığı işi bırakıp, barış için dua etmesini istediğini söyledim.

"Dua etmek çok iyidir," diye yanıtladı. "Meditasyon gibi. Ama yeterli değildir." Arkasından da, dünyada milyonlarca insanın barış için dua etmesi ve sonra da gerekenin sadece dua etmek olduğuna inanıp, üzerlerine düşeni yapmış gibi hissetmeleri halinde, büyük olasılıkla barışa hiçbir zaman ulaşılamayacağından endişe duyduğunu söyledi. "Eyleme geçmeliyiz." Yüzünde, kitaplarının kapağında gördüğüm o gülümse belirdi. "Evet, eyleme geçmeliyiz."

Uçuşun sonunda Dalai Lama grubumuzu Hindistan'da Dharmasala'daki evine davet etti. Davetini kabul ettik ve birkaç gün sonra, bütün bir öğleden sonrayı evinde sohbet ederek geçirdik. Oldukça geniş bir yelpazede, birçok konuda çok etkileyici ve ilham veren bir konuşma oldu. Ama beni en çok etkileyen, eyleme geçme konusundaki ısrarcılığıydı. Dünyanın büyük ruhani liderlerinden biri duanın ya da meditasyonun değil, elle tutulur eylemin önemini vurguluyordu.

Daha sonra, grubumuz otele geri dönünce hanımlardan biri Hazreti İsa ve Hazreti Muhammed, Konfüçyüs, Buda, Gandi, Martin Luther King Jr. ve Nelson Mandela'nın da benzer söylemlerde bulunduklarına işaret etti.

"Eylem gereklidir," dedi nörolog bir dostum eve dönüp, Dalai Lama ile konuşmamızı ona aktardıktan sonra. "Ama eyleme geçmeden önce atılması gereken bazı adımlar olduğunu anlamak önemlidir. İşte o yazarın sözünü ettiği barış için dua burada devreye giriyor ya da Dalai Lama'nın meditasyonu veya senin o yerli dostlarının 'rüya' diye nitelendirdikleri şey." Aramızdaki masanın üzerinde duran su dolu bardağı işaret etti. "O bardağı almam için bir nedenimin olması gerek."

"Susuzluk."

"Kesinlikle. Ya da belki de masayı toplamak istiyorum." Sırıttı. "Ya da suyu sana fırlatmak. Aslında hiç fark etmez; önemli olan bir nedenimin olması. Sonra da, onu yapabileceğime inanmam gerek. Kendimi onu yaparken 'düşlemeliyim'. Beynim koluma ve elime bu bardağı almak istediğim ve alabileceğime dair sinyaller yollamalı." Bana baktı. "Beyinleri bu tür sinyalleri gönderemediği için sinir hastalıkları hastanelerine konulmuş yüzlerce insan var." Eğildi ve bardağa uzandı. "Tüm bunları yaptıktan sonra, artık eyleme geçebilirim." Bardağı aldı, dudaklarına doğru götürdü ve durdu. "Şimdi... Bir karar vermeliyim." Muzipçe güldü. "İçeyim mi? Yoksa sana mı fırlatayım?"

Hepimiz o bardağa bakmaktayız. Artık karar anı geldi. Onunla ne yapacağız?

Ekonomik gelişmenin tarihsel perspektifinde, türümüz bebeklikten ergenliğe adım atmış durumda. Mecazi olarak, avcı/toplayıcılar olarak yeryüzünde emekliyorduk. Bir süre sonra doğrulduk, elimize çapayı aldık ve çiftçi olduk. Sadece doğanın bizlere sunduğu şeyleri alabileceğimizi kabul etmek yerine, daha fazla kontrol sahibi olmak için girişimlerde bulunduk. Ektik ve biçtik, hava şartlarını ve ürün döngülerini inceledik, hayvanları evcilleştirdik, kumaş yapmayı ve bez dokumayı öğrendik. Aletler ve silahlar yaptık. Sonra, belki de Asya steplerinden Ortadoğu ve Avrupa'nın daha verimli topraklarına gelen küçük göçebe çeteleriyle başlayarak, yağmalamaya başladık. Başkalarını sömürme fikri bize çok cazip gelmeye başladı. Rekabetçi ve saldırgan olduk. Kendimizi, amacı komşularına baskın çıkmak olan topluluklar şeklinde organize ettik. Kaynakların kısıtlı olduğu ve 'kendi' insanlarımızın daha fazlasına sahip olmalarının tek yolunun başkalarından almak olduğu fikrine saplandık.

Bu kitabın daha önceki bölümleri merkantilizmden sanayileşmeye ekonomik evrimimizi ve oradan da rekabetin finans, iletişim ve bilgisayar teknolojileri etrafında döndüğü şeklinde algılandığı ve jeopolitiğin arkasındaki itici gücün ülkelerden çokuluslu şirketlere kaydığı günümüze kadar takip etti.

Şimdi, küresel krizle karşı karşıya olduğumuz bu günlerde, başarılarımız etrafında bir düş kırıklığı hissediyoruz. Kendi kendimizi yok etme yolunda olduğumuz gerçeği ile yüz yüzeyiz. Eriyen buzulların yol açtığı krizler, artık bizi geçmiş yüzyıllarda yönlendiren eski ilkelerin ötesine geçmenin, kendimizi ekonomik gelişme eğrisi boyunca zorlamanın, o adaletsiz, sömürücü, çocukça anlayışı terk etmenin ve çok küçük bir gezegen üzerinde yaşayan kırılgan bir tür olduğumuzu anlama olgunluğunu gösterme zamanının geldiğini sembolize ediyor.

Dünya üzerinde tüm kardeşleri, tatmin edici birer yaşam sürmedikçe, benim torunumun doyurucu bir hayatı olamayacağını anlamamızın zamanı geldi. Vatanımızın güvenliği ancak tüm dünyayı vatanımız olarak görürsek gerçekleşebilir. Hepimizin bu işin içinde olduğumuzu ve varlığımızın işbirliği yapmamıza bağlı olduğunu anlayıp, ona göre davranmamızın vakti geldi. Çünkü bunların her ikisi de doğru.

İş dünyası ve siyasi liderlerimizin, bütün insanlar için uzun vadeli sürdürülebilirlik, adalet ve barış vaat eden bir geleceğe götürecek bir yolda bize rehberlik etmeleri konusunda ısrar etmemiz gereken bir noktaya geldik. Bunu biliyoruz. Ayrıca biliyoruz ki onları bunu yapmaya zorlamak da tamamen bize bağlı. Liderlerimizin iteklenmeye ihtiyacı var.

Geçmişteki imparatorluklar askerî fetihlerle genişlediler. Bu durum artık değişti. Bugün dünyayı kontrol eden güçler, ordular tarafından değil, şirketler yoluyla oluşturuldu. Harekete geçmemiz gerek ama onları dönüştürmek için silahlara sarılmamız şart değil.

Bundan sonraki bölümler 5 eylem alanını kapsayan değişiklikleri uygulamak için bir strateji sunuyor:
1. Tüketici olarak sorumluluklarımızı kabullenmek.
2. Yeni bir ekonomi yaratmak.
3. İyi önderliği teşvik eden ve yeni bir tür kahramanı ikonlaştıran tutumlar benimsemek.
4. İş dünyası ve devlet için yeni kurallar uygulamaya koymak.
5. Kişisel tutkularımızı önemsemek.

Eğer göreli olarak küçük bir kısmımız, kritik önemdeki nüfus (nüfusun çok küçük bir yüzdesi) bilinçli olarak bu alanların her biri için eyleme geçerse, başarılı oluruz. Hem de kendi yaşam süremiz içinde.

19. Bölüm

TÜKETİCİ OLARAK SORUMLULUKLARIMIZI KABULLENMEK

"Bir daha herhangi bir Nike ürününü almayı reddedin," dedi bir kadın konferanslarımdan birinde. "Ve Nike'a da bir e-posta gönderip, *sweatshop*ları kullanmaktan vazgeçene kadar da bir daha hiçbir ürünlerini almayacağınızı anlatın. Onun yerine, bu tür imalathanelerde üretim yapmayan şirketlerden alışveriş yapın. Bu şirketleri internette bulabilirsiniz. Onlara bir e-posta gönderip, *sweatshop*larda üretim yapmadıkları, oraları kullanmadıkları için onları seçtiğinizi söyleyin. Eğer yeteri kadarımız bunu yaparsak, Nike da değişmek zorunda kalır ya da dükkânı kapatır."

"Peki, bu imalathanelerde çalışan tüm o Endonezyalılar ne olacak?" diye bağırdı, salonun diğer ucundan bir adam.

Mikrofona yaklaştım. "Hiç kimse işini kaybetmek zorunda değil," dedim. "Burada amaç Nike gibi şirketleri, bu imalathanelerde çalışanların düzgün bir yaşam sürmelerini, sağlık giderlerini, emeklilik fonlarını karşılamayı sağlayacak düzeyde maaş aldıkları yasal fabrikalara dönüştürmek zorunda olduklarına ikna etmek."

Bir diğer kadın elini kaldırdı. "Yani siz şimdi bana sırf Asya'daki bir aileyi desteklemek için çocuklarımın gömlekleri ve spor ayakkabıları için daha fazla para harcamam gerektiğini mi söylüyorsunuz? Bugün bile iki işte birden çalışmama rağmen iki yakam bir araya zor geliyor," dedi.

Bunu, kızım Jessica ile ilgili bir anımı anlatarak yanıtladım. Hamilelik döneminde bir gün beni aramıştı. İnternette bir bebek karyolası arıyordu. "200 dolara bir tane buldum," dedi. "Çin'de yapılmış, büyük olasılıkla bir *sweatshop*ta. Bir de Kanada'da yasal bir fabrikada, bakir ya da yağmur ormanlarından gelmediği belgeli ağaçlardan yapılmış bir tane var. O da 600 dolar. Ne diyorsun buna baba?"

Orada toplanmış insanlara baktım ve onlara Jessica'nın kâr amacı olmayan bir kuruluşta çalıştığını, çok fazla para kazanmadığını ve her kuruşu dikkatle harcadığını anlattım.

"Tabii ki fazladan 400 doları ödeyeceğim," diye devam etti Jessica telefonda. "Bebeğimin hayatını koruyacak bir araba koltuğu için bir şekilde 400 dolar biriktirirdim. Ya da güvenli olduğunu bildiğim bir kreş için. O zaman neden aynı şeyi adil ve güvenli bir dünya için yapmayayım ki? Bu bir fedakârlık değil, oğlumun geleceğine yapılan bir yatırım."

Daha önce başka konuşmalarımda da yaptığım gibi, dinleyicilere sosyal ve çevresel sorumluluk taşıyan şirketlerin ürettiği mallara daha fazla para ödemenin her zaman geleceğe yapılan bir yatırım olduğunu söyledim. Bu, o borcu çocuklarımıza geçirmediğimiz anlamına gelmektedir. "Bazen bu yatırımı yapmaya gücünüz yetmeyebilir," dedim. "Daha ucuz malı almak zorunda kalabilirsiniz. Eğer böyle olursa, en azından bir yatırımdan vazgeçtiğinizin bilincinde olun. Ama onun ötesinde, gücünüz yettiği zaman akıllı olanı, uzun vadede sizin ve çocuklarınız için en iyi olan şeyi yapacağınıza dair kendinize söz verin."

Tüketiciler olarak inanılmaz gücümüz var. Bu kitap en baştan beri piyasanın demokratik bir oy verme kabini olduğunu vurguladı. Biz insanlar satın alma kozumuzu, iyi önderliği teşvik etmek için kullanmaya karar verebiliriz.

Benzin fiyatlarının arttığı dönemde, çok benzin yakan arazi araçlarını almaktan vazgeçtiğimiz zaman araba üreticileri fabrika kapattılar. Aynı şey Çin'den gelen ve kanserojen madde içerdiklerini öğrendiğimiz çocuk oyuncaklarında, duman soluyan çocuklarda ortaya çıkan sağlık sorunlarını vurgulayan kampanyalar sonrası sigaralarda, yapı malzemelerinde asbest kullanımı konusunda ve daha birçok üründe de oldu.

Bazı yönetim kuramcıları, gerekli becerilere sahip ender birkaç kişiden biri olmanın dışında, başkalarının hayatı söz konusu olunca çoğumuzu engelleyen bir vicdandan yoksun oldukları için, büyük şirketlerin CEO'larına bu kadar fazla para ödendiği görüşünü savunuyorlar.

Thom Hartmann şöyle diyor:

> [İnsanların] sadece yaklaşık yüzde 1 ila 3'ü sosyopattır.../... ve o yüzde 1 arasında da çok küçük bir azınlık üniversite eğitimi görmüştür.../... bunların çok daha azı da işlerin nasıl yürüdüğünü anlar.../... Dolayısıyla modern tekelleri ve zararlı şirketleri yönetecek beceriye sahip insan sayısı öylesine azdır ki, bu kıtlıkta hissedarlar buldukları birini bu işte çalıştırabilmek için milyonlarca dolar ödemek zorunda kalıyorlar. Ve onlar da birer sosyopat olduklarından, sosyal sonuçlarını hiç düşünmeden parayı memnuniyetle alıyorlar.[86]

Sosyopatlar belki de gerçekten en büyük şirketlerimizin bazılarının tepesinde oturuyorlar ama bu bizi yıldırmamalı. Mallarını ve hizmetlerini satın almamıza ihtiyaçları var. Bizi mallarını almaya zorlayacak orduları da yok.

Benim tanıdığım yöneticilerin birçoğu –ET'lik yıllarımdan tanıdıklarım da dahil– sosyopat değil. Gerçekte, onlar da kapitalizmin bu aynı sapkın türüne yakalanmışlar. Görevlerinin sadece kâr etmek olduğuna inanıyorlar. Nokta. Fırsat verildiğinde koşa koşa kurumsal sosyal sorumluluk konferanslarına giderler. Üçlü bilanço fikrini benimserler. Onlara kâr dışındaki hedefleri de dikkate almaları konusunda yetki verirsek, gayretle çalışırlar.

Portland'daki bir radyo sunucusu geçenlerde bana, "Eğer Phil Knight'a (Nike'ın kurucusu ve yönetim kurulu başkanı) bir tavsiyede bulunabilseydiniz, bu ne olurdu?" diye sordu.

"Sanırım, Henry Ford'un açtığı yoldan gitmesini önerirdim," dedim. "Ford, çalışanlarına birer Ford almalarını sağlayacak kadar maaş ödemeyi istediğini söylemişti. Eğer Nike da *sweatshopu* olan her yerde aynı şeyi yapsaydı, dünya çok daha güvenli ve iyi bir yer olurdu. Ve Nike'ın satışları da tavan yapardı."

Canlı yayında Nike'ın çevresel anlamda daha sorumlu davranmak için adımlar attığını ve çalışanlarının birkaç yıl öncesine kıyasla çok daha iyi durumda olduğu konusunda kamuoyunu ikna etmek için halkla ilişkiler çabalarına bir hayli para yatırdığını konuştuk. Ancak, dördüncü bölümde sözünü ettiğim Adalet İçin Eğitim adlı sivil toplum kuruluşunun eş kurucuları Jim Keady ve Leslie Kretzu ile Endonezya ve başka yerlerdeki durumu izleyen diğer STK'lar, bu ülkelerin çoğunda Nike ürünleri üreten insanların hâlâ daha son derece düşük ücretler aldığını ve berbat koşullarda çalıştığını ortaya çıkarttılar.

Ne Phil Knight'ı, ne de psikolojik profilini bilirim. Onun da o sosyopatlardan biri olması olasıdır. Öyleyse, Ford'un izinden gitmesi pek olası değil. Ancak, biz tüketiciler –siz ve ben– çalışanlarına daha insanca davranması konusunda onu zorlayabiliriz. Yapmamız gereken tek şey, şirket politikalarını değiştirene kadar Nike ürünlerini satın almamak.

O gün, Portland'daki radyo programında dinleyicilere şöyle demiştim: "Bu dünyayı daha yaşanır bir yer yapmak için de elinden geleni yapan Nike'ın ürettiği ayakkabıyı giymeyi çok isterim. Nike, o ayakkabıların üretildiği atölyelerde çalışanları gözeteceğine söz verene kadar herhangi bir Nike ürünü almayı reddedersek, o günler de gelecek."

Konuşmalarım sonrasında şu iki soru sıklıkla sorulur:

Askeriyeye mal sağlayan şirketler ne olacak? Onları bundan nasıl vazgeçireceğiz?

Bir şirketin sosyal ve çevresel olarak sorumlu davranma konusundaki kararlılığını nasıl ölçebilirim?

İlk sorunun kısa yanıtı, askeriyeye yönelik şirketler üzerindeki etkimizin sandığımızdan daha fazla olduğu. Yağmur Ormanları Eylem Ağı (*Rainforest Action Network-RAN*) gibi örgütlenmeler perakendeci olmayan şirketlerin (Boise Cascade ve çoğu askerî tedarikçi gibi) ya da tüketicilerin belli bir markaya bağlanmadıkları düşünülen bir piyasada iş yapanların (Citigroup ve askerî tedarikçiler gibi) kendilerine özgü baskı mekanizmaları olduğunu ortaya koydu.

"Siz de en büyük müşterilerinden yardım istersiniz," dedi Eylem Ağı'nın müdürü Mike Brune gülerek, bir San Francisco lokantasında otururken. "Boise Cascade bizimle konuşmayı reddedince, biz de onların bizim programımıza katılan bazı müşterilerinden yardım istedik. Baskı işe yaradı. Büyük bankalara gelince, üst düzey yöneticilerini utandırmanız gerekebilir. RAN, gazetelere verdiği ilanlarda ormanları yok etmek ve yerli halkları öldürmek gibi başlıklarla birlikte şirket başkanlarının fotoğraflarını kullandı. Ayrıca kadınlara oy hakkı hareketinin Woodrow Wilson'a karşı kullandığına benzer bir yaklaşımla, şirket yetkililerince yapılan konuşmalara, ellerinde pankart ve dövizlerle üyelerini gönderdi. Her iki yaklaşım da sonuç vermişti."

"Şirket yöneticileri de birer insan," diye devam etti Mike. "Günün sonunda çocuklarıyla yüz yüze gelmek zorundalar. Senin benim gibi, onlar da sosyal baskılardan etkilenirler."

Askerî-endüstriyel kompleksi etkilemek hakkındaki bu sorunun daha uzun yanıtı ise ekonomiyi değiştirmekle ilgili. Bu konu ilerideki bölümlerde ele alınıyor.

Sıkça sorulan ikinci soru da bir şirketin kararlılığını değerlendirmek hakkında.

Jessica'nın oğluna bebek karyolası ararken fark ettiği gibi, internette çok bilgi var. Kaynaklar her zaman hatasız olmasa da, sürekli yenileniyor ve neredeyse her gün iyileştirmeler yapılıyor. Google ve diğer arama motorları sayesinde de en güncel verilere ulaşabiliyoruz. Bu kitabı yazarken yararlandığım kaynaklardan biri de kâr amacı gütmeyen, eskiden Co-op America'nın web sitesi olan Yeşil Amerika (*Green America*) oldu. Spor ayakkabılar hakkında bir şeyler öğrenmek istiyorsanız, işte size Co-Op America'nın 2009 Nisan ayında söyledikleri:

SPOR AYAKKABILAR:
LİDERLER VE NAL TOPLAYANLAR

Eğer *sweatshop*lardan uzak bir gardırop düzmek istiyorsanız, ayakkabılar bu işin en zorluk çıkartan yönlerinden biri olabilir. Yüzlerce ayakkabı üreticisi geçtiğimiz yıllarda operasyonlarını denizaşırı ülkelere kaydırdı ve birçoğunun da tedarik zinciri üzerindeki kontrolü yok denecek kadar az.

Spor ayakkabısı pazarındaki 'liderler ve nal toplayanlar' listesini oluşturmak için Co-op America'nın sitesindeki araçlardan ikisini GreenAmericaToday.org (eski ResponsibleShopper.org) ile GreenPages.org sitelerini kullandık. *Green Pages*'deki çevreci şirketler listesine erişmek için Responsible Shopper sitesindeki adlarını tıklayabilirsiniz.

The Autonomie Project: Ayakkabılarını Orman Koruculuğu Konseyi tarafından onaylanmış doğal ve sürdürülebilir lateks hammadde kullanarak üretir. Şirket Sri Lanka'daki lastik üreticilerine ve Pakistan'daki dikicilere Adil Ticaret ölçütleri uyarınca ödeme yapar. *Not: A+*

Equita: Paris merkezli Veja şirketinin ayakkabılarını satar. Veja ayakkabılarında kullanacağı çevre dostu organik pamuk ve doğal lateks için doğrudan Brezilyalı kooperatiflerle çalışır. Üretim, geçinmeye yetecek bir maaş ve üreticilerle uzun vadeli ilişkiler de dahil olmak üzere, adil işçilik koşullarında gerçekleştirilmektedir. *Not: A+*

Global Exchange: Çevrimiçi Adil Ticaret mağazasında terletmeyen spor ayakkabıları satmaktadır. *Not: A+*

No Sweat Apparel: Endonezya'da sendikalı bir fabrikada spor ayakkabılar üretmektedir. İşçilerin maaş ve hamilelik izni, Ramazan primleri ve sağlık sigortası da dahil diğer haklarıyla ilgili bilgiler No Sweat'in internet sitesinde görülebilir. *Not: A+*

Traditions Fair Trade: Arjantinli kooperatiflerin ürettiği ayakkabıları satmaktadır. Traditions'ın internet sitesi kâr amacı gütmeyen ve kooperatifleri destekleyen bir kuruluş olan The Working World'e bağlanmaktadır. Alıcılar burada bir ayakkabı için ödedikleri her kuruşun nereye gittiğinin bir dökümünü görebilmektedirler. *Not: A+*

New Balance: Geleneksel bir ayakkabı şirketi olan New Balance, ürünlerinin dörtte birinden fazlasını ABD'de üretmesi açısından tek olma özelliğine sahip. Son yıllarda Çin üretimine kaymış olması şirketi düşük ücretler ve Ulusal İşçi Komitesi ve Çin İşçi Gözcüsü'nün 2006 tarihli bir raporunda belgelenen uzun çalışma saatleri yüzünden eleştiriye maruz bırakmıştır. *Not: C*

Timberland: Timberland üretim tesislerinin izlenmesi için bağımsız bir denetleme sistemi kullanıyor ama Timberland'ın mal yaptırdığı fabrikalar hâlâ adaletsiz; fazla mesai, sağlıksız çalışma koşulları ve gecikmiş ödemeler yüzünden kırık not alıyorlar. *Not: C*

Nike: Fabrikalarında yakın zamanda yer alan istismarların arasında, Türkiye'deki fabrikalarından birindeki sendika faaliyetlerini engellemek için işçi organizatörlerinin işten çıkartılması da yer alıyor. *Not: F*

Reebok/Adidas: Reebok'un Ürdün'deki fabrikalarında yakın zamanda gerçekleşen işçi istismarları arasında insan trafiği, pasaportlara el konulması, 16 saatlik vardiyalar, asgari ücretin altındaki maaşlar, dayak atma ve cinsel saldırılar var. *Not: F*

Puma: Türkiye, Çin, El Salvador, Endonezya ve Meksika'da sayısız işçi hakları ihlali. Bangladeş'ten gelen raporlarda çocuk işçilerin dövülmesinden, bitkin düşene kadar günde mecburi 14 saat çalıştırılmalarından ve saatte sadece 6,5 sent kazanmalarından söz ediliyor. Not: F^{87}

Belli bir şirket hakkında daha fazla bilgi edinmek isteseydiniz, aynı sitede başka bir sayfaya gidebilir ve örneğin Nike hakkında şunları öğrenirdiniz:

- Dünyanın bir numaralı ayakkabı üreticisi olan Nike, ABD'deki spor ayakkabısı pazarının beşte birinden fazlasını kontrol etmektedir.

- Nike, fabrikalarının kimliklerini gizlemiyor. Onların Nike'nin tedarikçi kurallarına uyumunu ve enerji ihtiyacını çevreci kaynaklardan sağlayıp sağlamadığını kontrol etmek için bağımsız denetçilerle anlaşıyor.

- Ancak, Nike ile ilgili raporlarda, bu çabaların konfeksiyon işçilerinin çalışma şartlarını iyileştirmek için yeterli olmadığı belirtiliyor.

- Nike tedarikçi fabrikalarında sürekli olarak işçi hakları ihlalleri olduğu ve çalışanların çok az maaşla çok fazla çalıştırıldıkları, sık sık sözel ve hatta fiziksel kötü muamele ile karşı karşıya oldukları iddia ediliyor.

- İddialara göre Nike, kendini hem insan hem de işçi hakları ihlallerinden ötürü eleştirilmekten korumak için ayakkabılarının ve konfeksiyon ürünlerinin üretildiği denizaşırı fabrikalardaki çalışma şartları hakkında yalan söyledi. Denizaşırı çalışma koşullarını savunmak için şirketin verdiği beyanatların sadece 'ticari söylem' olduğunun anlaşılması üzerine Kaliforniya Yüce Mahkemesi Nike'nin yanıltıcı reklam vermekten ötürü dava edilebileceğine karar verdi.[88]

Tüketicilerin piyasayı bir oy sandığı haline getirmelerini kolaylaştıracak yeni araçlar sürekli ortaya çıkıyor. Etiketlemede doğruluk, yediklerimizi analiz etme yeteneğimizi (ne kadar kalori, yağ, protein, lif, sodyum, vitamin vs. içerdiklerini bilmek) kökten değiştirdiği gibi, yakın bir gelecekte de giydiklerimizin, kullandığımız ev aletlerinin ve diğer ürünlerin üretildikleri sosyal ve çevresel şartları daha iyi belirleme şansına sahip olacağız.

Daniel Goleman yeni kitabı *Ecological Intelligence*'da eli kulağında bir yaklaşım olan 'Sosyal ve Çevresel Yaşam Döngüsü Çözümlemesi' adı verilen bir barkot etiketlemesini tartışıyor. Bu uygulama, her ürün üzerinde satış noktasında müşterinin cep telefonundaki küçük bir kamera ile okunabilecek bir barkot olmasını öneren bir süreç. Böylece, yaşam döngüsünün en başındaki madencilik ve tarım işlemlerinden tutun, en sonundaki imha ve/veya geri dönüşüm işlemlerinin maliyet ve yararlarına kadar bir ürünün iyi ve kötü tüm özelliklerinin alıcı tarafından anında öğrenilmesi mümkün olabilecek.[89]

Bu tür yeni teknikler bize yeteneklerimizi geliştirme imkânı verecek. Yine de, beklememeliyiz. Bir etki bırakabilmemiz için yeterli bilgi bugün de var. Ne kendimizden, ne de şirketlerden yüzde yüz mükemmellik bekleyebiliriz —en azından başlangıçta— ama hepimizin mükemmelliğe ulaşmak için yüzde yüz sorumluluk hissetmesini bekleyebiliriz. İş dünyasına, sadece kendilerini en katı çevresel ve sosyal ilkeleri benimsemiş mal ve hizmetler sunmaya adamış şirketlerin mallarını alacağımız mesajını göndermek, hakkımız olduğu kadar, görevimizdir de.

Mükemmelliğe uzanma süreci sınırsız fırsatlar sunar. Yeni kuşak cesur mucitlere, girişimcilere ve işadamlarına kapılar açar. Bu sapkın virüsü ortadan kaldırmak, bize sağlıklı kapitalizmin yeni biçimlerini keşfetmek, heyecan verici ve dinamik bir ekonomiye adım atmak konusunda bir fırsat tanır. Bu da bir sonraki bölümün konusu.

20. Bölüm

YENİ BİR EKONOMİ YARATMAK

"Tarımla uğraşan büyük şirketler çok fazla gübre, böcek ilacı ve diğer kimyasallar kullandılar," dedi Nikaragua'nın Tarım ve Ormancılık Bakanı Ariel Bucardo Rocha, Stephan Rechtschaffen'a bakarak. "Topraklarımızın çoğu harap oldu."

Bir doktor olan Stephan, 1977 yılında kurulan kişisel gelişim, sağlık ve dönüşüme yönelik eğitim merkezi Omega Enstitüsü'nün kurucularındandı. Aynı zamanda *Time Shifting* adlı kitabın da yazarıydı. Kosta Rika'da bir yandan yeni bir holistik* eğitim merkezi inşa ederken, bir yandan da bölgede organik tarımı desteklemenin yollarını araştırıyordu. Nikaragua'ya bu yolculuğu, ilk kez 2008 yılının Mart ayında, Nikaragualı *campesino*lara** yardım etmek isteyen küçük bir grup yardımsever ve sosyal eylemci için organize etmişti. Uzak yerlere gitmiş, çiftçilerle konuşmuş, yerel pazarları ziyaret etmiş ve sonra da devlet yetkilileri ile görüşmek üzere Managua'ya dönmüştük.

Aynı öyküyü dinleyip durmuştuk. Dole, Chiquita, Cargill ve Kraft gibi şirketler ülkeyi yağmalamıştı. Sadece şirket kârlılığını artırmaya yönelik politikalar toprağı o kadar verimsiz bir hale getirmişti ki, ülkenin birçok yerinde organik tarım artık olanaksızdı.

Bu yöntemlerin bazılarının sonuçları bir *SourceWatch* makalesinde özetlenmişti:

---

* Holistik Eğitim: İnsanın akıl, ruh ve bedenden oluşan bir bütün olduğunu gözeterek oluşturulan eğitim programı. (e.n)

** (İspanyolca) Latin Amerika ülkelerinde büyük çiftliklerde çalışan tarım işçilerine verilen isim.

Nikaragua, Kosta Rika, Honduras ve diğer yerlerdeki Chiquita çalışanları, şirketi muz üretiminde, ABD'nin de aralarında bulunduğu ülkelerde yasaklanmış böcek ilaçları da dahil, zehirli tarım kimyasalları kullanmakla suçladı. 2002 yılında bir Nikaragua mahkemesi Chiquita, Dole gıda ve Dow kimya şirketini, DBCP olarak da bilinen *Nemagon* adlı böcek ilacı ile temas sonucu ortaya çıkan sorunlardan muzdarip Nikaragualı işçilere 489 milyon dolar tazminat ödemeye mahkûm etti. Nemagon, aralarında görme kaybı, organ hasarı, kısırlık, kanser, doğum kusurları ve düşükler de olmak üzere ciddi sağlık sorunlarına yol açtığının kanıtlanması üzerine onlarca yıl önce ABD'de yasaklanmıştı.[90]

"Yabancı şirketlerin, çok tehlikeli oldukları için ABD'de yasaklanmış kimyasalları başka bir ülkede kullandıklarına inanmak çok zor," dedi Nikaragua Parlamentosu İcraat Kurulu üyesi Alba Palacios. "Ama burada tam olarak bu gerçekleşti."

Tarım topraklarının yanı sıra, Nikaragua'da aynı zamanda bol miktarda tatlı su da vardır. Birçok nehir ve küçük göl, iki büyük gölün suyu ile desteklenmektedir: 7 bin 700 kilometrekarelik alanı ile Orta Amerika'nın en büyük gölü olan Nikaragua Gölü ve yaklaşık 56 kilometre uzunluğunda, 25 kilometre enindeki Managua Gölü. Ne var ki, ülkenin suları inanılmaz derecede kirlidir. ABD'li, kâr amacı gütmeyen bir kuruluş olan Public Citizen bu konuda şöyle diyor:

> Her ne kadar Nikaragua'nın yüzölçümünün %10'u su olsa da çevresel bozulma, kirlenme ve bazı bölgelerdeki su kıtlığı ülkenin nüfusunu ve üretkenliğini sürdürebilmek için gerekli olan suyu sağlama becerisini tehdit ediyor. Bugün, Nikaragualılar'ın neredeyse üçte birinin içme suyuna erişimi yok. Halkın %72'sinin içme suyuna ulaşamadığı kırsal kesimlerde insanlar sık sık sularını lağım, böcek ilaçları ve endüstriyel zehirlerle kirletilmiş

sığ kuyulardan, nehirlerden, derelerden ve göllerden edinmek zorundalar.[91]

Rocha ve Palacios ile görüşmemizden bir gün sonra Stephan ile birlikte Managua Gölü'nün kıyısında durmuş, göle bakıyorduk. Koku neredeyse dayanılmazdı. "1972 depreminden sonra, Somoza dışarıdan gelen tüm yardım paralarına el koydu," dedi Stephan.

1967'den 1979'a kadar ülkeyi –çoğunlukla gaddarca– idare eden ve ailesi 1936'dan beri ülkeyi demirden bir elle yönetmiş olan Anastasio ('Tachito') Somoza Debayle'yi kastediyordu. "Krallar gibi yaşadı. Managua'yı, su ve kanalizasyon şebekelerini yeniden yapmak yerine, tüm evsel, endüstriyel ve tarımsal atıkları bu göle akıttı. Burayı bir lağım çukuruna dönüştürdü."

"O zaman bir ET olarak ikinci yılımdı," dedim, bir yandan da kokudan korunma amacıyla burnuma bir mendil tutarken. "O deprem fonlarının, bu sahil boyunca bir ekonomik mucize başlatmak için tahsis edildiğini anımsıyorum. Güzel evler, parklar, ahşap yaya kaldırımları, dükkânlar, sanat galerileri, belki bir açık hava tiyatrosu. Turizm ve artan taşınmaz fiyatları Nikaragua'nın borçlarını ödemesine ve refah yolunda ilerlemesine yardım edecekti."

"Onun yerine, tüm bu sahil şu anda yaşanamaz bir halde. Nasıl da kaçırılmış bir fırsat!"

Stephan'a depremden çok kısa bir süre sonra katıldığım bir akşam yemeğinden söz ettim. Konuşmacı Dünya Bankası Başkanı Robert McNamara'ydı. Daha sonra, Latin Amerika projeleri ile ilgili birkaçımız McNamara ile buluştuk. Bize, bankanın ve ABD hükümetinin (McNamara, John F. Kennedy ve Lyndon B. Johnson yönetimlerinde savunma bakanlığı yapmıştı) tüm yolsuzluk ve insan hakları ihlallerine karşın, Somoza'nın arkasında duracağını, çünkü onun 'Castro ve Torrijos gibi komünistlere karşı bir kale' olduğunu söyledi. Bu sözler beni çok şaşırtmıştı. O zamanlar McNamara'nın eğitimine sahip birinin Omar Torrijos'u nasıl olup da bir komünist olarak karalayabileceğini merak etmiştim ama çenemi tuttum ve işimi korudum.

Daha sonra Stephan ile Dünya Bankası'nda nasıl bir reform yapılabileceği hakkında konuştuk. "İlk misyonu iyi bir şeydi," dedim. "İkinci Dünya Savaşı'nın mahvettiği ülkeleri yeniden inşa etmek. Öyle görünüyor ki, o misyonu, burası gibi yerlere uygulamanın tam zamanı." Birleşmiş Milletler'in Dünya Bankası ile birlikte çalışıp, gölü temizlemek için büyük bir kampanya başlatabileceğini ve başkentin yakınındaki boş bir araziyi şehir plancılığına örnek olacak bir projeye dönüştürme fikrini tartıştık.

"Bir düşün," dedi Stephan. "ABD askerî bütçesinin bir kısmını şu anda füze ve tank üreten şirketler yerine, bu gölü temizleyecek gereç yapmaları için ödeseydik, ne olurdu?"

Bu ilginç ve başka sektörlere de uygulanabilecek bir kavramdı. Örneğin, vergilerimizden bir kısmını Dole, Chiquita, Cargill, Kraft ve tarımcılıkla uğraşan diğer şirketlere, dünyanın aç insanları kendilerini doyurabilecekleri yollar (yiyecekleri yerel olarak yetiştirip, depolayıp, dağıtmaları için daha iyi yöntemler) geliştirsinler diye ödeseydik, ne olurdu? Kimseyi işinden etmeye de gerek yok. Sadece iş tanımlarını değiştirin yeter. General Dynamics, Raytheon ve Grumman'daki yaratıcı beyinlere denizaltılar yerine, kirlenmiş gölleri temizleyecek deniz araçları yapmalarını söyleyin. Chiquita, Dole ve Kraft'a muz plantasyonları yerine tükenmiş toprakları canlandıracak yöntemler ve yoksul kırsal toplumlara yönelik yiyecek depolama tesisleri geliştirmeleri için para ödeyin.

"Wal-Mart'ta şöyle bir gezindiğin zaman, dünyanın kimsenin ihtiyaç duymadığı döküntülerle dolu olduğunu anlıyorsun," dedi Stephan. "Bir süpermarkette yürüdüğünde, hepimizin vermek zorunda olduğu kararların sayısı ve çeşidine çok şaşırırdın. Mısır gevreği şekerli mi olsun, şekersiz mi? Ya da ballı mı, balsız mı? Kuru üzüm olsun mu, olmasın mı? Ya da kurutulmuş çilek, X marka mı olsun, Y marka mı? Büyük sarı kutu mu, yoksa daha bile büyük, aile boyu turuncu kutu mu?"

"Ve bu arada bir milyar ya da daha fazla insan açlık sınırında."

Yıllarca önce birilerinin sahilde bir yürüyüş yolu ya da şimdi anlamadığım bir şey yapmak üzere döktükleri beton yığınının yanında yürüdük. Harabe gibi görünüyordu. Bugünkü küresel ekonomimizin ne kadar büyük bir bölümünün döküntü ve kimsenin hiçbir işine yaramayan mallara dayalı olduğunu düşündüm: Boşa giden onca plastik ve metal, hiçbir besleyici değeri olmayan yiyeceklere dönüştürülen gösterişli ve savurgan paketlere konan tohumlar, kritik bir bileşen olarak ender bulunan ve açlıktan ölen Afrikalılar tarafından çıkartılan koltan mineralinin kullanıldığı cep telefonları, dizüstü bilgisayarlar ve sadece aylar içinde demode olan diğer elektronik cihazlar. Ve gözlerimin önüne hep aç insanların yüzlerini ve bir deri bir kemik kalmış bedenlerini getirdim: Hindistan, Nepal, Endonezya ve Haiti'de karşılaştığım ve diğer herkes gibi televizyonda gördüğüm insanlar. Karamsar olmamaya, onun yerine insanların gerçekten gereksinim duydukları şeyleri ve dünyaya yararı dokunacak ve gelecek için ümit veren mal ve hizmetleri üretmeye yönelik bir ekonomi oluşturma olasılığı üzerinde düşünmeye çalıştım.

Stephan'a, güney yarım kürede bir devrim rüzgârının estiği hakkındaki inancımdan söz ettim. Nikaragua her biri demokratik olarak seçilmiş bir dizi başkanı iş başına getirmiş on Latin Amerika ülkesinden biriydi. Güney Amerika nüfusunun %80'den fazlasını temsil eden bu ülkeler geçtiğimiz birkaç yıl içinde, dünyaya çok net bir mesaj gönderen başkanlar seçtiler. Bu insanlar, yüzyıllardır halklarını köleliğe indirgemiş sömürgeci politikalara 'hayır' dediler. Genelde 'Washington Uzlaşması', 'neosömürgecilik' ya da 'neoliberalizm' diye adlandırdıkları yağmacı kapitalizme 'hayır' dediler. Onları Dünya Bankası ve IMF borçları altında hapis tutan duvarların yıkılmasını talep ettiler. Ulusal kaynaklarının yağmalanmasına ve kamu kuruluşlarının çokuluslu şirketler tarafından özelleştirilmesine artık göz yummayacaklarını beyan ettiler.

Bu ülkelerin her biri –Arjantin, Bolivya, Brezilya, Şili, Ekvador, Nikaragua, Paraguay, El Salvador, Uruguay ve Venezuela– benim yaşam sürecimin büyük bir kısmında baskıcı hükümetler ve acımasız diktatörler tarafından (genellikle de CIA desteğiyle) yöneltilmişti. Seçilmemiş bu yetkililer ülkelerinin kaynaklarının ırzına geçmesi için şirketokrasiye yardım etmişti. Şimdi ise 10 yıldan kısa bir süre içinde, bunların tümü değişmişti. Halk konuşmuştu. Halk, barışçıl yollarla ve demokratik seçimlerle, ülke kaynaklarının değerini bilen ve vatandaşların bu kaynaklardan faydalanma haklarını kabul eden, bu kaynakları gelecek nesillere yararlı olacak şekilde kullanma sorumluluğunu kavrayan başkanlar seçmişti. Daha da önemlisi, bu liderler aynı zamanda şirketlerin gücünün de farkında olup, halklarının amaçlarına ulaşabilmesi için bu şirketleri en temel hedeflerini değiştirmeye özendirmeleri –ya da zorlamaları– gerektiğini biliyorlar.

Latin Amerikalı bu yeni liderler yeni bir ekonominin de kapısını araladılar. Ve bu kapıyı açarken, geri kalanlarımıza sürdürülebilir, adil ve barışçıl bir dünya yaratırken, dünyanın gerçekten gereksinim duyduğu şeyleri üreten bir kapitalizm ile kâr etme amacını birleştirmenin bir yolunu gösteriyorlar.

Hafif bir meltem Managua Gölü'nün üzerinden bize doğru esti. Kirletilmiş sulardan gelen koku artık dayanılmazdı. Stephan ile birlikte park ettiğimiz arabaya doğru yürüdük. Delik deşik betonun üzerinde yürürken, bir yandan da kendi yaşam sürecimiz içerisinde meydana gelen bu korkunç çevresel yıkıma üzülmekten kendimizi alamıyorduk.

Managua'nın yollarından geçip otelimize doğru giderken, gerçekten yapmamız gerekenin şu anki ekonomimizi tanımlayan aşırı materyalizmin ve militarizmin ilerisine geçmek olduğu fikrine takılıp kaldım. Bana öyle geliyordu ki, yeni ekonominin nasıl olacağı hakkında şimdiden hayli iyi örnekler vardı. Bunlardan biri And Dağları'nın tepesindeydi. Diğerleri hemen bizim arka bahçemizdeydi; Chicago, Denver, San Francisco, Seattle ve Washington D.C. gibi yerlerde.

21. Bölüm

ÇEVRECİ PİYASALAR

Otavalo, Ekvador Andları'nın tepesine kurulu, kartpostaldan fırlamış gibi görünen bir kasaba. 2 bin 400 metrenin üzerinde rakımı ile ekvatorun sadece birkaç kilometre kuzeyinde ve yerel halk tarafından kutsal addedilen üç volkanın oluşturduğu bir vadinin içinde yer alıyor. Adını verdiği yerel bir kabileye ev sahipliği yapan ve kökleri İnkalar'dan çok daha eskiye uzanan kasaba, müzisyenleri, dokumacıları ve şamanları ile ünlü.

Jorge Tamayo da o şamanlardan biri, aynı zamanda dostum ve vaftiz oğlumun da babasıydı. Güneşli bir sabah, pazar yerinde yürüyorduk. O yükseklikte artık iyice incelmiş olan havada bir odun dumanı kokusu vardı. Yerel bir bandonun çaldığı kamış kavalı, flüt ve davullardan yayılan melankolik müzik, avaz avaz bağırarak tezgâhlarındakileri ve gerdikleri iplerden sarkan rengârenk süveter, şal, pançö ve kilimleri satmaya çalışan pazarcıların sesleriyle yarışıp, dikkatimizi çekmeye çalışıyordu.

"Kendi koyun ve lamalarımızın yünü," diye açıkladı Jorge. "Her şey evlerde yapılıyor." Durup, yaşlı bir hanımla biraz sohbet etti. Ayaklarında sabırotu bitkisinin liflerinden örülü sandallar bulunan kadın, geleneksel koyu mavi düz bir etek, kırmızı ve yeşil çiçekler işlenmiş beyaz bir bluz giymişti ve boynuna da birkaç sıra halinde, altın renkli boncuklardan yapılmış bir kolye takmıştı. "Bunu sen kendin mi yaptın, büyükanne?" diye sordu, kenarı kırmızı işlemeli mavi bir pançoyu alıp, incelemem için bana uzatırken.

Kadının kırışıklarla dolu yüzüne altın dişlerini gösteren bir gülümseme yayıldı. "Kızım yaptı," dedi gururla. "Gözlerim artık eskisi kadar iyi görmüyor. Ben satış işine bakıyorum. Çocuklarım ve torunlarım hayvanlara bakıp, bir yandan da dokuyorlar." Tam da bir arkadaşıma hediye olarak almak için aradığım pançoydu. Jorge'nin kadınla yaptığı kısa pazarlık sonrası pançoyu aldım ve yürümeye devam ettik. "Ülkenize gittiğim zaman," dedi. "Sık sık bu pazar yerini düşünürüm."

ABD vizesi vardı ve sık sık bir şaman olarak yeteneklerinin ve And gelenekleri hakkındaki bilgisinin revaçta olduğu New England'a gidiyordu. "Orada herkes çevre hakkında konuşup, bazı ürünleri almamamı, çünkü bunların, çok kötü koşullarda çalışanlar tarafından üretildiğini söylüyor." Durdu ve etrafına bakındı. "Burada ise böyle şeyleri düşünmek zorunda değiliz."

Ona, benim de aynı şeyleri hissettiğimi söyledim. Otavala pazarını 1969 yılında ilk gördüğüm günden beri, gerek malların kalitesi, gerekse hepsinin yerel halk tarafından ve yerel malzemeler kullanılarak yapılmış olması beni çok etkilemişti. Ama son birkaç yıl içinde bazı şeyler değişmeye başlamıştı. Artık bazı tezgâhlarda Peru'dan, hatta Asya'dan ithal edilmiş mallar satılıyordu. Şüphesiz, aynı zamanda benim ülkem de değişiyordu; öyle görünüyordu ki, sarkaç diğer yöne doğru sallanmaya başlamıştı.

"ABD'ye bir daha gelişinde seni buna benzer pazarlara götüreceğim," dedim. "Sattıkları mal ya da görüntüleri anlamında değil, felsefi olarak benzer pazarlara."

Aklımdan her yıl Chicago, Denver, San Francisco, Seattle ve Washington D.C.'de yapılan Çevreci Festivaller geçiyordu.

Küresel Değişim (*Global Exchange*) ve Çevreci Amerika'nın ortak bir projesi olan Çevreci Festivaller 350'den fazla çevre dostu şirketi içeriyor: Organik vücut bakım losyonlarından spor ayakkabılarına, giyeceklerden adil ticaret yiyeceklerine ve yenilenebilir kaynaklardan yapılmış ev ve bahçe ürünlerine kadar her şey. Çevreci Festival katılımcılarının, sürdürülebilir ticari yöntemler uygulayıp uygulamadıkları incelenir. Herhangi bir şehirde düzenlenen

Çevreci Festival'in genelde 25 binden fazla ziyaretçisi olur. Tezgâhlara ek olarak başka etkinlikler de vardır: İş dünyası liderlerinin, yazarların ve eğitmenlerin yaptığı konuşmalar; çalışma grupları; filmler; çocuklar için etkinlikler; organik bira, şarap, çeşit çeşit yemek ve canlı müzik.

Geçtiğimiz günlerde yapılan festivallerin birinde konuşmacılardan biri *The Last Hours of Ancient Sunlight*, *What Would Jefferson Do*, *Threshold* ve daha bir düzineden fazla kitabın yazarı ve *Air America* radyosunda program sunucusu Thom Hartmann'dı. Konuşması sırasında beni özellikle etkileyen ve *Threshold*'da da değinmiş olduğu bir şeyden söz etti:

> Belli bir noktada, modern tüketici toplumumuz bir gerçek ve bir yalan üzerine kurulmuştur. Gerçek olan şu ki, güven ve emniyet eşiğinin altında yaşıyorsanız, azıcık bir 'şey' ruhsal ve duygusal durumunuzda ve yaşam kalitenizde çok büyük bir farklılık yaratabilir...

> Yalan olan ise kültürümüzün o baş döndürücü ve bir o kadar da tehlikeli söylemidir: "Eğer o kadar şey bu kadar mutluluk yaratıyorsa, o zaman onun on katı da seni on kat mutlu yapar..."[92]

Her iki pazar türü bağlamında da uygun bir gözlem gibi görünüyordu: Birincisi yarı kürenin en yoksul ülkelerinden birinde, ikincisi ise varlıklı ve son derece maddiyatçı ABD şehirlerinde.

Genelde bir Çevreci Festival'deki konuşmamı bitirince hemen pazarın içindeki bir kitapçıya götürülürüm. Orada birçok başka yazarla birlikte uzun bir masaya oturur, kitaplarımızı imzalarız. İnsanlarla sohbet etmek için çok güzel bir fırsattır bu. Sorular sorar ve bazen de bana içlerini dökerler. Söyledikleri çoğunlukla Thom Hartmann'ın dediklerinin benzeridir. "Biz Amarikalılar," derler, "çok daha azıyla yaşayabileceğimizi öğrenmeliyiz, üstelik dünya bundan çok daha fazlasına ihtiyaç duyan insanlarla dolu. Açlıktan kıvranan, ümitsiz insanların paylarına pastadan çok daha adil bir parça düşmeli."

Sonra, pazar yerinde dolaşırım. Yiyecekleri, elbiseleri, ayakkabıları ve gereçleri incelerken, insanımızın zekâsı beni her zaman etkiler. Çevreci Festivaller'in ve ülkedeki diğer festival ve fuarların yeni bir ekonomi yarattığı konusunda hiç şüphem yok; uzun vadeli sonuçlar yaratacak küresel bir piyasa oluşturmanın eşiğindeyiz.

Aynı zamanda bunu yapanların biz insanlar olduğumuzun da bilincindeyim. Denise Hamler, Alisa Gravitz ve Çevreci Amerika'yı (eskiden Co-op America) başlatan Paul Freundlich gibi insanlar; Kevin Danaher, Medea Benjamin ve Küresel Değişimi kuran Kirsten Moller ve dünyanın her tarafındaki şehir ve kasabalarda çevreci pazarlar organize eden binlerce kadın ve erkek. Dünyaya yeni bir düşünce ve yaratıcılık yayılıyor. Bu, Şanghay caddelerinde kenarlara dikilen ağaçlardan, Çin'in benzin içen arabaları elektrikle çalışanlarla değiştirme konusundaki kararlılığından belli. Los Angeles liman idaresinin 30 tonluk konteynerleri çekme yeteneği olan ve Balqon şirketi tarafından geliştirilen elektrikli kamyonlar satın almasından belli.[93] Grameen Shakti şirketinin Bangladeş'i dünyanın ilk güneş enerjisi ile çalışan ekonomisine dönüştürme çabalarından ve TerraCycle'nin şekerleme ambalajlarından, patates cipsi torbalarından, meyve suyu kartonlarından ve diğer 'atık' maddelerden ürettiği çeşitli mallardan belli. Jade Planet'in atık plastik torbalardan ürettiği süslü çanta ve ayakkabılardan ve ekonomimize giderek artan bir hızla katılan bu çeşit mal ve hizmetlerden belli.

Washington Üniversitesi'nden bir öğrenci geçenlerde, otomobillerin yaygınlaşmaya başladığı, sokakların at dışkısından geçilmediği dönemleri anımsatıp, şehre yakın yaşayan çiftçilerin atları besleyebilmek için nasıl da umutsuz bir çaba içinde olduklarına dikkatimi çekti. "O dönemlerde, otomobil bizi pislikten ve yiyecek sıkıntısından kurtaran bir kahraman olarak görülmüştü," dedi. "Hiçbir çözüm sonsuza dek geçerli değildir!"

Bir kız öğrenci de, üniversitede okuyabilmek amacıyla aldığı öğrenci kredisini ödeyebilmek için büyük bir şirkette yıllar boyu çalışmak zorunda olacağına işaret ederek, "Ama şimdi," dedi gülerek, "bir şirket kuracağım. Pasifik Okyanusu'nda iki yıl önce içinden geçtiğim yüzen çöp adasını temizleyerek para kazanacağım."

Son birkaç ay içinde Ekvador, İzlanda, Panama ve Çin'de de buna benzer düşünceleri dile getirenleri duydum. Ve ABD'de de. Geçen yıl bu söylemleri başka ülkelerde de duymuştum. Bunlar bizim geleceğimizin sesleri: Ekonomimizi sapkın kapitalizmden kurtarıp, coşkulu, yeni bir şekle doğru yönlendirecek insanların ağzından çıkan...

Bu yeni ekonomi, finansal kaynakları silah üretiminden alıp, dünyamıza uyum getirecek mal ve hizmetlerin yaratılmasına yönlendirecektir. Sermayeyi kimyasal gübreler, böcek ilaçları ve genetiği değiştirilmiş organizmalar geliştirmekten yerel, organik tarım tekniklerini destekleyen sistemler oluşturmaya ve açlıktan ölen insanların kendilerini doyurmalarını sağlamaya yönelik çalışmalara aktaracaktır.

Nikaragua'nın göllerini temizleyen, Borneo'nun mahvolmuş ormanlarını canlandıran ve yenilenebilir enerji kullanmak için yeni teknolojiler geliştiren şirketleri ödüllendirecektir.

Raflarımızdaki gereksiz malları –birkaç varlıklı CEO'yu daha da varlıklı kılmaktan başka hiçbir işe yaramayan incik-boncuk ve ıvır zıvırları– atacak ve onların yerine yaşamımıza anlam katan şeyler koyacaktır.

Bu yeni ekonomi bizi, başkalarını sömürmeye yönelten olgunluktan uzak davranışlardan uzaklaştırıp, kırılgan bir dünyada hep birlikte yaşayan tek bir toplum olduğumuzun bilincine varmamızı sağlayacaktır. Mal ve hizmetlerin daha verimli bir şekilde dağılmasını sağlayacak ve aynı zamanda dünyadaki şiddetin çoğunun kökeninde bulunan o korkunç ızdırabı da sonlandıracaktır.

Bu yeni ekonominin arkasındaki itici güç bugünün girişimcileridir. Onlar başarılı da olacaklar. Yarının kahramanları olacak iyi liderler işte onlar.

22. Bölüm

İYİ LİDERLİK, YENİ İKONLAR

Genç bir delikanlı olarak New Hampshire kentinde büyürken, kahramanlarım, tanıdığım diğer herkes gibi, başarılarıyla dünyayı gelecek nesiller için daha iyi bir yer yapan insanlardı. Arkadaşlarım ve ben George Washington, Thomas Jefferson, Tom Paine, Harriet Tubman, Thomas Edison, Ralph Waldo Emerson, Harriet Beecher Stowe, Florence Nightingale, Elizabeth Cady Stanton, Susan B. Anthony ve (askerlerden) Dwight D. Eisenhower'ın izinden gitmek istiyorduk. Onları büyük evlerde oturdukları ya da zengin oldukları için değil, soylu amaçlar peşinde koştukları için onurlandırmıştık.

Tarih derslerinde bize John D. Rockefeller ve J. P. Morgan gibi insanların, sanayileşmenin önünü açmış olsalar da, taklit etmek istemeyeceğimiz türde insanlar olduklarını öğretildi. Açgözlü, kötü kalpli ve bencil kişiler olarak betimlendiler.

Profesör Ashton ve işletme okulundaki arkadaşları 1960'ların sonlarında, şirket yöneticilerinin uzun vadeli şirket çıkarlarını korumakla görevlendirilmiş mutemet yöneticiler olduklarını öğreterek bu düşüncenin iyice perçinlenmesine yol açtılar. Büyük Depresyon sonrası çıkartılan kanunlar bu düşünceyi sistematize etti. Eğer halk geçtiğimiz yıllarda da bu anlayışı böylesine yüceltmeseydi, bugünkü ekonomik felaketle karşı karşıya kalmış olmazdık. Ama ne yazık ki, güç sahipleri ile çıkar grupları bizi tam ters yöne ittiler. Ve biz de koşa koşa gittik.

İnsanların televizyonda aşağılanmalarını övebilen, işten çıkarılmalarıyla dalga geçebilen Donald Trump gibi acımasız bir emlak müteahhidi ile General Electric'in yönetim kurulu eski başkanı ve CEO'su Jack Welch gibi kendisi milyon-dolarlık maaşlar ve ikramiyeler alırken, şirket çalışanlarının dörtte birini işten çıkartmış olmakla pervasızca övünebilen, atmosfere karbondioksit gazı salan sanayilerin, çevreye ciddi anlamda zarar verdiklerini reddeden insanları ikonlaştırdık. Milyarderlerin posterlerini dergilerimizin kapaklarına koyup, hayır kurumlarına bağışladıkları servetlerden dolayı onları övüyor ama o bağışladıkları servetlerin kat kat fazlasını rakiplerini ezerek kazandıklarını söylemeye gerek görmüyoruz.

Zengin ve ünlü kişiler hakkındaki programları seyrediyor ve bunu yaparak çocuklarımıza da malikânelerde yaşamı, özel jetlerde yolculuk etmeyi özendiren mesajlar gönderiyoruz; bunları gerçekleştirebilmek için ne kadar çevresel ve sosyal hasar verildiğini hesaba katmadan. Arabalarımıza 'Öldüğünde, en çok oyuncağı olan kazanır' gibi çıkartmalar yapıştırıyoruz.

Son 40 yıl içinde halk olarak biz de 'hırsız baronlar'ın bu modern eşdeğerlerine hayli güçlü destek mesajları gönderdik. Yöneticilere, onlardan ucuz mallar ve hisselerimize yüksek getiriler beklediğimizi söyledik. Bedeli ne olursa olsun en yüksek kârı getiren CEO'ları ödüllendirdik.

Gerçekten de, istediğimiz bu mu?

Böyle olmadığına dair her türlü belirti var. En azından şimdi öyle. 2008 başkanlık seçimleri bu açıdan sembolikti. John McCain'in Cumhuriyetçiler'in adayı olmasının arkasındaki önemli nedenlerden biri, yıllardır 'başına buyruk', efendi, dürüst biri olmayı sürdürmesi, dahası Kuzey Vietnam'da savaş esiri iken sırf babası bir donanma amirali olduğu için silah arkadaşlarından önce serbest bırakılmayı reddetmesiydi. Seçim kampanyası sırasında insanlar McCain'e bir Obama zaferinin ülkeyi felce uğratacağını söylemeye çalışmış olsalar da, bunu yapmayı reddetmişti. Sonunda Obama,

Cumhuriyetçiler'e göre kendi platformundan daha farklı, daha asil ruhlu bir bakış açısı sunduğundan büyük çapta bir başarı kazandı. Son yıllarda birçok cesaret verici eğilime tanık olduk. Tüketiciler şimdi eskilerin tam tersi anlama gelen mesajlar gönderiyorlar. Liderlerimizin kâr etmenin ötesine bakmalarını, daha iyi bir dünya yaratacak mallar ve hizmetler sunmalarını istediğimizi söylüyoruz. Birçok şirket de buna uygun bir şekilde davranıyor.

Whole Foods ve Publix's Greenwise gibi şirketler organik ürünler satmanın kârlı bir iş olabileceğini kanıtladılar. Danimarkalı bir eczacılık şirketi olan Novo Nordisk A/S dünyayı şeker hastalığından temizlemeye odaklanmış durumda. Şilili GrupoNueva'nın sürdürülebilir bir Latin Amerika yaratmak gibi bir amacı var. 16 milyar dolar değerindeki çokuluslu yoğurt üreticisi Danone Grubu ile Nobel Barış ödülü sahibi Muhammed Yunus'un kurduğu Grameen (mikrokredi) Bankası'nın bir yan kuruluşu olan Grameen Group'un yarı yarıya ortak girişimleri olan Grameen Danone Foods, Bangladeş'deki beslenme eksikliği yaşayan çocuklara ekonomik beslenme sağladığı gibi, ebeveynlerine de iş buluyor. Google.org 'kâr amaçlı yardımseverliğe' giden yolu açtı bile. Üyelerinin sahip olduğu kooperatifler 800 milyonu aşkın üye sayısıyla (1980'lerdeki üye sayısının iki katı), yakın zamanda dünya çapında bir iş kolu haline geldi.

Yeni bir çağın eşiğindeyiz. Giderek artan sayıda insan açgözlü ve maddiyatçı anlayışa sahip insanları onurlandırmaktan vazgeçmenin, kapaklarında onların fotoğrafı bulunan dergileri almamak gerektiğinin, kaynakları savurmanın imrenilmesi gereken bir şey olduğunu bize empoze eden televizyon programlarını kapatmanın zamanı geldiğinin farkında.

Artık Fortune 500'ü dünyamıza ve gelecek nesillere en iyi hizmet eden şirketlerin ve STK'ların bir listesine dönüştürmenin zamanı.

2005 yılında, okullarında yaptığım konuşmalar öncesinde işletme bölümünde yüksek lisans yapan öğrencilerle yemek yerken bana amaçlarını anlatmalarını istediğimde, neredeyse tümü para kazanmaktan ve güç sahibi olmaktan söz ederdi. 2008 sonbaharında ve 2009 yılının ilk yarısında tek bir öğrencinin bile bunlardan söz ettiğini duymadım: Stanford, Kolombiya, Wharton, Michigan, Ohio State, Boston Üniversitesi, Harvard, Antioch ya da Çin Avrupa Uluslararası İşletme Okulu'ndan tek bir öğrencinin bile. Bunu Olivet Yüksek Okulu, Regis Üniversitesi, St. John's Üniversitesi, William Patterson Üniversitesi ya da Wilmington Yüksek Okulu'ndaki lisans öğrencilerinden de duymadım. Sadece üç yıl içinde yaklaşımlar tümüyle değişmişti. Benimle yemeğe ya da bir toplantıya katılan tek bir öğrenci bile amaç olarak para ya da güç kazanmaktan söz etmedi. Onun yerine, söyledikleri daha iyi bir dünya yaratmaya katkıda bulunmak istedikleriydi.

Birçoğu, kâr amacı gütmeyen kuruluşların ardındaki insanlar için televizyon programlarında neden daha fazla zaman talep etmediğimizi merak ediyordu. Çoğu, bu tür programların egzotik mekânlarda geçen maceralar, ofis entrikaları, aşk, seks ve seyretmesi Donald Trump'tan çok daha ilginç olacak eksantrik tiplemeler içerebileceğini düşünüyordu. Birçok öğrenci son zamanlarda mantar gibi çoğalan Amerikan İdolü (popstar türü programlar) gibi yapımların popüler olmasının nedeninin, tanınmamış yetenek sahibi kişileri öne çıkartmak olduğu görüşünü dile getiriyor: Bu bir anlamda, sıradan insanlara sanki daha çok değer verilen 1940'larda ve 1950'lerde popüler olan Ted Mack'in *Original Amateur Hour*[*] ve Arthur Godfrey'in *Talent Scouts*[**] adlı programlarını anımsatıyor. Birçok öğrenci bana Barış Gönüllüleri'ne veya AmeriCorps'a katılmayı düşündüklerini ya da kâr amacı gütmeyen kuruluşlarda birkaç yıl gönüllü olarak çalışmayı planladıklarını da söylemişti.

Bir ülkenin idollerinin kişilikleri, o ülkenin değerlerinin aynasıdır. Bu, İkinci Dünya Savaşı sonrası savunmasız kişileri silahşorlara ve toprak ağalarına karşı koruyan kovboy kahramanların popülerliğini de açıklar. Ayrıca, dönemin önde gelen ekonomik kuramcısının, şirketlerin tek amacının kârlarını artırmak olduğunu söylediği bir zamanda servet edinmeyi bir saplantı haline getirmiş olmamızı da açıklar. Bunun tersi de doğru olabilir: Seçtiğimiz kahramanlar,

---

[*] Amatör yetenekleri ortaya çıkarmayı amaçlayan program. (e.n)
[**] Yetenek Avcısı, Yetenek Sizsiniz türünde yetenekleri keşfetmeyi hedefleyen TV yapımı. (e.n)

yaşamlarını şekillendirmek için verdikleri kararlarda çocuklarımıza yön verecektir. Eğer bunlardan birinin ya da her ikisinin de doğru olduğunu varsayarsak, daha sevecen bir dünya görüşüne sahip kadın ve erkekleri onurlandırmanın önemini anlayabiliriz.

Bu yeni girdiğimiz çağda Latin Amerika'ya yön verecek liderlerden ikisinin kadın olması (Arjantin ve Şili'de), erkek başkanlardan çoğunun yönetim kadrolarında kadınlara daha yüksek oranda yer verecekleri sözünü vermiş olmaları ve 2008 yılı ABD başkanlık seçimleri sırasında Demokratlar'ın listesinde Hillary Clinton'un ikinci sırada yer alması ve Sarah Palin'in de Cumhuriyetçiler'in başkan yardımcısı adayı olması çok önemli göstergeler. İstatistikler, kadınların güç sahibi oldukları çoğu durumda toplumun şefkat duygularının öne çıktığını, askerî duyguların ise gerilediğini gösteriyor. Polis ve savunma bütçeleri ile birlikte, şiddet ve suç oranları da azalıyor.

Kadınlar, Güç ve Barışın Biyolojisi (*Women, Power and the Biology of Peace*) adlı kitabında Dr. Judith Hand erkeklerin savaşı genellikle döllerini yaymak için –biyolojik bir zorunluluk– bir fırsat olarak gördüklerine dikkat çekiyor. Diğer yandan kadınlar için savaş yuvalarına, istikrara ve çocuk yetiştirmelerine karşı bir tehdit anlamına geliyor. Kadınlar barış ve kararlılık ister. Dr. Hand, daha barışçıl toplumlar için kadınların karar verme süreçlerinde daha büyük ve etkin bir rol almaları gerektiğini ileri sürüyor.

Dr. Riane Eisler, *Ulusların Gerçek Zenginliği* (*The Real Wealth of Nations*) adlı kitabında, bazı kuzey Avrupa ülkelerindeki gibi kadınların birer lider olarak saygı gördüğü ve yönetimde daha etkin rol aldıkları toplumlarda sağlık hizmetleri, nitelikli çocuk bakımı, eğitim ve dolgun maaşlı doğum izinleri için daha fazla kaynak ayrıldığını vurguluyor. Dr. Eisler şöyle diyor: "Bir ülkenin yaşam kalitesi kadınların statü ve güçleri ile birlikte artar ve azalır."[94]

Maddi zenginlik ve kârla ilgili saplantımızı bir kenara bırakıp kendimizi daha empatik bir dünya görüşü düzeyine çıkartmak barışçıl toplumlara ve sürdürülebilir ekonomilere yol açan feminen özellikler edinmemizi gerektirecektir. Gelecekteki kültürel ikonlarımızın daha büyük bir kısmı kadınlar ile liderliğin şefkatli yönlerini yansıtan erkekler olacaktır.

Ekonomimize bulaşan o sapkın kapitalizm virüsünün neden olduğu süreci tersine çevirmek bizim elimizde. Yakın gelecekte bu eğilimlerin hızlanarak devam etmesini ve yükselmesini sağlamak, bizi yönetenlere gerçekten istediğimizin besleyici gıdalar, temiz su ve hava, erişilebilir sağlık hizmetleri, emeklilik sonrası kimseye muhtaç olmayacağımızın garantisi, bizi ve haklarımızı koruyan bir hukuk sistemi –kısacası barışçıl, adil ve sürdürülebilir bir dünya– olduğunu anlatmak bizim elimizde. Bunu kendimiz, çocuklarımız ve dünyamızda yaşayan her birey için istiyoruz. Bu amaçlara ulaşmak için çaba gösteren insanları onurlandırıp, mükafatlandırmamızın zamanı geldi.

Böyle liderler, bugünkü ekonomik krize yol açan sömürülere karşı yeniden bizleri koruyan yasalar yapma gereksinimini anlayacaklardır. Aynı zamanda bunun ötesine geçmenin ve tarihte ilk defa sürdürülebilir bir çevre ve gelecek için adil ve barışçıl bir dünya oluşturmayı öncelikli gören düzenlemeler yapmanın gerekliliğini de anlayacaklardır.

23. Bölüm

İŞ DÜNYASI VE DEVLET İÇİN YENİ KURALLAR

İki Shuar erkeği –Shakaim ve Twitsa– ile birlikte Cutucu Dağları'na tırmanıyorduk. Çamurlu bayırlarla boğuştuk, omzumuza kadar gelen nehirlerden geçtik ve devrilip yolu kapatan devasa bir *kapok* ağacının kalın dalları arasından kendimize yol açarak ilerledik.

Sonunda Ulu Şelale'nin altında durduk. Sislerin arasından çağlayıp dökülürken yarattığı gökkuşağı, bir Shuar efsanesine göre ilk kadın ve erkeği doğurmuştu. Akşamüstü dostlarım bana suyu onurlandırmak için gerçekleştirilen geleneksel bir seremoni öğrettiler. O gece, derme çatma bir sundurmanın altında battaniyelere sarılarak, yakınlardaki bir jaguarın homurtusunu sessizce dinleyerek uyuduk.

Ertesi gün akşamüstü geri dönerken, kabilenin yerleşim yerinden sadece bir saat uzaklıkta, Shakaim kolunu kaldırıp bize durmamızı işaret etti. O ve Twitsa patikadan çıktılar. Küçük bir bitkinin yanında çömeldiler, onu incelediler ve aralarında bir şeyler konuştular.

Shakaim bitkiyi avuçlayıp küçük bir çanak haline getirdi ve yavaşça içine üfledi. Twitsa başını kaldırıp bana baktı. "Hastalanmış," diye açıkladı yapraklarını göstererek.

"Dün biz buradan geçerken sağlıklıydı," diye ekledi Shakaim. Ayağa kalktı. "Bunu ihtiyarlarımıza söylemeliyiz."

Yürümeye başladılar; bense orada öylece durup, ağzım açık bitkiye bakakaldım. Görünen ne olağandışı bir şey, ne de bu insanların onu fark edebilmelerine yol açacak herhangi bir neden vardı. Birkaç yaprak sararıp yere düşmüştü ama bu endişelenmek için yeterli bir neden gibi görünmüyordu.

O gece, bir şeyler öğrendim.

Shakaim, Twitsa ve aileleri, kabilenin diğer üyeleri ile birlikte bir ateşin etrafında toplandılar. Bitkinin şelaleye yürüdüğümüz sabahki durumunu ve takip eden otuz altı saat içinde geçirdiği değişimi ayrıntılarıyla anlattılar. Bunu uzun tartışmalar izledi. Katılımcılar, iyileştirici yeteneklerinden ötürü çok saygı duyulan yaşlı bir hanımın dediklerini özellikle dinlediler. Kadın, bitkinin onlara bir mesaj gönderdiğini söylüyordu: Patika çok fazla kullanılıyordu.

Bir oylama yapıldı. Her ne kadar birçok kişi bu hastalığın ardında başka nedenler olabileceğini söylese de, sonunda oy birliği ile karar alındı. Eğer bu sorunun ortaya çıkmasında küçük de olsa insanların bir rolü olmuşsa ya da böyle bir olasılık varsa, o zaman yine insanların giderici önlem alması gerekiyordu. Tüm kabileyi bağlayan yeni bir karar alındı. O patika artık kullanılmayacaktı.

Seremoninin yapıldığı kulübenin dışındaki açıklıkta Shakaim ile durup gökteki yıldızlara baktık. "Kurallarımızın sizinkilerden bu kadar farklı olması çok ilginç, değil mi?" diye sordu. Sanki sorumu, ben daha nasıl ifade edebileceğimi toparlamaya çalışırken duymuştu. "Papazlar kimlerin cinsel ilişkiye girebilecekleri hakkında kurallar koyar. Okulların, çocukların ayakkabı giymeleri gerektiği hakkında bir kuralı vardır." Durakladı. "Ama çiftleşme mevsimi sırasında kuşları öldürmemek ya da bitkiler hastalanınca patikaları kullanmaktan vazgeçmek konusunda hiçbir şey söylemiyorlar." Eliyle gökyüzünü gösterdi. "Onları oraya koyan Tanrı da, papazlar ya da okullar kadar kıt görüşlü olsaydı, bu yıldızların varlıkları ne kadar sürerdi sanıyorsun?"

Bir ay sonra ABD'ye döndüğümde politik çevrelerde ve medyada şirketlere sera gazları salım sınırlamaları getirilmesi tartışılıyordu ve bu olayı düşündüm. Karşı çıkanlar, karbondioksit salınımının iklimde değişikliklere yol açtığı hakkında kesin bir kanıt olmadığını ileri sürüyordu. Shuar kabilesinin ve ülkemi yönetenlerin dünyaya bakışı arasında çok çarpıcı bir farklılık vardı. Bu 'ilkel' yağmur ormanı kabilesinin yüzde yüz emin olmaya gereksinimi yoktu. Lafı dolandırmadıkları gibi, kısa vadeli zorlukların da onları engellemelerine izin vermiyorlardı. Eğer bugünkü eylemlerin gelecek nesillere zarar verme olasılığı varsa, hemen gereğini yapıyorlardı.

Ülkelerin nüfusları ve ekonomileri büyüdükçe, çevre ve toplumla ilişkilerimizi tanımlayan yasaların da giderek daha katı olması beklenebilir. Kaynaklar üzerindeki talepler arttığı için, uluslararası bir kuruluşu bunların akıllı bir şekilde dağılımını garanti etmekle görevlendirmek mantıklı olur. Gerçekçi bir bakış açısından, yaşam için gerekli şeylerin amaçsızca harcanmasına ve tüketilmesine karşı tedbir almak birincil öncelikte olmalıdır. Ancak, bunun tam tersi olmuştur.

Enron ile başlayan, Bernard Madoff* ve finans piyasasındaki başka birçok skandalla devam eden yakın geçmişteki hilekârlıklar, en saygıdeğer işadamlarının birçoğunun ne denli sorumsuz davrandıklarının kanıtıdır. Bu skandallar ve onlarla birlikte ortaya çıkan ekonomik karmaşa kaynaklarımızı –ve çocuklarımızın geleceğini– denetimsiz paragöz kişilerin ellerine bırakma lüksümüzün olmadığını gösteriyor. Bir zamanlar kamu çıkarını koruyan kuruluş ve yasaların safdışı bırakılmaları adeta bir faciaya yol açmıştır. Bu kitapta daha önce de tartışılan, en bariz ve en ağır sonuçlara sahip örneklerden bazıları şöyle:

- Enerji, ulaştırma, iletişim, bankacılık, finans ve sigorta sektörlerinde uygulanan deregülasyon,
- Tefeci faiz oranlarına getirilen tavanın kaldırılması,

---

* ABD borsası Nasdaq'da yöneticilik yapan, borsacı ve yatırım danışmanı Madoff'un dolandırıcılığı, tarihteki en büyük saadet zinciri skandalı olarak addediliyor. Yatırımcıların 18 milyar dolarının batmasına yol açan sistemli dolandırıcılıktan yargılanan Madoff, 2009'da 150 yıl hapis cezasına çarptırılmıştır. (e.n)

- Dış etmenleri dışarıda bırakan sahte muhasebe standartlarının kabulü,

- NAFTA ve CAFTA gibi uluslararası anlaşmalarla tüm dünya üzerinde oluşturulan ve yağmalamaya çanak tutan diğer 'serbest piyasa' bölgeleri,

- Yapısal Uyum Programları'nın diğer ülkelere empoze edilerek, bu ülkelerin kaynaklarının özelleştirilmesi.

Bunlar, Shuar dilinde, çiftleşen kuşları öldürdüğümüz ve ekosistemi bozan patikaları kullanmaya devam ettiğimiz anlamına geliyor.

Bereket versin, ortaya çıkan dehşet verici sonuçlar bizi sonunda hatamızı anlamaya zorluyor. En tutucu ekonomistlerin bile bir kısmı artık deregülasyon ve şirketlere benzeri görülmemiş özgürlükler sağlayan diğer stratejilerin 1930'lardan beri görülen en kötü ekonomik bunalımın ardındaki ana nedenler olduğunu ve şirketleri denetleyen yasaların aslında gerekli bir işlevi yerine getirdiğini kabul ettiler. Anlaşıldı ki, bu tür denetimler ekonomik büyümeye engel olmak yerine, uzun vadeli büyümenin parametrelerini belirler.

Yöneticilerin de birer insan olduklarını ve yetkilerini kötüye kullanmak konusunda dürtülerine yenik düşebildiklerini biliyoruz. Diğer yanda, tarih bize kuralların kamu çıkarı için hareket edilmesini şart koştuğu durumlarda, şirketlerin ve patronlarının tam olarak bunu yaptıklarını gösteriyor.

Belki de hiçbir kamu şahsiyeti Teddy Roosevelt kadar bunun farkında değildi. Roosevelt şirketlerin yaptığı suistimaller, büyük birleşmeler ve deregülasyon için bastırıp bunu elde eden 'hırsız baronlar'ın neden olduğu bir finansal çöküşün ardından, 1901 yılında başkanlık koltuğuna oturdu. Tekelci şirketleri lağvedip, demiryollarını ve diğer sanayi kollarını düzenleyen kanunlar çıkarttı.

Roosevelt, kamu yararını ön planda tutmayan şirketler ve devlet yöneticilerine hiç tahammül edemezdi. 1903 yılında yaptığı bir İşçi Bayramı konuşmasında şöyle demişti:

"Cumhuriyet'in ölüm çanları, iktidar, zengin-yoksul ayrımı yapmadan tüm vatandaşlara adil davrananların değil, herkese rağmen tek bir özel sınıfı ve onların çıkarlarını gözetenlerin ellerine geçtiğinde çalmaya başladı.[95]"

Roosevelt denetimsiz şirketlerin ve sadece güçlerini ve kârlarını artırmayı amaçlayan yöneticilerin yol açtığı tehlikeyi görmüştü. Onun biyografisini yazan Pulitzer ödüllü Edmund Morris, Roosevelt bugün Beyaz Saray'da olsaydı yapacakları hakkında şu öngörüde bulunmuştu:

"Microsoft hakkında bir şeyler yapmak isterdi, çünkü politikaya girdiği günden beri tekellere karşı hep ateşli ve kızgın olmuştu. Her ne kadar yüz yıl öncesinin herhangi bir tröstü Bay Gates'in imparatorluğunun o görkemli büyüklüğünün yanına bile yaklaşamasa da, 1901 yılının Northern Securities birleşmesi dünyanın en büyük taşımacılık kartelini yaratmış ve Chicago'dan Çin'e kadar tüm ticareti kontrolü altına almıştı.

"Roosevelt bu karteli parçaladı. Bunu yaparken de 'zengin kurumsal canilere' karşı Amerikalı bireysel girişimciyi koruyan kahraman olarak kendine haklı bir ün yaptı.[96]"

Ama Roosevelt açgözlü şirketleri yola getirmenin sadece ilk adım olduğunu anlamıştı. Denetim süreci bunun daha da ilerisine geçmek zorundaydı. Ülkenin ekonomik sıkıntılarını gidermek için bir paylaşım önceliğine karar verilmesi gereğine inanıyordu. Buna ek olarak, devletin gelecek nesilleri koruma sorumluluğu olduğu görüşündeydi. Ulusal bir sağlık sistemi çağrısında bulundu ve vatandaşların ülkenin doğal kaynakları üzerinde sonsuza kadar hak sahibi olacaklarını garanti eden bir stratejiyi destekledi. Hiç şüphesiz Shuar kabilesi insanlarının da takdir edecekleri bir girişimle, Ormancılık Bölümü'nü oluşturdu ve beş yeni ulusal park, on sekiz ulusal anıt ve milyonlarca dönüm ulusal ormanın oluşmasını sağladı.[97]

Roosevelt'in o zamanlar anlamış olduğunu artık biz de biliyoruz: Ciddi ekonomik bunalımları atlatmak uzun vadeli yeni metotlar gerektirir. Çözümler, mutlaka gelecek onlarca yıl için geçerli olacak cevapları içermelidir.

Bizleri yarım yüzyıldan fazla, 1929 krizi benzeri bir krizin yinelenmesinden koruyan o türden denetimleri yeniden yürürlüğe koymak gereklidir. Ama yeterli değildir. Dünya Büyük Bunalım'dan bu yana radikal bir değişim geçirdi. Küresel nüfus üç katından fazla arttı; kaynaklar giderek artan bir hızla tükeniyor, aynı çevre kirliliğinin, kimyasal zehirlenmenin ve canlı türlerin tükenmesinin giderek artması gibi. Gemiler okyanusların ortasında devasa çöp adaları ile karşılaşıyor. Aynı şeyi astronotlar uzayda görüyorlar. Yaşayan her sistem bir düşüş sürecinde ve bu süreç giderek hızlanıyor. Bugün karşı karşıya olduğumuz sorunlar o kadar ciddi ki, bizi felaketin eşiğine getirmiş bulunuyor.

Her ne kadar Glass-Steagall Yasası'nın, Banka Holding Şirketleri Yasası'nın ve 1980'den sonra yürürlükten kaldırılan daha birçok yasanın modern karşılıklarına gereksinim duysak da, orada durmamalıyız. Dünyamız, torunum ve onun her yerdeki kardeşleri için sürdürülebilir, adil ve barışçıl bir geleceği garanti etmek için yepyeni bir dizi kuralı hakediyor. Benzer şekilde, dış etmenleri de içselleştiren ve bu arada sosyal ve çevresel olarak daha sorumlu davranan şirketlerin diğerlerine göre rekabet üstünlüğüne sahip olmalarını sağlayan –bunun tersi yerine– bir muhasebe sistemini de hakediyor.

Bu ekonomik krizin altında yatan kanser, sadece bankacılık, sigorta ve otomobil endüstrisinin sorunlarına çözüm getirerek tedavi edilemez. Tıpkı, kanserli ciğeri alınan bir hastanın sağlıklı bir yaşam için sigarayı bırakmak zorunda olması gibi, uzun vadede bizim de sağlığımız, sorunun temelindeki asıl nedenlere eğilebilmemize bağlı. Çevresel ve sosyal bedeli ne olursa olsun sırf kârı artırmak hedefi, artık tarihe gömülmeli.

Barack Obama'nın başkan olarak seçilmesi, seçmenlerin çoğunun 35 yılı aşkın bir süredir ABD politikasını belirlemiş ilkeleri reddettiklerinin bir işareti. Onun, kredi kartları sektöründe denetimi sıkılaştıran 'Kredi Kartı Sahipleri Hakları Bildirgesi', otomobillerin egzoz emisyonları ve motor verimini sağlamaya yönelik getirdiği kurallar, bankalar ve ipotek sağlayıcılar ile yatırım fonları da dahil finansal ürün ve servisleri denetleyecek yeni bir düzenleyici komisyon için gösterdiği çabalar ve alınan tüm diğer önlemler, önemli bir felsefe değişikliğine işaret ediyor.

Tehlike şu: Bugünkü ekonomik krize odaklanan bu ve benzeri diğer sorunlarla ilgili yapılacak tartışmalarla o kadar boğulacağız ki sistemle ilgili sorunları ele almayı unutacağız. Partizan politikaların ve çıkar hesaplarının bizleri bu sapkın virüsten kesin olarak kurtaracak ve onun yerine kapitalizmin sağlıklı bir türünü sunacak yasaları çıkartmaktan alıkoyması çok gerçek bir olasılık.

Bunun olmasına izin vermemeliyiz. Rehavete kapılmaya izin verme lüksümüz yok. Ya da borsadaki geçici yükselişin, petrol fiyatlarındaki bir düşüşün veya kurtarılmış bankaların borçlarının bir kısmının ödenmesi gibi 'iyi haberlerin', bizi her şeyin 'normale' döndüğüne inandırmasına. Zaten ilk başta bu felaketi başımıza saranın tam da bu 'normal' addediğimiz durum olduğunu ve parametreleri değiştirmezsek her ne kadar kısa vadeli iyileşmeler sağlanabilse de, bizi hızla çok daha kötü durumlara sürükleyeceğini aklımızdan çıkartmamamız çok önemli.

Dünya nüfusunun %5'inin kaynakların %25'ini tükettiği ve nüfusun yarısının açlık sınırında olduğu o eski *normal*, artık ıskartaya çıkartılmalı. Gerçek anlamda bir değişime gereksinim var. Dünyamız bizden cesur adımlar atmamızı bekliyor. Seçmenler, tüketiciler ve çocukları bugün uygulanan politikaların sonuçları ile yaşamak zorunda kalacak olan hepimiz, yöneticilerimizin gerçek anlamda birer lider olma cesaretini göstermelerinde ısrarcı davranmalıyız.

Çoğumuz yasa ve yönetmeliklerin çıkartılmasının seçilmiş yetkililerin işi olduğunu düşünürüz. Teknik açıdan bu doğru olsa da, bu yetkililer de kararlarında bizi yol gösterici olarak görürler. Tüketiciler olarak, daha iyi denetim mekanizmaları istediğimizi şirketlere bildirmek bizim görevimiz. Seçmenler olarak, bizleri ve çocuklarımızı bugün dünyada bu kadar ızdıraba yol açan sömürüden koruyacak yasalar talep etmek bizim sorumluluğumuz.

Bunun olmasını sağlayacak güce sahibiz. Tek koşul: Kişisel tutku ve yeteneklerimize odaklanabilmemiz.

24. Bölüm

TUTKULARIMIZI ONURLANDIRMAK

Eğer Politico.com'da [web sayfası] daha çok yer olsaydı, Beyaz Saray'da karşılaştığımızda Hillary Clinton'un bana anlattığı öyküyü de aktarırdım.

Franklin Roosevelt 1934 yılında işçi liderleri ile bir araya gelir ve dört saat süren toplantının ardından şunu söyler: "Beni haklı olduğunuz konusunda ikna ettiniz. Ama şimdi dışarıya çıkıp BENİ BUNU YAPMAYA ZORLAYIN."

"Demek istediği statükonun ve ülkenin ekonomi ve siyaset alanında ileri gelenlerinin dümen suyundan ayrılmaması konusunda, bir başkanın üzerinde öylesine bir baskı vardır ki, başkan bile olsa, onu o yönde iten güçleri neden olarak gösterebilmeye ihtiyacı vardır," diye izah etmişti Hillary.

– Kaynak: 'Haham Michael Lerner'den bir not' köşesinde, 20 Mayıs 2009 tarihinde www.Politico.com sitesinde yazdığı bir makaleyi tartıştığı, 'Obama'nın İdeolojik Olmayan Pragmatizmi Geri Tepecek'[98] adlı yazısı.[99]

Sürdürülebilir, adil ve barışçıl bir dünya yaratmak için kendimize bakmamız gerek. Hillary Clinton'ın Haham Rabbi Lerner'e söylemek istediği de aynen buydu. Yan gelip yatarak, Başkan Obama'nın ya da herhangi başka birinin gelip bizi kurtarmasını bekleyemeyiz. Siyasi liderlerimiz, doğru yolda olmalarını talep etmemizi bekliyorlar.

Abraham Lincoln, Gettysburg konuşmasında*, 'halkın, halk için ve halk tarafından yönetiminin dünya yüzünden silinmemesini' garanti etmemiz konusunda bizleri kibarca uyarmıştı. Böyle bir yönetim ise vatandaşların aktif katılımını gerekli kılar. Aksi takdirde yok olur.

Politikacılar için geçerli olan, iş dünyası liderleri için de geçerlidir. Alışveriş alışkanlıklarımızı çeşitli reklam kampanyalarıyla etkilemeye çalışabilirler ama sonunda kararı biz veririz. İşlerinin başarısı ya da başarısızlığı bize bağlıdır. Roosevelt'in, onu nasıl dürtmeleri (destek olmaları) gerektiği hakkında sendikalara verdiği öğüt, bizler ve şirket yöneticileri için de geçerlidir. Onların yakarışlarını duymak zorundayız:

"BENİ BUNU YAPMAYA ZORLAYIN."

Tüm bunlar için gerekli bileşen tutkudur. O sendika liderlerinin Roosevelt'e ulaşabilmeleri için bir tutkuya sahip olmaları gerekiyordu. Lincoln, ülkenin tutkularını ateşlemek zorunda olduğunu fark etmişti. O meşhur konuşması arzulu bir eylem için duygusal bir çağrı ile bitiyordu:

"Biz hayatta kalanlar, işte bu büyük göreve kendimizi adamalıyız ki, onurlu şehitlerimizin, bir hiç uğruna ölmediklerini ispatlayalım ve Tanrı'nın da izniyle, bu ülkede özgürlüğün yeniden doğmasını sağlayalım."

Tutku tarih boyunca bir fark yaratmıştır. Amerikan Devrimi'ni kazandırmıştır. Normandiya'da günü kurtarmıştır. Vatandaşlık hakları hareketini başlatmıştır. Tanım olarak *tutku*, 'sevgi, neşe, nefret ya da öfke gibi yoğun veya çok güçlü bir duygu'dur (*Encarta World English Sözlüğü*). Birer birey olarak hepimiz için en önemlisi tutkularımızı tanımak, onların sevgi ve neşe gibi 'olumlu' ya

---

* Lincoln'ün, Amerikan İç Savaşı sırasında, 1863'te Gettysburg'daki Ulusal Şehitlik'te yaptığı konuşma. Bu konuşma, çok kısa olmasına rağmen, ABD tarihinin en ünlü nutku kabul edilir. (e.n.)

da nefret ve öfke gibi 'olumsuz' da olsa ürettiği enerjiyi, istediğimiz sonuçları doğuracak şekilde yöneltmektir. Tipik bir örnek:

Yağmur Ormanları Eylem Ağı (RAN), aralarında Bank of America, Boise Cascade, Citigroup, JP Morgan Chase, Home Depot, Kinko's ve Staples gibi kuruluşların da bulunduğu dünyanın en güçlü şirketlerinden bazılarını, ağaç kesmekle ilgili politikalarını değiştirmeye ikna etti. RAN, bundan birkaç yıl önce, dünyanın tropik ormanlarını en fazla katleden *baltacı* olarak kabul edilen Mitsubishi şirketler grubunu karşısına almıştı. Sert bir kampanya sonunda bir Mitsubishi yöneticisi, RAN'ın kurucusu Randy Hayes ile yüzyüze gelmek durumunda kalmıştı.

Sonunda bu çatışmadan zaferle çıkan RAN oldu. Mitsubishi şirketler topluluğu, 'ekolojik sürdürülebilirlik ve sosyal sorumluluk' konularında görev üstlendikleri bir anlaşma imzaladı ve belirlenmiş on dört adımda, bu sorumlulukları yerine getirmeye söz verdiler.

Birkaç ay sonra, Randy ve o Mitsubishi yöneticisi ile birlikte Kaliforniya'da bir konferansa katılmıştım. Başlangıçtaki biraz gergin karşılaşmanın ardından, ikisi de birbirinden uzakta durmaya dikkat etmişti. Cumartesi akşamüstü Randy ile birlikte Pasifik manzaralı bir sıcak küvet keyfi yapmaya ve birkaç bira ile birlikte Amazon maceralarımızı paylaşmaya karar vermiştik. Ama bizden önce oraya gitmiş biri vardı.

Mitsubishi yöneticisi köpüklerin arasından biraz sıkılgan bir şekilde gülümsemiş, elindeki birayı 'sağlığınıza!' anlamında havaya kaldırıp, sonra bizi de küvete girmeye davet etmişti.

Oldukça gergin hissettiğimi itiraf etmek zorundayım. Orada, Pasifik'e hakim bir yerde, bir zamanlar birbirlerinin can düşmanı olan iki adamla birlikte tek başıma, çıplak, sıcak su dolu bir küvetin içinde bira içiyordum. Sırada neyin olduğunu düşündüm.

Konferans hakkında biraz gevezelik yaptıktan sonra Mitsubishi yöneticisi birasını kaldırdı ve Randy'e, "Size bir teşekkür borçluyum," dedi. Sonra da o ve Mitsubishi'deki bazı yöneticilerin, nicedir şirketin ormanlarla ilgili politikasını değiştirmek istediklerini, ancak işlerini kaybetme korkusuyla bunu dile getirmeye cesaret edemediklerini anlattı. "Sizin protestolarınız ve reklamlarınız şirketin elini zorladı," diye devam etti. "Biri sorumluluklarımızın sadece bugünkü hissedarlarla sınırlı olmaması gerektiğini, hissedarlarla bizim çocuklarımızı da içermesi gerektiğini ifade etti. RAN, bize bu fırsatı tanıdı. Kendimizi ve şirketimizi, doğru olanı yapmak konusunda ikna ettik."

Üçümüz konuşmaya devam ettikçe, yönetici de sürekli olarak RAN üyelerinin tutkusundan söz ediyordu. "Beni en çok etkileyen de bu oldu," dedi. "Genç yaşlı, o insanların coşkusu, şevki! Bunu hepimiz hissettik. Bulaşıcı bir şeydi."

O gönüllülerin çoğu ormanları kestiği için Mitsubishi'ye son derece kızgındı. Ancak, bu 'olumsuz' enerjilerini yıkıcı (örneğin şirket merkezine molotof kokteyli atmak) ya da kendilerine zarar verici (örneğin alkol ya da uyuşturucuya başlamak) eylemlere yöneltmek yerine, kolektif duygularını onları istedikleri sonuca ulaştıracak eylemlere kanalize ettiler. Bu konudaki heyecanları, dünyanın en güçlü gruplarından birini değişime ikna etti.

O zamandan beri buna benzer birçok öykü duydum. Bir insanın tutkusu başka insanların kendilerini –ya da, yöneticilerin durumunda, şirketlerini– değiştirmelerine neden olabilir. Bu, özellikle eğer diğer insanlar ya da yöneticiler, kalplerinin derinliklerinde değişmek istediklerinin farkındalarsa geçerlidir. Ve bugün hepimiz bu yağmacı kapitalizm dünyasından çok daha farklı bir şey istediğimizin farkındayız. Oval Ofis'te ya da bir şirketin toplantı odasında olsun, karar verici pozisyonda olan insanlar iklim değişikliği nedeniyle Florida'nın okyanus suları altında kalmasını istemiyorlar; benzer şekilde çevre kirliliğinin neden olduğu diğer kötü etkileri, kaynakların umursamazca tüketilmesini ve emek sömürücü uygulamaları da istemiyorlar. Ama dürtülene kadar da kendilerini güçsüz hissedecekler. Onları harekete geçmeye zorlayacak şey, tüketicilerin ve eylemcilerin bu davalara bağlılıkları olacaktır.

"Tutku benim yaşamımı değiştirdi," dedi Lynne Twist bize. Finansal kaynaklara sahip olmayı ve bu kaynakların kullanımını, insanlar için en tutkuyla bağlı oldukları değerler çerçevesinde sağlamayı hedefleyen Paranın Ruhu Enstitüsü'nün (*Soul of Money Institute*) kurucusu ve çok satan *The Soul of Money* kitabının da yazarı Lynne Twist, 2008 yılı başında kocası Bill ile birlikte tutkularının peşinden gidip Ekvador'a yerleşti. Her ikisini de 1990'ların başlarında o ülkeye götürmüştüm; sonuçta yerel halkla yakın bir iş birliği içinde çalışan ve kendini dünyadaki yağmur ormanlarını korumaya ve tüm halkları kapsayan yeni bir küresel eşitlik ve sürdürülebilirlik vizyonu yaratmaya adamış, kâr amacı gütmeyen bir kuruluş olan *The Pachamama İttifakı*'nı (*The Pachamama Alliance-TPA*) kurdular. Lynne, Bill ve TPA'nın Ekvador'daki çalışanları Ekvador hükümeti ve diğer STK'lar ile birlikte, doğaya ve doğal çevreye temel haklar tanıyan yepyeni bir yasal kavramın Ekvador'un yeni anayasasına dahil edilmesi için başarılı bir kampanya organize ettiler.

Lynne, dört ay sonra, yeni yılı Achuar kabilesi ile birlikte kutlamak için bir grup TPA destekçisini Amazon'un derinliklerine götürdü. Sandalla nehirden aşağı doğru giderken, bir yandan da yanı başımızda bize eşlik eden ve büyük olasılıkla bizi seyretmek için toplanmış bir pembe yunus sürüsünü seyrediyorduk.

"Bu şaşırtıcı anayasayı mümkün kılan binlerce Ekvadorlunun tutkusudur," dedi Lynne. "Başkan Rafael Correa'nın şevki, azmi ve becerileri yerel liderlerin desteğiyle birleşince gerçek bir mucize yarattı; yıllar boyu diğer ülkelere ve gelecek nesillere örnek olacak bir mucize."

Tüm büyük olayların ardında tutku olduğunu söylemek yanlış kaçmaz; tutku, tarihin itici gücü olmuştur. Ama gerçek anlamda etkili olması için tutkunun, Lynne'nin de sözünü ettiği bir şeye gereksinimi var: Beceri. Ve her birimizin tutkuları olduğu gibi, özel yetenekleri de vardır: Kişilik özellikleri, beceriler ve yıllar içinde geliştirilmiş diğer yetenekler. Dünyayı değiştirmenin —ya da, aslında herhangi bir şeyde başarılı olmanın— gerçek sırrı yeteneklerimizi tutkularımızı gerçekleştirecek şekilde kullanabilmektir.

Kişisel bir örnek verirsem: Yazma tutkum daha henüz kırsal New Hampshire'da bir ailenin tek çocuğu olarak büyürken, yalnızlıkla baş etmenin bir yolu olarak başladı. Paine, Jefferson, Thoreau ve gazetelerde okuduğum birçok köşe yazarı gibi, bir konu hakkında duruş sergileyen yazarlar için derin bir beğeni ve saygı duyardım. Daha sonra hazırlık okulumun gazetesinin editörü oldum ve okulun aşırı sert disiplin politikasında değişiklik için savaştım. Yazmak, okulda olduğu kadar Güney Afrika, Selma, Alabama ve Kızılderili yerleşim yerlerindeki adaletsizliklere karşı duyduğum kızgınlığı başka bir tarafa yönlendirme olanağı da sunuyordu. Beni kendime zararlı olacak eylemlerden, değişim yaratabilecek eylemlere yöneltti. Bugün, kendimi en mutlu hissettiğim anlar, değerli bir amacı desteklemek için yazdığım anlardır.

Tutku güçlüdür. Bulaşıcıdır. Dünyayı yönetir. Bir kişinin tutkusu hızla yayılır. Edebiyat, müzik, resim, tiyatro, spor ya da politikada sizi etkilemiş insanlara bakın. Yeteneklerini tutkularını destekleyecek şekilde kullandıklarını göreceksiniz.

Tutkuyla dolu sıradan insanlar sıradışı işler başarırlar. New Hampshire'da büyürken, ülkemin bazı bölgelerinde Afro-Amerikalılar'ın otobüslerin arka sıralarında yolculuk yapmak zorunda olduklarını bilmiyordum; ta ki Rosa Parks bunu gösterene –ve küresel boyutlara ulaşan bir sivil haklar hareketi başlatana– kadar. Rachel Carson *Silent Spring* adlı kitabını yazana kadar, sivrisinekleri kontrol altında tutmak için evimizin arkasındaki bataklığa püskürttüğümüz DDT'nin aynı zamanda balıkları, kuşları ve sincapları da öldürdüğünü bilmiyordum. Üçüncü sınıftaki öğretmenim Bayan Schnare beni karşı durmaya ikna edene kadar, sınıftaki bir kabadayı tarafından sürekli itilip kakıldım; bu da bana cesur olmayı ve başkalarının kötü davranışlarının yanlarına kâr kalmasına izin vermemenin önemini öğretti. Lisede Richard Davis adında bir İngilizce öğretmeninin öğrencisi olana kadar Tom Paine'in[*] *Common Sense* adlı yazısının Amerikalı sömürgeciler üzerindeki güçlü etkisini anlamamıştım. Ya da Jack Woodbury adında

---

[*] Thomas Paine (1737-1809): ABD'nin Kurucu Ataları arasında yer alan gazeteci-yazar, entelektüel radikal bir devrimci. *Sağduyu* başlığı ile yazdığı birer sayfalık bildiriler, Amerikan devriminde öylesine etkili olmuştur ki, sonradan Washington iktidarının ruhu olarak tanımlanmışlardır. (e.n.)

bir tarih öğretmenini dinleyene kadar sömürgelerdeki en zengin kişilerden olan George Washington ve John Hancock'un, eğer Devrim'i kaybetmiş olsaydık birer vatan haini olarak asılacaklarını. Tüm bu insanlar kendi yollarında yürüdüler. Tek ortak özellikleri hepsinin bir tutkusunun olması ve hepsinin şu ya da bu şekilde yetenekli birer öğretmen olmasıydı; insanlar üzerinde bir etki bıraktılar. Bazıları tarih kitaplarına girdi. Girmeyenler –Schnare, Davis ve Woodbury– için kişisel olarak şunu söyleyebilirim ki, onlar olmasaydı bu sayfaları yazmış olmazdım.

Paine ordulara kumanda etmeye çalışmış ve Washington da el ilanları yazma işine kalkışmış olmadığı için şükretmeliyiz. Birincisi el ilanları yazmak konusunda tutkulu ve yetenekliydi, ikincisi ise insanlara liderlik etme konusunda. Martha Washington gibi şevkli kadınlar, ön saflarda çarpışan askerlere giyecek yapmak için gruplar halinde organize oldular. Avcılar birer keskin nişancı oldular. Balıkçılar yeni kurulmuş donanmaya katıldılar. Bu davranışlar başkalarına da örnek oldu. Bir anlamda, hepsi de birer öğretmendi. Gelecek nesillere birer ilham kaynağı.

Sizin de tutkularınız var. Ve yetenekleriniz. Siz de bir öğretmensiniz. İlham kaynağı olabilirsiniz. Ne zaman biri ile konuşsanız, bir şey alsanız (ya da almamaya karar verseniz) ya da bir e-posta gönderseniz bu bir fırsattır. Sözcükleriniz ve eylemleriniz vasıtasıyla öğretirsiniz.

Kendinize şu soruları sorun: Tutkularım neler? Yeteneklerim? Neyi yapmam bana en fazla başarı duygusu hissettirecek? Ya da tatmin ve mutluluk hissi verecek?

Bir öğrenci, diş doktoru, tesisatçı, ev kadını ya da başka bir şey olun, olaylar hakkında arkadaşlarınızla, ailenizle ve müşterilerinizle konuşabilir, tutkularınızı yansıtan kuruluşlara katılabilir, e-posta gönderebilir, çevresel ve sosyal açıdan daha uyumlu malzemeleri kullanmaya dikkat edebilir, gelecek nesillere yararlı olmaya yönelik eylemlerde bulunan politikacıları destekleyebilir, alışveriş yaparken tercihinizi doğru şekilde davranmayı taahhüt etmiş şirketler doğrultusunda kullanabilir ve şimdiye kadar sadece hayalini kurmaya cesaret ettiğiniz amaçları gerçekleştirebilirsiniz.

Bunların hepsi kendi gücünüzün farkına varmakla başlar. Bunu bir otobüsün ön sıralarında oturmaya, genç bir insanı bir kabadayıya karşı durmaya yüreklendirmeye ve Kurucu Atalarımız'ın* cesaretleri hakkında konuşmaya gücünüzün olduğunu bilerek başlatırsınız. Kişisel kahramanlarınızın her biri gibi, bazen siz de şüpheye düşer, bocalar, hata yapar ve bu hatalarınızdan ders alırsınız. Ama siz de dünyayı değiştirebilirsiniz. Tutkularınıza önem verin ve gücünüzün farkına varın. Kendi tutku ve yeteneklerinizi bu sayfaları okuyan herkesinkiler ile birleştirince, ortaya mucizeler çıkacaktır.

Birlikte, bu sapkın virüsten arınmış bir dünya yaratabiliriz. Parks, Carson, Paine ya da Washingtonlar veya Schnare, Davis, Woodbury gibi, avcılar ve balıkçılar gibi, her birimiz ayrı bir yolda yürüyebiliriz. Önemli olan hepimizin aynı hedefe yönelmesi: Sürdürülebilir, adil ve barışçıl bir dünya.

---

* Founding Fathers: Amerikan Bağımsızlık Bildirgesi ve ilk Amerikan anayasasını imzalayan o zamanki 13 eyaletin delegeleri. Benjamin Franklin, George Washington, John Adams, Thomas Jefferson, Thomas Paine, Ethan Allen, John Jay, James Madison ve Alexander Hamilton en bilinen delegelerdir. (e.n.)

SONUÇ

"Sen Amazon bölgesinde bayağı dolaşıp, ortalığı hayli karıştırmıştın," diye azarladı beni Omar Torrijos, 1978 yılında bir akşamüstü Panama'nın Başkanlık Sarayı'nın dışında, şehri korsanlara karşı savunmak için yapılmış eski bir sur boyunca yürürken. "Ama," diye devam etti, eliyle koyun ilerisine işaret ederek, "Darién Geçidi'nden geçmeye çalışana kadar gerçek ormanın ne olduğunu bilemezsin."

Sadece suyu ve sisler içindeki kıyı şeridini görebiliyordum ama geçidin orada, uzakta, görüş alanımın hemen dışında olduğunu biliyordum. Devasa bir yeşil bitki yumağı. O günlerde Darién Geçidi Kolombiya'yı Panama'dan, Güney Amerika'yı Orta Amerika'dan ayıran dağlar ve bataklıklar üzerinden uzanıyordu. Tüm yaşantım boyunca oradan hep uğursuz bir şeymiş gibi söz edildiğini duymuştum. Kâbus gibi tehlikelerle, ölümcül yılanlar, jaguarlar, timsahlar ve saldırgan yerlilerle dolu, gizemli ve yoğun bir yağmur ormanı. Kuzey Alaska ile Arjantin'in en güney noktası arasında Pan-Amerikan Otoyolu'nun giremediği tek nokta.

"Noriega bile," diye devam etti Torrijos, askerî haber alma şefini kastederek, "oraya yürüyerek girecek kadar deli değil. Darién'de yaban domuzu avlıyor ama helikopterden!"

Omar ile yaptığımız o konuşmanın üzerinden neredeyse 35 yıl geçti. Etrafımda gördüğüm yıkımdan şaşırmış bir hâlde, o 'geçilmez' Darién'de araba sürüyordum. 2009 yılının Temmuz ayıydı ve önceleri on binlerce kilometre karelik bir alanı kaplayan o gür yağmur ormanı ortadan yok olmuştu. Onun yerinde, cılız sığır sürülerinin gezindiği tek tük çayırlar vardı. Bir zamanlar el değmemiş berrak nehirler şimdi inek dışkısı kokuyordu. Erozyona uğramış tepelerden çamur akıyordu. Bana söylendiğine göre, bir zamanların balta girmemiş ormanlarından şimdi geriye kalan sadece Pan-Amerikan otoyolunun, bir ihtimal Panama ve Kolombiya'yı birleştireceği noktaydı. Kalan her şey sığır yetiştiricileri ve kereste şirketlerince harap edilmiş, vahşi hayvanlar kaçak avcılar tarafından katledilmişti. Torrijos öldürülmüştü ve Noriega da bir ABD hapishanesinde çürümekteydi.

"Bu son kısmı şimdiye kadar kurtaran şey," dedi şoförüm ve mihmandarım Nathan Gray, "Birleşmiş Milletler'in, şap hastalığının Güney Amerika'dan daha kuzeye yayılmasını önleyen tek engelin burası olduğunu iddia etmesi."

Ön camdan o kalan kısma baktım, ufukta kaybolan bir serap gibiydi. "Yağmacı kapitalistler tarafından yaratılmış bir dünya için bir mikro-kozmos," diye mırıldandım.

Arabayı çamurlu yolda sürmeye çalışan Nathan bana baktı ama bir şey söylemedi. Birden, yanımdaki bu adamın o yağmacı kapitalistlerin tam tersi olduğunu düşündüm. Nathan Gray, bizi ekonomik çökmenin eşiğine getiren o sapkın virüsten uzaklaştırmaya çalışan yeni tür kapitalistlerin bir örneğiydi. O ve diğerleri, ellerindeki meşalelerle ekolojik açıdan daha sürdürülebilir bir dünya yaratmaya çalışan, daha sağlıklı bir tür kapitalizme giden yolu aydınlatıyorlar.

Aklıma Omar Torrijos ile geçirdiğim bir başka gün daha geldi. Contadora Adası yakınlarında demirlemiş bir yatın güvertesinde durmuş, denizi seyrederken bana ekonomimizi mahveden insanları simgeleyen o iki sözcüğü söylemişti. *Yağmacı kapitalistleri* durdurmazsak, küresel piyasalar krize girecektir, diye beni uyarmış ve eklemişti: "Seni **kafes**lemelerine izin verme."

Tuzağa düşmüştüm. Çoğumuz düşmüştü. Öyle görünüyordu ki, Nathan Gray asla oyuna gelmemiş birkaç kişiden biriydi.

Nathan, 1973 yılında kurulan Boston merkezli saygın bir uluslararası yardım kuruluşu olan Oxfam America şirketinin kurucularından biriydi. 1990 yılında Üçüncü Dünya ülkelerinde toplumsal gelişmeyi destekleyen ve aynı zamanda sosyal bilince sahip yatırımcılardan para toplamanın bir yolu olarak kâr amacı gütmeyen ve mevcut kuruluşlar arasında ortaklıklar kurma konusunda öncülük eden uluslararası bir genç liderlik eğitim kuruluşu olan Earth Train'i kurdu. 2001 yılında ise Rainforest Capital, LLC (sosyal bilince sahip bir yatırım şirketi), Kuna General Congress (yerel kültürü temsilen), Fundación Danilo Perez (Grammy ödülü sahibi Panamalı caz müzisyeni tarafından kurulan) ve *BioMuseo of Panama* ile bazı Panamalıların da yer aldığı, bir zamanlar Darién bölgesinin sınırında yağmur ormanı olan yerde Mamoní Vadisi Doğa Koruma Alanı'nı kurdu.

Emilio Mariscal omzuma dokundu. Nathan'ın arkasında oturan Emilio, Vadi Koruma Alanı'nın tarımsal ormancılık direktörüydü. "Dikim ekiplerimden biri işte şurada," dedi. Uzakta iki büklüm, dikkatle fidanları toprağa yerleştiren beş-altı kişiyi işaret etti. Ormancılık ve sürdürülebilir tarım konusunda hayli saygın bir uzman olan Emilio, 2002 ile 2007 yılları arasında Harvard Üniversitesi Tropikal Orman Bilimleri Merkezi, Smithsonian Tropikal Araştırma Enstitüsü ve Yale Ormancılık Okulu'nun ortak programı olan Panama Yerel Türler Yeniden Ağaçlandırma Projesi'nde alan baş koordinatörü olarak görev yapmıştı.

"Kaç dikim ekibin var?" diye sordu Emilio'nun yanında oturan Llyn Roberts. Llyn, 1990'ların başında kurduğum, yerel bilgilerin saklanması ve küresel bilinç değişimini hedefleyen Rüya Değişimi (*Dream Change*) isimli kâr amacı gütmeyen şirketin direktörüydü. Asya ile Orta ve Güney Amerika'da yerel halklarla yaşamış ve çalışmış olan Llyn değişim çalıştayları yapıyordu ve aralarında *The Good Remembering* ve *Shamaic Reiki*'nin de bulunduğu birçok kitabın yazarıydı. Nathan, ondan ve Dream Change'den Earth Train'in spiritüel koluna önayak olmalarını ve yerel kültürlerin –Embera ve Kuna– Earth Train'in Panama programlarına dahil edilmelerini kolaylaştırmalarını istemişti.

"Şu anda sadece 12," diye yanıtladı Emilio. "Bu yıl 30 bin ağaç dikeceğiz. Hepsi de burayı 10 yıl içinde geri getirecek yerel türler."

"Şuradaki göçük eskiden göçebe kuşlarla kaynayan bir bataklıktı," diye araya girdi Nathan, sol tarafımızda arazideki bir çöküntüyü işaret ederek. "Ağaçlar büyüdüğünde, bataklık yeniden canlanacak ve kuşlar da geri gelecek. Bugün bu koruma alanı 40 bin dönümü kaplıyor. Ama Kuna bölgesinde biyolojik çeşitliliğe sahip toplam 600 bin dönümlük bir araziyi koruyacak şekilde konumlandırıldı." Önceki telefon konuşmalarımız sırasında bana, arazi alımlarının özel yatırımlarla kapitalize edildiğini açıklamıştı. Bu koruma alanı için kullanılan iş modeli uluslararası özel sektör finansmanı, toplumsal kalkınma, çevresel araştırma ve halk desteğinin yaratıcı bir bileşimiydi.

"Yerel halkı topraklarından atmaya çalışmıyoruz," diye devam etti Nathan, bir yandan yoldaki çukurlara gire çıka ilerlerken. "Kimseye öğüt vermeden, bu sığır yetiştiricilerine, bu arazinin yeniden yağmur ormanına dönüşmesine izin vermelerinin ve ortaya çıkacak kereste, meyve, sebze, orkide, süs bitkileri, örtücü bitkiler gibi doğal ürünleri sürdürülebilir olarak satmanın onlar için çok daha iyi bir seçim olacağını sessizce gösteriyoruz. Araştırma ve eğitim merkezimiz Centro Madroño vasıtasıyla bir örnek oluşturuyoruz ve hatta çiftçilere bu dönüşüm için finansman sağlıyoruz. Toprak satın alıyoruz ama çoğunlukla toprağı işlemeyen çiftçilerin topraklarını ve sadece inekleri oradan uzaklaştırmanın başka bir yolu olmadığı zaman. Amacımız yeni bir orman ve su havzası tabanlı ekonomi yaratmaları için herkese yardımcı olmak."

Nathan kamyoneti bir tepenin en üst noktasına park etti ve aşağıyı, Mamoní Nehri'nin oluşturduğu muhteşem bir vadiyi işaret etti. "İşte bir sahne ve görsel sanatlar merkezi olacak Junglewood'u inşa edeceğimiz yer orası." Boston'daki Berklee Müzik Okulu'nun da işbirliği ile Earth Train ve Fundación Danilo Perez'in ortak girişimi olan Junglewood, genel olarak Boston Senfoni Orkestrası'nın batı Massachusetts'in Berkshire Dağları'ndaki yazlık mekânı olan Tanglewood'dan esinlenmişti. "Danilo'nun arkadaşları Wayne Shorter ve Herbie Hancock, onun burayı tabiat ananın en güzel prova yeri ve çocuklar için de bir müzik kampına dönüştürme hayalini gerçekleştirmesine yardım etmeye söz veren birçok sevilen müzisyenden sadece ikisi."

Kamyoneti 4-çeker konumuna getirdi ve tepenin sırtı boyunca sürdü. "Tanınmış sanatçıların ve yetenekli çocukların doğa ile bütünleşebilecekleri bir yer yaratabilmek için en iyi mimar ve sanatkârlarla çalışıyoruz. Yeni besteleri üzerinde çalışmak, müziklerini dünyanın her yerindeki insanları eğitmek ve esinlendirmek için kullanmak ve yerel insanlarla iletişime girmek için gelecekleri yer işte burası olacak. Jane Goodall[*] da bu yıl burayı ziyaret edecek. O da eğitmenleri eğitmek için Panama'da bir merkez kurmayı düşünüyor. Bu akşam Dr. Catherine Lindell ile tanışacaksın. Kendisi, bitki örtüsü restorasyonunun kuşların davranışları üzerindeki etkilerini incelemek için burayı canlı bir laboratuvar gibi kullanan Michigan State Üniversitesi'nden profesör." Sırıttı. "Şimdi, seni buraya gelmeye ikna ettiğime memnun oldun mu?"

Oraya gitme konusunda ona direnmemden söz ediyordu. Beni ilk aradığında, ağustos ayında bu kitabı bitirmek için uğraşıyordum ve programıma Panama ormanlarına bir yolculuğu da niye sıkıştırayım pek anlamamıştım. Nathan, oraya varınca anlayacağım konusunda beni temin etti.

Bir zamanlar bir ekonomik tetikçi olarak o kadar vakit geçirdiğim bu ülkeye geldikten hemen sonra, sadece bir gece önceki etkinlikte, Nathan haklı çıkmıştı. Earth Train örgütü, Llyn ve benim için bir resepsiyon vermişti. Resepsiyon Panama City'nin sömürge bölgesindeki ofisin terasındaki bahçede düzenlenmişti. Başkanlık Sarayı'ndan ve yıllarca önce o gün Omar Torrijos ile birlikte dolaştığımız o eski surdan sadece birkaç sokak uzaktaydık. Kuna kabilesi şefleri ve STK liderleri ile birlikte Danilo Perez ve şehrin birçok ileri geleni de bize katılmıştı. Dünyaca ünlü mimar Frank O. Gehry'nin tasarladığı ve bir zamanlar ABD'nin işgali altındaki Kanal Bölgesi'nde, denize çıkıntı yapan bir kara parçası üzerine

---

[*] 1934 doğumlu İngiliz antropolog. Şempanzelerle ilgili çalışmalarıyla ün yapan, yaşamı ve çalışmaları birçok kitap ve filme konu olan Goodall, şempanzelerin insanlarla birçok ortak özelliği bulunduğunu ortaya çıkarmıştır. (e.n.)

inşa edilecek binada yer alması planlanan yeni 'Yaşam Köprüsü' BioMuseo hakkında bir dia gösterisi sunuldu.

Arkamızda, koyda demirlemiş, Pasifik'ten gelip Atlantik'e açılmak için kanaldan geçmeyi bekleyen gemilerin ışıkları, önümüzde ise müzenin direktörü Lider Sucre'nin bize ekranda gösterdiği, Panama'nın 3 milyon yıl önce Kuzey ve Güney Amerika arasında bir yaşam köprüsü olarak oluştuğunu anlattığı birbiri ardına kayıp giden slaytlar vardı. O olaydan önce iki okyanusun birleşik olduğunu, Panama'nın ortaya çıkması ile her şeyin değiştiğini görmüştük. Kara parçaları birleşmiş, okyanus bölünmüştü. Gerek karanın, gerekse denizin flora, fauna ve doğal ortamları sonsuza dek değişmişti. Küresel okyanus akıntılarındaki ve iklimdeki değişiklikler tüm gezegeni etkilemişti.

O gece daha sonra, tarihi sokaklardan geçerek kaldığım apartmana doğru yürürken, Kuna yaşlılarından birinin bir gözlemi beynimin içinde dönüp duruyordu. "Burada, Panama'da, Ulu Yaradan okyanusların üzerinden bir köprü yaptı," demişti. "Sonra Yankiler gelip, bir kanalla o köprüde bir delik açtılar. O zamandan beri hepimiz ayrıldık: İnsanlar doğadan, insanlar diğer insanlardan, Kuzey Güney'den, Doğu Batı'dan. Her şey çıldırdı. Yeni bir tür köprü yapmak artık bizim görevimiz."

Nathan kamyoneti küçük bir kapıdan geçirip, bir grup küçük açık hava kulübesi ile yağmur ormanının korunmuş bir köşesine serpilmiş birkaç toplantı barakasından oluşan Centro Madroño'ya soktu. Duş alıp kısa bir süre dinlendikten sonra Llyn, Emilio, Nathan ve ben akşam yemeği için buluştuk. Bir grup zaten yemek bölümüne gitmişti. Katılımcılardaki çeşitlilik, organizasyonun bir yansımasıydı. Emberá Kızılderilileri'nden genç bir lider, Raul Mezua ve Kuna yerlilerinden Toniel Edman vardı: Onların ezelden beri birbirine düşman olan kabileleri, tehdit altındaki topraklarını ve kültürlerini kurtarmak için iş birliği yapmış ve Darién ekolojik bölgesinin yıkımını tersine çevirme mücadelesinde silah arkadaşı olmuşlardı. Ayrıca, sonradan bir çevreci olan eski sığır yetiştiricisi Rolando Toribio ile sadece 'mutlu olmak için' bir şeyler yapmak uğruna büyük paraları bir tarafa iten genç avukat Carlos Andres ve dünyanın en büyük öğrenci tabanlı sağlık ve sürdürebilir gelişim organizasyonu Global Brigades'in bir temsilcisi, Allen Gula da oradaydı.

İlerleyen saatlerdeki konuşmalarda Llyn, Kuna kabilesi büyüğünün bir gece önceki resepsiyonda dile getirdiği gözleme atıfta bulundu. "Yeni bir köprü inşa etme kavramı..." dedi gruba. "Akbaba ve Kartal Kehanetinin bir parçasıdır."

"Lütfen dostlarımız için anlatır mısın?" dedi Nathan.

"Bildiğimiz kadarıyla bu kehanet 2 bin yıl önce Amazon'da ortaya çıktı. Önce And Dağları'na yayıldı, sonra da bu dar boğazdan geçip Maya, Aztek, Hopi ve birçok Kuzey Amerika kabilesinin efsanelerine girdi. Özetle, tarihin sisli geçmişlerinde insan topluluklarının iki gruba ayrıldığını söyler. 'Kalbin yolunu' temsil eden ve dişil ideallere bağlı Akbabalar çocuk doğurmaya, aile kurmaya ve doğanın düzeni hakkındaki bilgilerini çocuklarına geçirmeye elverişli, barışçıl ve sürdürülebilir ortamlar yaratan istikrarlı yaşam şekillerini yeğlediler. 'Aklın yolunu' takip eden ve eril özelliklerle bağdaştırdığımız değerleri savunan Kartallar ise diğer kabileleri fethetmek ve doğayı kontrol altına almak için teknolojiler geliştiren topluluklar kurdular. Bu kehanete göre, her iki yol 1490'larda başlayacak olan Dördüncü *Pachacuti* (Pachacuti, 500 yıllık dönemi gösteren bir Keçuva*/İnka sözcüğüdür) döneminde birleşecekti. Bunu savaşlar ve korkunç şiddet olayları izleyecek ve Kartal, Akbaba'yı neredeyse yok olmanın eşiğine getirecekti."

Llyn masada oturanlara bir göz attı. "Ve tabii ki Kolomb'un yolculuğundan sonra tüm bunların aynen gerçekleştiğini biliyoruz. Kehanet gerçekleşti; dünyanın sanayileşmiş kültürleri, yerel kültürleri neredeyse yok etti. Sonra, kehanete göre 500 yıl sonra, 1990'larda yeni bir Pachacuti, beşinci dönem başlayacaktı. Bunun Kartal ve Akbaba'nın yeniden bir araya gelebileceği bir dönem olacağı söylenir. Bu kendi kendine olacak bir şey değil. Onu bizler

---

* Quechua - Güney Amerika'da, özellikle Peru, Ekvador, Bolivya, Şili ve Arjantin'deki birçok etnik gruba verilen genel ad. (ç.n.)

gerçekleştirmeliyiz. Kartal ve Akbaba'nın –akıl ve yüreğin– birlikte aynı gökyüzünde süzülüp dans ederek, çiftleşerek doğal dengeyi yeniden kurmaları olasıdır." Toniel ve Raul'a baktı ve sonra kollarını iki yana açıp masadaki herkesi kucakladı. "Bu şu anda oluyor. Bunu dünyanın birçok yerinde görmekteyiz: Bilgeliklerini paylaşan Akbabalar ve neden olduğumuz hasarı onarmaya çalışan Kartallar. Burada olanlara bir bakın."

"Dün akşamki sunumda duyduğumuz o köprü bizleriz," diye ekledi bir Earth Train organizatörü olan Christine Del Vecchio. "Panama'da yaşayan bizler Kartal-Akbaba dansını yapmaktayız."

"Mamoní Vadisi Doğa Koruma Alanı rüya üretmek için ideal bir yer," dedim. "Eski rüya doğayı ve insanları sömürme –fethetme– üzerine kurulmuştu; yenisi ise uyum içinde yaşamak üzerine." Ben bu kehaneti hep insanlık kültürünü akıl ve yüreğin gerçek anlamda birlik oldukları yeni bir bilinç düzeyine çıkartacak bir tür evrim ile ilgili olarak düşünmüştüm. "Bugünkü ekonomik bunalım..." dedim. "Bir rastlantı değil. Bizi uykumuzdan uyandırmak için bunun olması gerekliydi."

Mamoní Vadisi Doğa Koruma Alanı'nda hayata geçmeye başlayan bu inanılmaz vizyon, 2009 yılının Temmuz ayında bir başka Orta Amerika ülkesini kasıp kavuran politik karmaşayla birlikte gerçekleşiyordu. Panama'da görüştüğüm herkes, Honduras'ın demokratik olarak seçilmiş başkanı Manuel Zelaya'yı alaşağı eden askerî darbenin, CIA desteğini de alan iki ABD şirketi tarafından düzenlendiğine emindi. O yılın başlarında Chiquita Brands International (eskiden United Fruit) ve Dole gıda şirketi Honduras'daki asgari ücretin %60 oranında artırılmasını savunan Başkan Zelaya'yı çok sert bir şekilde eleştirmiş ve bu politikanın kârlarını düşüreceğini iddia etmişlerdi.

Her ne kadar ABD'de hafızalar çok kısa soluklu olsa da, Panama gibi yerlerde böyle değildir. Darién ekolojik bölgesinde ağaç diken adamlar olsun, taksi şoförleri olsun, Panama City'deki garson ve dükkân sahipleri olsun ya da terastaki resepsiyonda tanıştığım şehrin ileri gelenleri olsun, hepsinden aynı şeyi duydum:

Guatemala'nın demokratik bir seçimle başa gelen başkanı Jacobo Arbenz'in 1954 yılında Chiquita (muz şirketi) ve CIA tarafından, Şili'de Salvador Allende'nin de 1973 yılında International Telephone&Telegraph (ITT) şirketi ile Henry Kissinger ve CIA tarafından devrildikleri bilinen gerçeklerdi. Bu insanların hepsi, Haiti Devlet Başkanı Jean-Bertrand Aristide'nin 2004 yılında, Başkan Zelaya gibi asgari ücrette bir artış önerdiği için CIA tarafından devrildiğinden emindiler.

Bir Panama bankasının, kimliğinin açıklanmasını istemeyen bir müdür yardımcısı bana şöyle dedi: "Her çokuluslu şirket bilir ki, eğer Honduras saat ücretini artırırsa, Latin Amerika'nın gerisi ve Karayipler de onu takip etmek zorunda kalır. Haiti ve Honduras her zaman asgari ücretin alt düzeyini belirleyen ülkeler olmuşlardır. Büyük şirketler de, bu yarıkürede *solcu devrim* olarak adlandırdıkları bu hareketi durdurmaya kararlılar. Zelaya'yı devirerek, halklarının yaşam standartlarını yükseltmeye çalışan tüm diğer başkanlara da ürkütücü bir mesaj gönderiyorlar."

Tüm Latin Amerikan başkentlerini saran telaşı tahmin etmek için çok zeki olmak gerekmiyordu. ABD'de Barack Obama'nın başkan seçilmesiyle birlikte toplu bir rahatlama olmuş, kuzeydeki imparatorluğun sonunda güneyli komşularına şefkat duygusuyla yaklaşacağı, adil olmayan ticaret anlaşmalarının, özelleştirmelerin, acımasız IMF yapısal uyum programlarının ve askerî müdahale tehditlerinin azalacağı ve hatta belki de artık biteceği hakkında bir umut doğmuştu. Ama bu iyimserlik artık kaybolmaya başladı.

Honduras'ın askerî darbe liderleriyle şirketokrası arasındaki samimi, hatta sıkı fıkı ilişki, Panama'ya gelişimden birkaç gün sonra doğrulandı. İngiliz *Guardian* gazetesi, "Honduras'ın darbe hükümetinin üst düzey iki danışmanı, ABD Dışişleri Bakanı ile yakın ilişki içinde. Bu danışmanlardan biri Başkan Bill Clinton'ın özel avukatları arasında ve aynı zamanda Hillary için de mücadele eden etkili bir lobici olan Lanny Davis./.../Darbe hükümetinin derin Clinton bağlantıları olan bir diğer kiralık silahşoru da (lobici) Bennett Ratcliff,"[100] iddiasını içeren bir makale yayınladı.

Democracy Now! örgütü de, Chiquita'nın güçlü Washington hukuk bürosu Covington&Burling LLP ve danışmanı McLarty Associates tarafından temsil edildiği haberini verdi.[101] Başkan Obama'nın Adalet Bakanı Eric Holder bir zamanlar Covington'un da ortağıydı ve Kolombiya'da 'suikast mangaları' kiralamakla suçlandığı zaman Chiquita'yı savunan avukatlardan biriydi. (Bu davada suçlu bulunan Chiquita, ABD hükümeti tarafından terörist olarak nitelenen organizasyonlara 'koruma' parası ödediğini itiraf etti ve 2004 yılında 25 milyon dolar ceza ödemeyi kabul etti).[102]

George W. Bush'un BM büyükelçisi ve eski bir Covington avukatı olan John Bolton, kendi ülkelerinden elde edilen kaynaklardan sağlanan kârdan halklarının daha büyük pay alma hakkı için mücadele eden Latin Amerikalı liderlere şiddetle karşı çıkan biriydi. Bolton 2006 yılında devletten ayrıldıktan sonra Yeni Amerikan Yüzyılı Projesi ve Ulusal Politika Konseyi ile Honduras ve birtakım başka yerlerde şirketlerin hegemonyasını destekleyen kimi programlarda da yer alacaktı.

McLarty şirketinin yönetim kurulu başkan yardımcısı John Negroponte ise 1981–1985 yılları arasında ABD'nin Honduras büyükelçiliği görevinde bulunmuştu. Negroponte, eski dış işleri bakan yardımcısı, ulusal haber alma dairesi direktörü ve BM temsilcisi olarak da görev yapmıştı. ABD-destekli Kontra'ların Nikaragua'da Sandinista hükümetine karşı verdikleri gizli savaşta önemli bir rol oynadığı gibi, demokratik olarak başa gelen reform yanlısı Latin Amerikalı başkanların politikalarına da sürekli olarak karşı çıkan biriydi.[103]

İşte bu insanlar şirketokrasinin sinsi gücünün, onun çift taraflı oynayan yapısının ve Obama yönetiminin de bu işin içine çekilmiş olduğu gerçeğinin birer simgesidir.

Holder, Bolton ve Negroponte, bizleri küresel çöküşün eşiğine getiren statükoyu korumaya kararlı, etkili bir grubun daha göz önündeki temsilcileridir. Onlar ve onlara hizmet eden daha birçoğunun köklerini İran ve Endonezya'daki ET ve çakal operasyonlarına kadar sürerler. Politikalarını sessizce, kapalı kapılar ardında uygulamayı yeğlerler. Fakat başka hiçbir şey işe yaramadığında – ya da daha ince yaklaşımlara zamanlarının kalmadığını düşündüklerinde– askere başvurmaktan da çekinmezler. *Los Angeles Times* 23 Temmuz 2009 tarihinde şu sonuca vardığında bu olayın can alıcı noktasına parmak basmıştı:

"Honduras'ta olanlar farklı bir bağlamda klasik bir Latin Amerikan darbesidir: Darbenin başındaki general Romeo Vasquez, ABD'nin Amerikalar Okulu'nun (şimdiki adıyla Batı Yarı Küre Güvenlik İş Birliği Enstitüsü) bir mezunudur. Bu okul askerî darbeler de dahil, önemli insan hakları ihlali suçları işlemiş birçok Latin Amerikalı subayı eğitmekle ünlüdür.[104]"

2009 Haziran'ında Darién ekolojik bölgesindeki küçük açık hava kulübemde oturup, Honduras hakkındaki haberleri okurken, Omar Torrijos'un bu tür gizli kapaklı imparatorluk inşasına nasıl şiddetle karşı çıktığını anımsadım. "ABD'yi küçültüyor," demişti. "Demokrasi ile alay ediyor." Kendisi de o zamanlar ABD işgali altındaki Panama Kanal Bölgesi'nde bulunan Amerikalar Okulu'na gitmişti ve onun uğursuz içeriğini anlamıştı. Ondan 'Katiller Okulu' diye söz ederdi. Panama'nın devlet başkanı olunca, ABD'den bu okulu ülkesinin topraklarından çıkarmasını talep etti; Pentagon da Kanal Anlaşması'nın bir parçası olarak, onu Georgia eyaletinde Fort Benning'e taşıdı.

Bir akşamüstü orman yolundan bir tepenin üstündeki açıklığa kadar yürüdüm. Mamoní Nehri kıvrılarak aşağıdaki vadide akıyordu. Bir ağaç kütüğünün üzerine oturdum ve John Maynard Keynes'in destekçileri ile Milton Friedman'ınkileri karşı karşıya getiren o klasik savaşı düşündüm. Friedman'ın zaferi dünyayı değiştirmiş ve bugün karşı karşıya olduğumuz krize yol açmıştı. Öyle görünüyordu ki bugün, burada, Kuzey ve Güney Amerika arasındaki bu göreli olarak küçük kara parçası üzerinde yeni bir savaş veriliyordu.

Bir savaş –Honduras'daki– manşetlerdeydi. Bu savaşta şirketokrasinin geleneksel silahları kullanılıyordu: ET rüşvetlerine ve tehditlerine boyun eğmeyi reddeden, yasal olarak seçilmiş bir lideri alaşağı etmek için askerî bir darbe; daha önce de başka birçok ülkede demokrasi adına emperyalizmi haklı göstermek için kullanılanlara benzer bir ABD halkla ilişkiler kampanyası ve Chiquita ve Dole gibi şirketler ile onların müttefiklerini savunmak için toplarını mahkemelere, Meclis'e ve Birleşmiş Milletler'e doğrultan son derece etkili ve nüfuzlu avukatlar ve lobici güruhu.

ABD televizyonlarında ve başlıca gazetelerinde, Başkan Zelaya'nın, başkanlık süresini uzatmak amacıyla halkın nabzını tutmak üzere hükümetinin bir anket yapacağını duyurduğu ve böylece seçim sürecini devre dışı bırakmaya çalıştığı haberi yayınlanmıştı. Halkın askerî darbenin gerçek nedenini öğrenmesini engellemek için de medyaya ve meclis koridorlarına yüzlerce milyon dolar akıtılmıştı: Başkan Zelaya endüstriyel büyük tarım çiftliklerindeki korkunç çalışma koşullarını, ızdırap ve hastalıkları, sabah kahvaltı masalarımızı süsleyen muz ve ananasları yetiştiren insanların aldıkları düşük maaşları ve karşı karşıya oldukları yetersiz beslenme şartlarını açığa çıkartma cüretinde bulunduğu gibi, yozlaşmak yerine halkı için daha iyi bir şeyler talep edecek kadar da dürüsttü.

Honduras, kapitalizmin sapkın türünü savunmak adına verilen bir savaştı.

Başka bir savaş da –Panama'daki– sessizce, yeni tür silahlarla yapılıyordu: Tohumlar, çapalar, sürdürülebilir tarım teknikleri, sosyal bilince sahip sermaye, müzik ve yerel bilgelikle bilimsel araştırmanın bir karışımı, bir sürü eski sığır yetiştiricisi, toplumsal organizatörler, ekolojistler, sanatçılar, yazarlar, STK'lar, web tasarımcıları, yeni dalga avukatlar ile yenilikçi ve sağlıklı bir kapitalizm yaratmaya katkıda bulunmak için toplumun her kesiminden gelen genç ve yaşlı insanlarla.

Keynes ve Friedman arasındaki o eski savaş artık geçmişten kalan bir anı, ekonomik durgunluk ise onun mezar taşı olarak görülebilir. Ancak, şirketokrasi de sessizce mezarın yanında durmuyordu. Adayları ABD başkanlık yarışını kazanmamıştı ama adamları hızla Beyaz Saray, Merkez Bankası, Pentagon ve Dışişleri Bakanlığı'nın en önemli mevkilerinin bazılarına sızmayı başardılar. Bankacıları Wall Street'e geri döndüler ve yine kendilerine hak etmedikleri ikramiyeler ödemeye başladılar. IMF her ne kadar 2000'li yılların başlarında ve ortalarında gözden düşmüş olsa da, G-20 ülkeleri özgün sermayesinin üç katından fazla nakit para yardımında bulunarak 2008 ve 2009'da onu yeni yetkilerle donattı.

Ve ekonomik tetikçiler ile çakallar, dünyaya, ekonomik durgunluğun (o mezar taşı gerçek ölümün bir simgesi değilmiş gibi) sadece bir uyarı olduğunu söylemek istercesine Honduras'ın kumlarında bir çizgi çizmişlerdi.

Hepimiz o çizgi boyunca dizili duruyoruz. Her birimiz kendi kararımızı vermek zorundayız. Dünyamızın, onun kaynaklarını sadece kendi doymak bilmez iştahlarına hizmet etmek için kontrol altına almaya niyetli birkaç milyarder tarafından mı yönetilmesini istiyoruz? Daha fazla borç, daha fazla özelleştirme ve 'hırsız baronlar'ın kendilerini geri kalanlarımız için geçerli olan kanun ve kuralların üzerinde tuttukları piyasalar mı istiyoruz? En berbat giderleri kayıt altına alamayan muhasebe sistemleri mi? Çalışanlarını sömüren, statükoyu korumak için avukat ve lobicilere birer servet ödeyen ve kazandıklarını denizaşırı vergi cennetlerine gönderen magazin kapağı 'kahramanları' mı? Demokratik olarak seçilmiş hükümetlerin devrilmelerini finanse eden şirketlerin mallarını almak istiyor muyuz? Ya da kendi başkanlarımızın ve seçilmiş memurlarımızın altlarını oymayı? Çocuklarımızı nüfusun %5'inden azının kaynakların %25'inden fazlasını tükettiği, o %5'in de %10'undan daha azının tüm mal varlığını kontrol ettiği, insanların yaklaşık yarısının yoksulluk içinde yaşadığı bir dünyada mı yetiştirmek istiyoruz? Şiddetin artmaya devam ettiği ve 'terörizme' karşı askerî taktiklerimizin bizi sürekli yalnızlığa ittiği bir dünyada mı yetiştirmek istiyoruz?

Ya da başka bir şey mi istiyoruz? Sosyal ve çevresel olarak daha bilinçli bir ekonomi yaratmaya çalışan kuruluşların –Çevreci Festivaller'de, yerel pazar yerlerinde, üçlü bilanço fikrini benimsemiş dükkânlarda ve internet sitelerinde bulduğumuz türden kuruluşlar– öngördüğü gibi bir dünya mı istiyoruz? Çocuklarımıza örnek olacak insanların yağmur ormanlarını ve kirletilmiş gölleri geri getiren, sürdürülebilir enerjiyi destekleyen ve aç insanların kendilerini beslemelerine yardımcı olan şirketlerin kurucuları ve yöneticileri olacağı bir dünya mı istiyoruz? Herkesin sağlık hizmetlerine özgürce ulaşabileceği ve yaşamlarının son günlerini saygınlık içinde geçirme haklarının olacağı bir yer? Kısacası, eski alışkanlıklarımızdan vazgeçip, bizi bu kadar kötü bir şekilde yarı yolda bırakan yağmacı kapitalizmden kurtulmayı ve gelecek nesillere gerçek demokrasinin ideallerini yansıtan, hepimiz için sürdürülebilir, adil ve barışçıl toplumlar oluşturmaya yönelik bir dünya bırakmak istiyor muyuz?

Bu seçim Barack Obama'nın değil. Ya da John McCain'in. Ya da başka herhangi bir politikacının.

Bu seçim bizim.

NOTLAR

1. Ek bilgi ve istatistikler için, bkz. Michael Lewis, "Wall Street on the Tundra," *Vanity Fair*, Nisan 2009, s. 142–147; 173–177 ve Ian Parker, Letter from Reykjavik, "Lost: After Financial Disaster, Icelanders Reassess Their Identity," *New Yorker*, 9 Mart 2009, s. 39–47.
2. a.g.e.
3. Rodrigue Tremblay, "The Dance of the Trillions to Shore up Banks, Bankers, and Gamblers," *Global Research*, Centre for Research on Globalization, 26 Mart 2009, www.globalresearch.ca/index.php?context=va&aid=12918.
4. "The Crisis and How to Deal with It," *New York Review of Books*, 11 Haziran 2009, s. 73–76.
5. ABD İstatistik Bürosu, Economic News Release: "Employment Situation Summary," 28 Mayıs 2009, www.bls.gov; Lucia Mutikani, "U.S. Economy Tumbles Steeply in First Quarter," Reuters, 29 Nisan 2009 (erişim: 27 Mayıs 2009), www.reuters.com/article/newsOne/idUSTRE53S3NK20090429; Democracy Now, *War and Peace Report*, günlük TV ve radyo haber programı, sunucular: Amy Goodman ve Juan Gonzalez, 29 Mayıs 2009 için başlıklar, www.democracynow.org/2009/5/29/headlines; Benjamin M. Friedman, "The Failure of the Economy&the Economists," *New York Review of Books*, vol. 56, no. 9, 28 Mayıs 2009, s. 42; ve Bob Willis, "U.S. Economy: GDP Shrinks in Worst Slump in 50 Years (Bloomberg's Update 3)," 29 Nisan 2009 (erişim: 27 Mayıs 2009), www.bloomberg.com/apps/news?pid=20601068&sid=a6WLEZ20yerY; ve Democracy Now, *War and Peace Report*, günlük TV ve radyo haber programı, sunucular: Amy Goodman ve Juan Gonzalez, 1 Haziran 2009 için başlıklar, www.democracynow.org/2009/6/1/headlines.
6. Daniel Bases, "UPDATE 1—UN Revises Global Economic Growth Lower for 2009," 27 Mayıs 2009, 12:12 P.M. EDT (erişim: 28 Mayıs 2009), www.reuters.com/article/marketsNews/idUSN2713305020090527; ve Daniel Bases, "UN Revises Global Economic Growth Lower for 2009," 27 Mayıs 2009. 11:06 A.M. EDT (erişim: 28 Mayıs 2009), www.reuters.com/article/bondsNews/idUSN2751739520090527.

7   "Economic Downturn Leaves 26 Million Unemployed in China," *Telegraph* (United Kingdom), 2 Şubat 2009 (erişim: 27 Mayıs 27, 2009), www.telegraph.co.uk/news/worldnews/asia/china/4438965/Economic-downturn-leaves-26-million-unemployed-in-China.html; ve "China's Unemployed Migrant Workers Could Top 20 Million," ABC News, 25 Mart 2009 (erişim: 27 Mayıs 2009), www.abc.net.au/news/stories/2009/03/25/2526402.htm.

8   "U.S. Economy to Contract 2pc This Year, Says Fed," *Telegraph* (United Kingdom), 21 Mayıs 2009 (erişim: 27 Mayıs 2009), www.telegraph.co.uk/fi nance/financetopics/recession/5359481/US-economy-to-contract-2pc-this-year-says-Fed.html.

9   "The Crisis and How to Deal with It," *New York Review of Books*, 11 Haziran 2009.

10 Democracy Now, *War and Peace Report*, günlük TV ve radyo haber programı, sunucular: Amy Goodman ve Juan Gonzalez, 28 Mayıs 2009 için başlıklar, www.democracynow.org/2009/5/28/headlines.

11 Democracy Now, *War and Peace Report*, 1 Haziran 2009 için başlıklar.

12 "The Crisis and How to Deal with It," *New York Review of Books*, 11 Haziran 2009, s. 73–76.

13 "A Silent War," Jubilee USA Network (erişim: 26 Temmuz 2007), www.jubileeusa.org/resources/debt-resources/beginners-guide-to-debt/a-silent-war.html.

14 Thom Hartmann, *Threshold: The Crisis of Western Culture* (New York: Viking, 2009), düzeltilmemiş metin, s. 145.

15 Democracy Now, *War and Peace Report*, günlük TV ve radyo haber programı, sunucular: Amy Goodman ve Juan Gonzalez, "Michael Parenti: Economic Crisis the Inevitable Result of 'Capitalism's Self-Inflicted Apocalypse,'" 12 Mart 2009, www.democracynow.org/2009/3/12/parenti.

16 Hartmann, *Threshold*, s. 52.

17 Democracy Now, *War and Peace Report*, günlük TV ve radyo haber programı, sunucular: Amy Goodman ve Juan Gonzalez, 16 Mart 2009 için başlıklar, www.democracynow.org/2009/3/16/headlines.

18 Democracy Now, *War and Peace Report*, günlük TV ve radyo haber programı, sunucular: Amy Goodman ve Juan Gonzalez, 4 Mart 2009 için başlıklar, www.democracynow.org/2009/3/4/headlines.

19 a.g.e.

20 Louise Story, "Lawmakers Question Bankers on Bailout," *New York Times*, 11 Şubat 2009, www.nytimes.com/2009/02/12/business/12bank.html?scp=4&sq=eight%20bankers&st=cse.

21 "Texas Firm Accused of $8 Billion Fraud," *New York Times*, 17 Şubat 2009, www.nytimes.com/2009/02/18/business/18stanford.html?scp=5&sq=stanford%20group&st=cse.

22 John Schwartz, "Contrite Over Misstep, Auto Chiefs Take to the Road," *New York Times*, 2 Aralık 2008, www.nytimes.com/2008/12/03/business/03jets.html.

23 Democracy Now, *War and Peace Report*, günlük TV ve radyo haber programı, sunucular: Amy Goodman ve Juan Gonzalez, 14 Nisan 2009 için başlıklar, www.democracynow.org/2009/4/14/headlines.

24 a.g.e.

25 a.g.e.

26 Democracy Now, *War and Peace Report*, 15 Nisan 2009 için başlıklar, www.democracynow.org/2009/4/15/headlines.

27 Arianna Huffington, "Why Are Bankers Still Being Treated As Royalty?" Huffington Post, 30 Nisan 2009, www.huffingtonpost.com/arianna-huffington/why-are-bankers-still-bei_b_194242.html.

28 Democracy Now, *War and Peace Report*, günlük TV ve radyo haber programı, sunucular: Amy Goodman ve Juan Gonzalez, 6 Mayıs 2009 için başlıklar, www.democracynow.org/2009/5/6/headlines.

29 Claudine ve ortadan kaybolması hakkında daha fazla bilgi için, bkz. John Perkins (*Confessions of an Economic Hit Man*) (New York: Penguin Group/Plume, 2004), s. xiii–xiv; 16–21; 60–62. , Bir Ekonomik Tetikçinin İtirafları, April. 12. Baskı 2010.

30 Farhad ve İran'dan kaçış hakkında daha fazla bilgi için, bkz. a.g.e. s. 6; 137–39.

31 Center for Responsive Politics, OpenSecrets.org, "Stats at a Glance," www.opensecrets.org.

32 thehill.com/business—lobby/companies-hire-washington-lobbyists-before-bad-news-breaks-2006–01–31. ve Democracy Now, *War and Peace Report*, günlük TV ve radyo haber programı, sunucular: Amy Goodman ve Juan Gonzalez, " 'Sold Out': New Report Follows Lobbying Money Trail Behind Deregulation That Helped Cause Financial Crisis," 4 Mart 2009, ww.democracynow.org/2009/3/4/sold_out_new_report_follows_lobbying.

33 Wall Street Watch, "$5 Billion in Political Contributions Bought Wall Street Freedom from Regulation, Restraint, Report Finds," 4 Mart 2009, www.wallstreetwatch.org/soldoutreport.htm.

34 Media Reform Information Center, "Number of Corporations That Control a Majority of U.S. Media," (grafik), www.corporations.org/media/.

35 Gerek santral, gerekse NBC öyküleri kişisel olarak işin içinde olan ve belli nedenlerden dolayı anonim kalmayı yeğleyen insanlardan aktarmadır.

36 Jim Keady ve Leslie Kretzu hakkında daha fazla bilgi için, bkz. John Perkins, *The Secret History of the American Empire: The Truth About Economic Hit Men, Jackals, and How to Change the World* (New York: Penguin Group/Plume, 2007), s. 39–43; 59–61. Bir Ekonomik Tetikçinin İtirafları: Şirketokrasi ve Ondan Kurtulmanın Yolları. Ayrıca kâr amacı gütmeyen *Educating for Justice* (EFJ) (Adalet İçin Eğitim) kuruluşunun da (merkez: Asbury Park, N.J.) internet sayfasına bakabilirsiniz: www.educatingforjustice.org.

37 Michael Hennigan, Analysis/Comment: "Executive Pay and Inequality in the Winner-take-all Society," Finfacts.com, İrlanda'nın İş Dünyası ve Finans portalı, 7 Ağustos 2005 (erişim: 10 Haziran 2009), www.finfacts.com/irelandbusinessnews/publish/printer_10002825.

38 Ralph Waldo Emerson, *Wealth* yazısı, *The Conduct of Life*, 1860, değiştirme 1876, www.emersoncentral.com/wealth.htm.

39 BBC News, "Ecuador Defaults on Foreign Debt," 12 Aralık 2008 (erişim: 24 Haziran 2009), www.news.bbc.co.uk/2/hi/business/7780984.stm.

40 Anthony Faiola, "Calling Foreign Debt 'Immoral,' Leader Allows Ecuador to Default," *Washington Post*, 13 Aralık 2008 (erişim: 24 Haziran 2009), www.washingtonpost.com /wp-dyn/content/article/2008/12/12/AR2008121204105.html.

41 Ekvador olayı ve davası hakkında ödül kazanmış bir belgesel görmek istiyorsanız, bkz. www.crudethemovie.com.

42 Neil Watkins ve Sarah Anderson, "Ecuador's Debt Default: Exposing a Gap in the Global Financial Architecture," *Foreign Policy In Focus*, 15 Aralık 2008 (erişim: 25 Haziran 2009), www.fpif.org/fpiftxt/5744.

43 Lucy Adams, "Plight of Women Sold into Slavery Revealed," *Herald* (Glasgow, Scotland), 19 Nisan 2008 (erişim: 1 Mayıs 2009), www.theherald.co.uk/news/news/display.var.2428222.0.plight_of_women_sold_into_slavery_revealed.php.

44 Joel Brinkley, "Vast Trade in Forced Labor Portrayed in C.I.A. Report," *New York Times*, 2 Nisan 2000 (erişim: 1 Mayıs 2009), www.nytimes.com/2000/04/02/us /vast-trade-in-forced-labor-portrayed-in-cia-report.html?sec=&spon=&&.

45 Stacey Hirsh, "Reagan Presidency Pivotal for Unions," *Baltimore Sun*, 8 Haziran 2004 (erişim: 26 Haziran 2009), www.baltimoresun.com/business /bal-bz.unions08jun08,0,1761456.story?coll=bal-business-headlines.

46 Julie Hirschfeld Davis, Associated Press yazarı, "The Influence Game: Payday Lenders Thwart Limits," ABC News, 2 Nisan 2009, www.abcnews.go.com/International/wireStory?id=7242991.

47 Democracy Now, *War and Peace Report*, günlük TV ve radyo haber programı, sunucular: Amy Goodman ve Juan Gonzalez, "Ecuadorian President: World Should Consider Abolishing IMF," 26 Haziran 2009 başlıkları, www.democracynow.org/2009/6/26/headlines.

48 "The Rise and Fall of Dennis Kozlowski: How Did He Become So Unhinged by Greed? A Revealing Look at the Man Behind the Tyco Scandal," *BusinessWeek*, 23 Aralık 2002 (erişim: 10 Temmuz 2009), www.businessweek.com/magazine/content/02_51/b3813001.htm.

49 "Inside Stephen Schwarzman's Birthday Bash," *New York Times*, 14 Şubat 2007 (erişim: 11 Temmuz 2009), www.dealbook.blogs.nytimes.com/2007/02/14 /inside-stephen-schwarzmans-birthday-bash/.

50 Nelson D. Schwartz, "Wall Street's Man of the Moment," *Fortune*, CNNMoney.com, 21 Şubat 2007 (erişim: 11 Temmuz 2009), www.money.cnn.com/magazines/fortune/fortune_archive/2007/03/05/8401261/index.htm.

51 www.cbsnews.com/stories/2006/06/28/national/main1758528.shtml.

52 CleanUpGE.org, "Toxics on the Hudson: The Story of GE, PCBs and the Hudson River," tarih belirtilmemiş (erişim: 18 Temmuz 2009), www.cleanupge.org/pcbarticle.pdf.

53 a.g.e.

54 "The World's Billionaires," ed. Luisa Kroll, Matthew Miller ve Tatiana Serafin, *Forbes*, 11 Mart 2009 (erişim: 18 Temmuz 2009), www.forbes.com/2009/03/11/worlds-richest-people-billionaires-2009-billionaires_land.html; ve Duncan Greenberg ve Tatiana Serafin, "Billionaires List: Up in Smoke," *Forbes*, 30 Mart 2009 (erişim: 18 Temmuz 2009), www.forbes.com/forbes/2009/0330/076-up-in-smoke.html.

55 Warren Vieth, "Most U.S. Firms Paid No Income Taxes in '90s: More Than Half Avoided Levies During Boom Years," *Los Angeles Times*, 11

Nisan 2004, www.boston.com/business/globe/articles/2004/04/11/most_ us_firms_paid_no_income_taxes_in_90s/.

56 David Goldman, "Most Firms Pay No Income Taxes— Congress," CNNMoney.com, 12 Ağustos 2008 (erişim: 19 Temmuz 2009), www.money.cnn.com/2008/08/12/news/economy/corporate_taxes.

57 "Who Is Poor?" Institute for Research on Poverty (IRP), 6 Aralık 2004 (erişim: 13 Temmuz 2009), www.irp.wisc.edu/faqs/faq3.htm. Ayrıca bkz. Anuradha Mittal, "Hunger in America," CommonDreams.org, 10 Aralık 2004 (erişim: 18 Temmuz 2009), www.commondreams.org/views04/1210–22.htm.

58 Ulusal Sağlık Hizmetleri Koalisyonu tarafından bildirilen ABD nüfus rakamları, "Health Insurance Coverage," Washington, D.C., 2009 (erişim: 18 Temmuz 2009), www.nchc.org/facts/coverage.shtml.

59 G. William Domhoff, "Wealth, Income, and Power," Who Rules America internet sitesi, Eylül 2005, güncelleme: Mayıs 2009 (erişim: 13 Temmuz 2009), www.sociology.ucsc.edu/whorulesamerica/power/wealth.html.

60 IPS, rakipleri ve başarılarının ayrıntıları hakkında, bkz. John Perkins, *The Stress- Free Habit: Powerful Techniques for Health and Longevity from the Andes, Yucatan, and Far East* (Rochester, Vt.: Healing Arts Press, 1989); ve John Perkins, *Şekil Değiştirme* (Rochester, Vt.: Destiny Books, 1997).

61 132 *Congressional Record*. S8272–73 (günlük baskı 24 Haziran 1986. Senatörler Baucus ve Packwood'un karşılıklı konuşmaları).

62 Harvey Wasserman, "California's Deregulation Disaster," *The Nation*, 12 Şubat 2001, www.thenation.com/doc/20010212/wasserman.

63 FERC 3–26–03 Docket No. PA02-2-000, *Staff Report Price Manipulation in Western Markets*; ve www.sfgate.com /cgi-bin/article.cgi?f=/c/a/2000/12/08/MN148567.DTL.

64 Daniel Engber, "Why Do Airlines Go Bankrupt: Delta Can't Keep up with JetBlue," Slate Magazine, 15 Eylül 2005, www.slate.com/id/2126383/.

65 Thom Hartmann, *Threshold: The Crisis of Western Culture* (New York: Viking, 2009), düzeltilmemiş metin, s. 39; 41.

66 "Amazon Crude: Scott Pelley Reports on a Multi-Billion-Dollar Lawsuit over Oil Drilling Pollution" *60 Minutes*, CBS, 3 Mayıs 2009, www.cbsnews.com/stories/2009/05/01/60minutes/main4983549.shtml.

67 "Toward a More Sustainable Way of Business," www.interfaceglobal.com/Sustainability.aspx.

68 "Suspended Nicaraguan Priest Elected President of U.N. General Assembly," Catholic News Agency, 6 Haziran 2008 (erişim: 30 Haziran 2009), www.catholicnewsagency.com/new.php?n=12862.

69 Structural Adjustment Participatory Review International Network (SAPRIN), Washington, D.C., Dünya Bankası Başkanı James Wolfensohn'a mektup, 16 Nisan 2004 (erişim: 1 Haziran 2009), www.developmentgap.org/worldbank_imf/saprin_letter_to_world_bank_president_16april2004.pdf. Ayrıca kuruluşun internet sitesinde "The Development GAP's Mission and Operating Principles": www.developmentgap.org/mission%26principles/mission_principles.html.

70 "The Crisis and How to Deal with It," *New York Review of Books*, 11 Haziran 2009, s. 76.

71 Barbara Hagenbaugh, "U.S. Manufacturing Jobs Fading Away Fast," *USA TODAY*, 12 Aralık 2002, www.usatoday.com/money/economy/2002–12–12-manufacture_x.htm.

72 Andrew Gumbel, "How the War Machine Is Driving the U.S. Economy," *Independent* (United Kingdom), 6 Ocak 2004, www.commondreams.org/views04/0106–12.htm.

73 NPR, *Weekend Edition Sunday*, sunucu: Linda Wertheimer, 5 Nisan 2009, www.npr.org.

74 "2008 Global Arms Spending Hits Record High," *China Daily*, 9 Haziran 2009, Reuters ve Associated Press'den, s. 11. Ayrıca bkz.: Democracy Now, *War and Peace Report*, günlük TV ve radyo haber programı, sunucular: Amy Goodman ve Juan Gonzalez, "Report: Global Military Spending Rose to $1.46 Trillion in 2008," 8 Haziran 2009 için başlıklar, www.democracynow.org/2009/6/8/headlines.

75 Şu internet sitelerine bakın: www.gpoaccess.gov/usbudget/fy09/pdf/budget/defense.pdf; www.slate.com/id/2183592/pagenum/all/; www.truthandpolitics.org /military-relative-size.php; www.defenselink.mil/comptroller/defbudget/fy2008/fy2008_weabook.pdf ve www.globalissues.org/article/75 /world-military-spending.

76 Şu internet sitelerine bakın: www.warresisters.org/pages/piechart.htm; www.globalissues.org/article/75/world-military-spending ve www.slate.com/id/2183592/pagenum/all/.

77 6 no.lu notta belirtilen internet sitelerine bakın.

78 7 no.lu notta belirtilen internet sitelerine bakın.

79 Ayrıca bkz.: Democracy Now, *War and Peace Report*, günlük TV ve radyo haber programı, sunucular: Amy Goodman ve Juan Gonzalez, 11 Mayıs 2009 için başlıklar, www.democracynow.org/2009/5/11/headlines.

80 *Encarta*, "Capitalism," *MSN Encarta* article, www.encarta.msn.com/encyclopedia_761576596/Capitalism.html#s1.

81 Saeromi Shin ve Chua Kong Ho, "Fidelity's Ma Says China's Economic Growth May Beat Predictions," Bloomberg Press, 10 Haziran 2009, www.bloomberg.com/apps/news?pid=20601080&sid=azvmiXGzTXI8.

82 Robert D. McFadden ve Scott Shane, "In Rescue of Captain Navy Kills 3 Pirates," *New York Times*, 12 Nisan 2009, www.nytimes.com/2009/04/13/world/africa/13pirates.html?pagewanted=1&sq=somali percent20pirates&st=cse&scp=2.

83 "Fighting Piracy in Somalia," Köşe yazısı, *New York Times*, 16 Nisan 2009, www.nytimes.com/2009/04/17/opinion /17iht-edpirates.html?scp=3&sq=-reasonspercent20for percent20Somali percent20piracy&st=cse.

84 Gwen Thompkins, "In Somalia, Piracy Is An Attractive Career Option," NPR *Morning Edition*, 6 Mayıs 2009, www.npr.org/templates/story/story.php?storyId=103815312.

85 Organic Consumers Association, "NAFTA: Truth and Consequences of Corn Dumping," www.organicconsumers.org/chiapas/nafta040504.cfm.

86 Thom Hartmann, *Threshold: The Crisis of Western Culture* (New York: Viking, 2009), düzeltilmemiş metin, s. 95–96.

87 Green America, "Sweatshops: Economic Action to End Sweatshop and Forced Child Labor" (erişim: 21 Nisan 2009), www.coopamerica.org/programs/sweatshops/sneakers.cfm.

88 Green America, Responsible Shopper: Your Guide to Promoting a Responsible Economy, "Nike," 27 Ağustos 2008 (erişim: 21 Nisan 2009), www.coopamerica.org/programs/responsibleshopper/company.cfm?id=271.

89 Daniel Goleman, Ecological Intelligence: How Knowing the Hidden Impacts of What We Buy Can Change Everything (New York: Broadway Books, 2009), s. 64–70.

90 SourceWatch, "Chiquita Brands International, Inc." (erişim: 12 Mayıs 2009), www.sourcewatch.org/index.php?title=Chiquita_Brands_International%2C_Inc.

91 Public Citizen, "Nicaragua" (erişim: 12 Mayıs 2009), www.citizen.org/cmep/Water/cmep_Water/reports/nicaragua/index.cfm.

92 Thom Hartmann, *Threshold: The Crisis of Western Culture* (New York: Viking, 2009), düzeltilmemiş metin, s. 13-14.

93 Renee Montagne, "Cargo Hauling at California Ports Will Go Greener," *Morning Edition*, National Public Radio (NPR), 26 Şubat 2009.

94 Dr. Riane Tennenhaus Eisler, *The Real Wealth of Nations: Creating a Caring Economics* (San Francisco: Berrett- Koehler, 2007), bölüm 10, s. 9, baskı öncesi kopya.

95 Theodore Roosevelt, İşçi Bayramı Konuşması, Syracuse, New York, 7 Eylül 1903 (erişim: 19 Mayıs 2009), www.quotationspage.com/quotes/Theodore_Roosevelt.

96 Edmund Morris, "Teddy Roosevelt: With Limitless Energy and a Passionate Sense of the Nation, He Set the Stage for the American Century" The TIME 100, *Time* magazine, 13 Nisan 1998 (erişim: 19 Mayıs 2009), s. 4, www.time.com/time/time100/leaders/profile/troosevelt4.html.

97 "TR's Legacy – The Environment" www.pbs.org/wgbh/amex/tr/envir.html (erişim: 19 Mayıs 2009) ve "The Story of Theodore Roosevelt: TR's Legacy – The Environment," *The American Experience*, WGBH/PBS (erişim: 19 Mayıs 2009), www.pbs.org/wgbh/amex/tr/envir.html.

98 20 Mayıs 2009, saat 12:09 tarihli e-posta mesajı, Kime: alıcı listesi; Yanıt: rabbilerner@tikkun.org.

99 Michael Lerner, "Barack Obama's Nonideological Pragmatism Will Backfire," Politico 20 Mayıs 2009, www.politico.com/news/stories/0509/22707.html.

100 Mark Weisbrot, "Who's in Charge of U.S. Foreign Policy? The Coup in Honduras Has Exposed Divisions between Barack Obama and His Secretary of State, Hillary Clinton," *Guardian* (United Kingdom), 16 Temmuz 2009 (erişim: 23 Temmuz 2009), www.guardian.co.uk/commentisfree/cifamerica/2009/jul/16 /honduras-coup-obama-clinton.

101 Democracy Now, *War and Peace Report*, günlük TV ve radyo haber programı, sunucular: Amy Goodman ve Juan Gonzalez, "From Arbenz to Zelaya: Chiquita in Latin America," 21 Temmuz 2009 (erişim: 23 Temmuz 2009), www.democracynow.org/2009/7/21/from_arbenz_to_zelaya_chiquita_in.

102 "Chiquita Admits to Paying Colombia Terrorists: Banana Company Agrees to $25 Million Fine for Paying AUC for Protection," Associated Press, MSNBC, 15 Mart 2007 (erişim: 24 Temmuz 2009), www.msnbc.msn.com/id/17615143/.

103 Daha fazla bilgi için, bkz.: Alex Constantine's Blacklist, "AG Eric Holder & Chiquita, Covington, Negroponte, Bolton, Colombian Death Squads," 20 Temmuz 2009 (erişim: 23 Temmuz 2009), www.aconstantineblacklist.blogspot.com/2009/07/eric-holder-and-chiquita-covington.html.

104 Mark Weisbrot, "The High- Powered Hidden Support for Honduras' Coup: The Country's Rightful President Was Ousted by a Military Leadership That Takes Many of Its Cues from Washington Insiders," *Los Angeles Times*, 23 Temmuz 2009, www.latimes.com/news/opinion/commentary/la-oe-weisbrot23–2009jul23,0,7566740.story.

DİZİN

11 Eylül 2001 162

A

ABC 65, 92, 116, 243
ABD Çevre Koruma Kurumu 96
Abdi, Abshir Abdullahi 170
ABD Merkez Bankası 32, 45
Acosta, Alberto 77
Açık Toplum Enstitüsü 32
Adalet İçin Eğitim 67, 183, 242
Adidas 186
Afganistan 34, 54, 107, 137, 171
Afrika 34, 38, 39, 40, 55, 72, 161, 163, 165, 169, 171, 173, 219, 237
Ahmedinejat, Mahmut 61
AIG 23, 24, 29, 47, 48
Akbaba ve Kartal Kehaneti 229
Alcoa 17, 20, 21, 121
Allen & Company 30
Allende, Salvador 37, 231
Allen, Paul 93
Alternatif Politikalar Geliştirme Grubu 129
Altın Çağı 69, 88, 89, 101
Amazon 78, 80, 122, 147, 165, 166, 175, 216, 218, 223, 229
AmeriCorps 203
Amerikalar Okulu 79, 233
Amerikan Girişimciler Enstitüsü 113

Amerikan Ulusal Kadın Oy Verme Hakkı Derneği 159
Amerikan Üniversitesi 64
Anderson, Ray 123, 124
Andres, Carlos 229
Angola 80
Anthony, Susan B. 159, 200
AOL 147
Apple 147
Arbenz, Jacobo 37, 231
Aristide, Jean-Bertrand 231
Arjantin 129, 132, 193, 204, 223
Arthur Andersen 74
Ashland petrol şirketi 104, 105, 106, 107, 118
Ashton, Profesör 69, 70, 72, 110, 111, 113, 118, 134, 147, 200
Astor, John Jacob 71
Avis 151

B

Baer, Bob 60
Baez, Joan 160
Balqon Corp. 198
Baltimore Gas&Electric 108
Bangladeş 129, 187, 198, 202
BankAmerica Corp. 118
Bank of America 29, 118, 216
Barış Gönüllüleri 42, 131, 203
Barış İçin Gaziler Ulusal Kongresi 162

Batı Yarı Küre Güvenlik İş Birliği
    Enstitüsü 233
Bear Stearns 29
Bechtel Grup 17, 34, 56, 135
Benjamin, Medea 198
Bertelsmann 65, 116
Bill ve Melinda Gates Vakfı 93
BioMuseo of Panama 225
Birleşmiş Milletler 31, 32, 49, 79,
    192, 224, 234, 237
Blackstone Group 91
Bloomberg 97, 98
Bloomberg, Michael 92, 97, 98
Boeing 15, 59
Boise Cascade 184, 216
Bolivya 44, 171, 193
Bolton, John 232
Bono 93
Bradley, Bill 30
Brezilya 62, 73, 94, 193
Brookings Enstitüsü 113
Brown, Tina 92
Brune, Mike 184
Buda 176
Bugi kabilesi 168
Bush, George W. 34, 45, 46, 47, 73,
    74, 91, 115, 117, 118, 134,
    135, 136, 232
Büyük Bunalım 30, 31, 44, 48, 85,
    109, 116, 139, 211

C, Ç

Cardenal, Fernando 126
Cargill 189, 192
Carnegie, Andrew 71
Carson, Rachel 219
Carter, Jimmy 111
Castro, Fidel 191
Cava 57
CBS 65, 116
Centro Madroño 226, 228

Chambers, John T. 98
Chavez, Cesar 160
Cheney, Dick 34
Chevron 66, 80, 119, 165
CIA 15, 37, 54, 55, 60, 61, 76, 78,
    79, 80, 83, 125, 137, 193,
    230, 231
Cisco Systems 98
Citibank 59, 85, 117
Citicorp 30
Citigroup 29, 184, 216
Claudine 51, 53, 54, 55, 56, 57, 59,
    62, 63, 114, 115, 150, 241
Clinton, Bill 38, 45, 46, 115, 117,
    127, 231
Clinton, Hillary 204, 214
Clooney, George 60
Coca-Cola 66
Cogen, Joe 106, 107, 118
Constellation Power 109
Continental Hava Yolları 112
Cooke, Jay 88, 90
Co-op America 185, 198
Correa, Rafael 76, 86, 218
Covington&Burling LLP 232
Cremer, Rolf ve Heidi 156
Cronkite, Walter 37
Cumhuriyetçi Parti 135
Çin 13, 32, 38, 40, 49, 62, 72, 134,
    148, 150, 151, 152, 153, 154,
    155, 156, 157, 161, 165, 166,
    181, 186, 187, 198, 199, 203,
    210

D

Dalai Lama 174, 175, 176
Danaher, Kevin 198
Danilo Perez 227
Danone Grup 202
Darwin, Charles 145
Dauber, Jake 43, 113

Davis, Gray 108
Davis, Lanny 231
Dell Inc. 98
Dell, Michael 98
Delta 112
Del Vecchio, Christine 230
Deng Xiaoping 149, 154, 155
deregülasyon 63, 65, 104, 107, 109, 111, 115, 116, 118, 161, 208, 209
d'Escoto Brockmann, Miguel 126
Disney 65, 116
Dole Gıda Şirketi 189, 190, 192, 230, 234
Domhoff, G. William 100
Donziger, Steven 119
Dow kimya şirketi 190
Dream Change (Rüya Değişimi) 225, 237
Drew, Daniel 88, 90
Drexel Burnham Lambert 98
Dubai 34, 62
Duke Power/Duke Energy 108
Dulles, Allen 54
Dünya Bankası 16, 33, 34, 35, 49, 52, 76, 127, 129, 156, 160, 191, 192, 193, 237
Dünya Ticaret Örgütü 45

E

Earth Train 225, 226, 227, 230
Edison, Thomas 200
Edman, Toniel 228
Egan, Edward M. 92
Eisenhower, Dwight D. 200
Eisler, Riane 204
Ekvador 13, 34, 35, 37, 76, 77, 78, 79, 80, 81, 86, 119, 120, 121, 122, 130, 165, 171, 193, 195, 199, 218, 243
El Kaide 61, 171, 173

Ellison, Lawrence 94
El Salvador 187, 193
Emerson, Ralph Waldo 75, 200
Endonezya 16, 37, 43, 52, 56, 57, 59, 62, 66, 67, 75, 80, 114, 150, 161, 168, 171, 183, 186, 187, 193, 232
Engber, Daniel 112
Enron 45, 73, 74, 89, 108, 167, 208
Equita 185
Ernesto, Cardenal 79, 126
Ernesto Poveda Burbano, Alfredo 79
ExxonMobil 47

F

Federal İletişim Kurulu 115
Filipinler 35, 129
Finfacts İrlanda 70
Fisk, James 88
Flagler, Henry 71
FleetBoston Financial 118
Florence Nightingale 200
Florida Power&Light (FPL) 108
Ford, Gerald 34, 111
Ford, Henry 183
Ford Motor Şirketi 34
Freundlich, Paul 198
Frick, Henry Clay 88, 90
Friedman, Milton 21, 43, 57, 63, 110, 134, 155, 233
Fundación Danilo Perez 225, 226

G

Gandi, Mahatma 176
Gates, Bill 93, 94, 95, 210
Geewax, Marilyn 136
Geffen, David 95
Gehry, Frank O. 227
Geithner, Timothy 127

General Dynamics 192
General Electric 59, 65, 66, 90, 95, 116, 201
General Motors 31
Global Brigades 229
Godfrey, Arthur 203
Goldman Sachs 16, 45, 47, 117
Goleman, Daniel 188
Goodall, Jane 227
Google 147, 184, 202
Gould, Jay 71
Grameen Group 202
Grameen Shakti Şirketi 198
Gravitz, Alisa 198
Gray, Nathan 224
Greenspan, Alan 45, 117
Grumman 135, 192
GrupoNueva 202
Guatemala 37, 55, 171, 231
Gula, Allen 229
Gumbel, Andrew 134
Gümrük Tarifeleri ve Ticaret Genel Anlaşması (GATT) 45

H

Hagenbaugh, Barbara 134
Haiti 193, 231
Halliburton 34, 56, 62, 135
Hamler, Denise 198
Hancock, Herbie ve John 220, 226
Hand, Judith 204
Hartmann, Thom 117, 182, 197
Hayek, Friedrich von 110
Hayes, Randy 216
Hazreti Muhammed 176
Hindistan 40, 72, 73, 144, 166, 168, 175, 176, 193
Holder, Eric 232
Home Depot 216
Honduras 190, 230, 231, 232, 233, 234, 235

Humeyni, Ayetullah 60
Huntington, Collis P. 71

I, İ

Ibarra, Velasco 78
IBM 59
Independent Power Systems (IPS) 102, 103, 104, 106, 109
Interface Carpet Company 123
International Telephone&Telegraph (ITT) 231
Irak 24, 33, 34, 38, 46, 54, 137, 162, 170
İkinci Dünya Savaşı 33, 49, 70, 116, 139, 146, 147, 160, 192, 203
İran 37, 54, 55, 57, 59, 60, 61, 62, 63, 80, 86, 114, 129, 138, 171, 232
İran Şahı 63, 86
İsa 164, 176
İsrail 54, 62
İzlanda 13, 16, 17, 18, 20, 21, 22, 43, 44, 46, 121, 199

J

Jade Planet 198
Jefferson, Thomas 200
Jessica 13, 25, 105, 181, 184
Johnson, Lyndon 34, 42
Jordan, John 84
J.P.Morgan 29, 34
JP Morgan 16
Junglewood 226

K

Kahn, Alfred 111
Kamu Hizmetlerini Düzenleme Politikaları Yasası (KHDY) 102
Keady, Jim 67, 183
Kennedy, John F. 34, 42, 191
Kentucky Fried Chicken 163

Keynes, John Maynard 41, 233
King, Martin Luther, Jr 160, 176
Kinko's 216
Kissinger, Henry 231
Knight, Phil 183
Koch, Charles ve David 98
Koch Industries 98
Kolombiya 16, 24, 66, 75, 171, 173, 223, 224, 232
Kolomb, Kristof 229
Konfüçyüs 155, 176
Kongo 37, 62, 81, 122
Kosta Rika 189, 190
Kozlowski, Dennis 87, 88
Kraft 189, 192
Kretzu, Leslie 67, 183
Krugman, Paul 30
Kuna General Congress 225
Kuzey Amerika Serbest Ticaret Anlaşması (NAFTA) 45, 172
Kuzey Kore 138, 148, 150, 153
Küresel Değişim 196, 198
Küresel İnsani Yardım Forumu 39

L

LaBelle, Patti 92
Lara, Guillermo Rodríguez 79
Latin Amerika 36, 40, 46, 72, 79, 83, 108, 153, 161, 165, 170, 191, 193, 202, 204, 231, 237
Lay, Kenneth 74
Lehman Brothers 29, 91
Lerner, Michael 214, 248
Lider Sucre 228
Lincoln, Abraham 159, 163, 215
Lindell, Catherine 227
Locke, Rich 87
L'Oréal 151
Lumumba, Patrice 37
Lübnan 54

M

Macdonald, John A. 90
Mack, Ted 203
Madoff, Bernard 23, 45, 89, 208
MAIN 43, 51, 52, 53, 56, 57, 60, 113, 114, 131, 132
Main, Chas. T. 43
Mamoní Vadisi Doğa Koruma Alanı 225, 230
Mandela, Nelson 176
Mao Tse-Tung 148, 149, 150, 154
Mariscal, Emilio 225
Martha (öğrenci) 23
Martin, Claudine 50, 52
Marx, Karl 146
Mayo, Karen Lee 87
MBNA 118
McCain, John 201, 236
McCarthy, Joseph 114
McDonald's 163
McLarty Associates 232
McNamara, Robert 34, 191
McNealy, Scott 98
Meksika 166, 172, 187
Melinda Gates 93
Merrill Lynch 29, 47
Mevlana 59
Mezua, Raul 228
Mısır 60, 80, 171, 192
Microsoft 93, 94, 210
Milken, Michael 98
Mises, Ludwig von 110
Mitsubishi 216, 217
Moller, Kirsten 198
Monsanto 66
Morgan, J.P. 71, 88, 90, 91
Morris, Edmund 210
Mulroney, Brian 46
Musaddık, Muhammed 37, 54
Musavi, Mir Hüseyin 61
Myanmar 66, 171
Myrdal, Gunnar 111

251

N

Nations-Bank Corporation 118
Natural Step 123
NBC 65, 66, 116
Negroponte, John 232
New Balance 186
News Corporation 65, 116
New York, New Haven ve Hartford Demiryolları Şirketi 91
Nijerya 16, 66, 75
Nikaragua 13, 80, 126, 127, 130, 171, 189, 190, 191, 193, 199, 232
Nike 38, 66, 67, 180, 183, 186, 187, 247
Nixon, Richard 34, 43, 111, 159, 163
Noble, Chuck 131, 132, 139
Noriega, Manuel 223, 224
Northrop Grumman 135
Northwest Airlines 112
No Sweat Apparel 186
Novo Nordisk A/S 202

O

Obama, Barack 24, 26, 32, 61, 118, 127, 128, 136, 137, 157, 201, 212, 214, 231, 232, 236
Oddsson, Davíd 46
Omega Enstitüsü 189
Organik Tüketiciler Birliği 172
Ortadoğu 34, 54, 55, 61, 161, 165, 177, 237
Ortega, Daniel 126
Oxfam America 224

P

Paine, Tom 200, 219
Pakistan 54, 185
Palacios, Alba 190
Palin, Sarah 204
Panama 13, 35, 36, 58, 59, 60, 79, 132, 199, 223, 224, 225, 227, 228, 230, 231, 233, 234
Papa John Paul II 126
Paraguay 193
Paranın Ruhu Enstitüsü 218
Parenti, Michael 46
Parks, Rosa 219
Pataki, George E. 92
Paulson, Hank 98
Pehlevi, Muhammet Rıza 55
Pentagon 19, 135, 137, 138, 162, 233, 234
People Express 111, 112
Perelman, Ronald 98
Peru 196
Pinochet, Augusto 46, 80
Priddy, Paul 113, 131
Principor Communications 84
Public Citizen 190
Publix's Greenwise 202
Puma 187

R

Rainforest Capital, LLC 225
Ratcliff, Bennett 231
Raytheon 192
Reagan, Ronald 34, 43, 44, 46, 50, 63, 70, 107, 111, 146
Rechtschaffen, Stephan 189
Reebok/Adidas 186
Revlon şirketi 98
Reykjavik 15, 16, 18, 20, 22
Ricoh 151
Rieker, Paula 73, 74
Rio Tinto Altan 21
Roberts, Llyn 225
Rocha, Ariel Bucardo 189
Rockefeller, John D. 71, 97, 160, 200

Roldós, Jaime 37
Roosevelt, Franklin D. 104
Roosevelt, Kermit 54, 55, 56, 60, 61
Rubin, Robert 45, 98, 117
Rusya 54, 55, 62

S, Ş

Salomon Brothers 97
Sarah (öğrenci) 120, 121, 122, 204
Savimbi, Jonas 81
Schwarzenegger, Arnold 108
Schwarzman, Stephen Allen 91, 92
Sedat, Enver 80
Seeger, Pete 160
Seko, Mobutu Sese 81
Shakaim 206, 207
Shell 66
Shorter, Wayne 226
Shuar kabilesi 175, 208, 210
Smith, Adam 145
Soğuk Savaş 54, 62, 146
Somali 168, 169, 170, 171
Somoza, Anastasio 80, 191
Soros Fon Yönetimi 32
Soros, George 32
Southeast Airlines 111
Sovyetler Birliği 42, 54, 62, 146, 148
S&P/Case-Shiller Ev Fiyat Endeksi 30
Stanford, Leland 71
Stanford, R. Allen 89
Stanton, Elizabeth Cady 159, 200
Staples 216
Stevenson, Joe 83
Stewart, Rod 92
Sting 119
Stokholm Uluslararası Barış Araştırmaları Enstitüsü 137
Stone&Webster Engineering Şirketi 73

Stowe, Harriet Beecher 200
Stringer, Howard 92
Styler, Trudie 119
Suharto 80
Sukarno, Ahmet 37
Summers, Larry 127
Sun Microsystems 98
Suriye 54
Suudi Arabistan 54, 81, 86, 167
sweatshop 122, 124, 172, 180, 181, 183, 185
Şanghay 149, 150, 152, 154, 155, 161, 198
Şili 37, 46, 55, 80, 193, 204, 231

T

Taliban 171
Tamayo, Jorge 195
Ted Roosevelt 54
Temel Bilgiler 64
TerraCycle 198
Texaco 78, 80, 119, 120, 165
Thain, John 92
Thatcher, Margaret 46, 111
The Autonomie Project 185
The Pachamama Alliance 218, 237
The Working World 186
Thompkins, Gwen 170
Tibet 164, 165
Timberland 186
Time Warner 65, 116
Toribio, Rolando 228
Torrijos, Omar 13, 35, 58, 79, 191, 223, 224, 227, 233
Toyota 151
Traditions Fair Trade 186
Travelers Group 118
Trump, Donald ve Melania 92
Tubman, Harriet 200
Tüketici Eğitim Vakfı 64
Türkiye 54, 186, 187

TWA 112
Twist, Lynne 217, 218
Twitsa 206, 207
Tyco International Ltd. 88
Tyson 66

U, Ü

U2 93
UAR 136
Ulusal Politika Konseyi 232
Uluslararası Af Örgütü 39
Uluslararası Para Fonu (IMF) 76, 79, 81, 86, 127, 160, 193, 231, 235
United Airlines 90, 112, 230
United Fruit 230
Uruguay 132, 193
US Airways 112
Ürdün 54, 186

V

Vanderbilt, Cornelius 71
Vasquez, Romeo 233
Veja 185
Venezuela 193
Viacom 65, 116
Vietnam Savaşı 150, 159, 163
Volcker, Paul 127

W

Wal-Mart 96, 97, 192
Walters, Barbara 92
Walton, Sam 96, 97
Washington, George 200, 220
Washington, Martha 220
Welch, Jack 66, 95, 96, 201
Wertheimer, Linda 136
Whole Foods 202
Wilson, Woodrow 159, 163, 184
Wolfensohn, James 129

Y

Yağmur Ormanları Eylem Ağı 184, 216
Yeni Amerikan Yüzyılı Projesi 232
Yeni Anlaşma 42, 44, 45, 70, 111, 139, 147
Yeşil Amerika 185
Yu, Joseph 153
Yunus, Muhammed 202

Z

Zaire/Kongo 35, 81
Zelaya, Manuel 230
Zhang, Jess 153
Zhang, Mandy 152